Meret Pettirsch

Auflösung und Liquidation bei der GmbH & Co. KG

Meret Pettirsch

Auflösung und Liquidation bei der GmbH & Co. KG

Tectum Verlag

Meret Pettirsch
Auflösung und Liquidation bei der GmbH & Co. KG

ISBN: 978-3-8288-4368-4
E-Book: 978-3-8288-7348-3

Zugl.: Westfälische Wilhelms-Universität Münster, Rechtswissenschaftliche Fakultät, Diss., 2019
D 6
Druck und Bindung: Docupoint, Barleben
Printed in Germany

Informationen zum Verlagsprogramm finden Sie unter
www.tectum-verlag.de

Bibliografische Informationen der Deutschen Nationalbibliothek
Die Deutsche Nationalbibliothek verzeichnet diese Publikation in der Deutschen Nationalbibliografie; detaillierte bibliografische Angaben sind im Internet über http://dnb.ddb.de abrufbar.

Bibliographic information published by the Deutsche Nationalbibliothek
The Deutsche Nationalbibliothek lists this publication in the Deutsche Nationalbibliografie; detailed bibliographic data are available online at http://dnb.ddb.de.

Vorwort

Die vorliegende Arbeit wurde im Sommersemester 2019 von der Rechtswissenschaftlichen Fakultät der Westfälischen Wilhelms-Universität Münster als Dissertation angenommen. Gesetzgebung, Rechtsprechung und Literatur wurden bis November 2018 berücksichtigt.

Mein besonderer Dank gilt zunächst meinem Doktorvater Prof. Dr. Matthias Casper, der die Arbeit anregte und mich unterstützte. Frau Prof. Dr. Frauke Wedemann danke ich für die zügige Erstellung des Zweitgutachtens.

Für die schöne Zeit am Lehrstuhl danke ich meinen ehemaligen Kolleginnen und Kollegen.

Zum Schluss danke ich allen, die mir in der Promotionszeit unterstützend zur Seite standen – ganz besonders meiner Mutter und meinem Bruder. Meinem verstorbenen Vater widme ich diese Arbeit in liebevoller Erinnerung.

Düsseldorf, im Juli 2019

Inhaltsübersicht

Inhaltsverzeichnis

Erster Teil: Einführung

§ 1 Probleme im Umgang mit einer GmbH & Co. KG

Probleme, die sich im Umgang mit einer GmbH & Co. KG ergeben, resultieren zum einen daraus, dass das Gesetz weit überwiegend auf natürliche Personen als Gesellschafter einer Personenhandelsgesellschaft zugeschnitten ist.[1] Nur vereinzelt z. B. in § 131 Abs. 2 HGB, in § 125a Abs. 1 S. 2 HGB oder in § 130a HGB geht der Gesetzgeber ausdrücklich davon aus, dass Gesellschaften nicht nur aus natürlichen Personen bestehen können.

Zum anderen ergeben sich Probleme daraus, dass die GmbH & Co. KG ein aus zwei verzahnten Gesellschaften zusammengesetztes Unternehmen ist. Sie besteht aus einer GmbH & Co. KG (Kommanditgesellschaft) als Trägerin des Unternehmens und einer GmbH als persönlich haftende Gesellschafterin.[2] Daneben gehört immer noch mindestens ein Kommanditist der Gesellschaft an.[3]

Die Probleme einer GmbH & Co. KG für die Bereiche Auflösung und Liquidation darzustellen und eine Lösung für sie zu entwickeln soll Ziel meiner Arbeit sein.

1 Das Gesetz verlangt jedoch an keiner Stelle, dass tatsächlich mindestens ein Gesellschafter eine natürliche Person ist, *Lange*, Jura 2015, 1017 (1017).

2 Siehe auch *K. Schmidt*, GmbHR 2002, 1209 (1209).

3 Zum allgemeinen Aufbau einer Kommanditgesellschaft statt aller *Saenger*, Gesellschaftsrecht, Rn. 332 ff.

§ 2 Begriffsbestimmung

A. Auflösung

Mit dem Eintreten eines gesetzlich oder vertraglich geregelten Auflösungstatbestandes ändert eine Gesellschaft ihren Gesellschaftszweck weg von der werbenden Tätigkeit hin zur Abwicklung.[4] Die Gesellschaft bleibt dabei als solche bestehen.[5] Sie tritt jedoch in das Abwicklungsstadium/die Auseinandersetzung ein.[6] Diese erfolgt, soweit keine speziellen gesellschaftsvertraglichen Regelungen getroffen wurden, bei einer Kommanditgesellschaft in der Regel[7] im Wege der Liquidation (§§ 145 ff., 161 Abs. 2 HGB).[8] In speziellen Fällen (wenn z. B. eine zweigliedrige Gesellschaft vorliegt oder eine Umwandlung in eine andere Rechtsform stattfindet) kann eine Gesellschaft auch liquidationslos vollbeendet werden.[9]

B. Liquidation

Das Ziel der Liquidation ist es, das Vermögen der Gesellschaft zu „verflüssigen".[10] Dazu müssen die Liquidatoren verschiedene Maßnahmen durchführen, die im Detail an dieser Stelle nicht in der Tiefe erläutert werden sollen und können. Beispielhaft ist zu nennen, dass die Liquidatoren die laufenden Geschäfte beenden und Forderungen einziehen müssen, das übrige Vermögen in Geld umzusetzen haben sowie die Gläubiger befriedigen müssen (§§ 149 Abs. 1, 161 Abs. 2 HGB). Am Ende der Liquidation steht, wenn das Vermögen der Gesellschaft verteilt worden ist, die Vollbeendi-

4 *Gundlach/Frenzel/N. Schmidt*, DStR 2004, 1658 (1658); *Häublein*, in: BeckOK HGB, § 161 Rn. 43; *Saenger*, Gesellschaftsrecht, Rn. 321; *K. Schmidt*, ZHR 153 (1989), 270 (281).

5 Statt aller *K. Schmidt*, ZHR 153 (1989), 270 (274).

6 Statt aller *Saenger*, Gesellschaftsrecht, Rn. 321.

7 Der Hinweis erfolgt deshalb, da über das Vermögen der Gesellschaft auch das Insolvenzverfahren eröffnet werden kann.

8 *Saenger*, Gesellschaftsrecht, Rn. 321 allerdings zur offenen Handelsgesellschaft. Über § 161 Abs. 2 HGB gelten die Regelungen jedoch auch für eine Kommanditgesellschaft.

9 Siehe *Saenger*, Gesellschaftsrecht, Rn. 321.

10 *Saenger*, Gesellschaftsrecht, Rn. 329, der auch von „Verflüssigung" (ebda.) direkt spricht.

gung.[11] Dann ist die Kommanditgesellschaft gemäß §§ 157, 162 Abs. 2 HGB aus dem Handelsregister zu löschen.[12]

§ 3 Erscheinungsformen

Im Folgenden sollen kurz die Charakteristika der verschiedenen GmbH und Co. KG-Formen, die im Rahmen dieser Arbeit behandelt werden, erläutert werden.

A. Die „typische" GmbHG & Co. KG (personen- und beteiligungsidentisch)

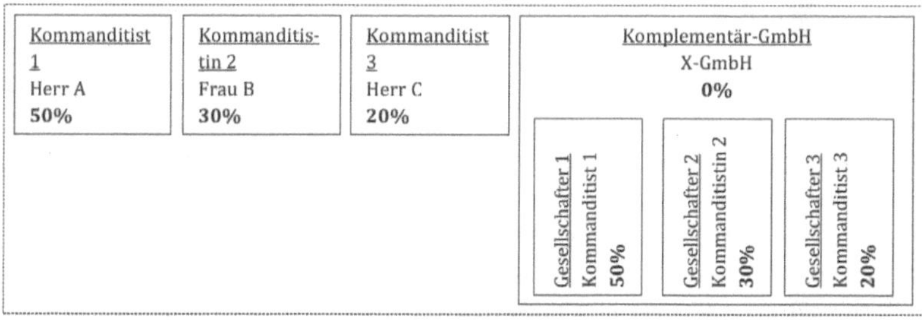

Die „typische GmbH & Co. KG besitzt nur eine Komplementär-GmbH, deren Anteile von allen Kommanditisten (deshalb personenidentisch) entsprechend ihrer Beteiligung an der Kommanditgesellschaft (deshalb beteiligungsidentisch) gehalten werden.[13] Ferner ist i.d.R. die Komplementär-GmbH nicht kapitalmäßig an der Kommanditgesellschaft beteiligt und besitzt auch kein Komplementärstimmecht.[14] Außerdem ist die einzige Auf-

---

11 *Saenger*, Gesellschaftsrecht, Rn. 330.

12 OLG Hamm, GmbHR 2003, 1361 (1362).

13 *Grunewald*, in: MünchKomm HGB, § 161 Rn. 92; *K. Schmidt*, GmbHR 2002, 1209 (1209). Es ist auch möglich, dass die Anteile an der Komplementär-GmbH nur von einigen und nicht von allen Kommanditisten gehalten werden (*K. Schmidt*, GmbHR 2002, 1209 (1209)).

14 *K. Schmidt*, GmbHR 2002, 1209 (1209); *ders.*, in: Scholz, GmbHG, Anh. § 45 Rn. 40.

gabe der Komplementär-GmbH einer „typischen“ GmbH & Co. KG die Übernahme der Geschäftsführung und Vertretung der GmbH & Co. KG.[15]

B. Die „atypische“ GmbHG & Co. KG (nicht personen- und beteiligungsidentisch)

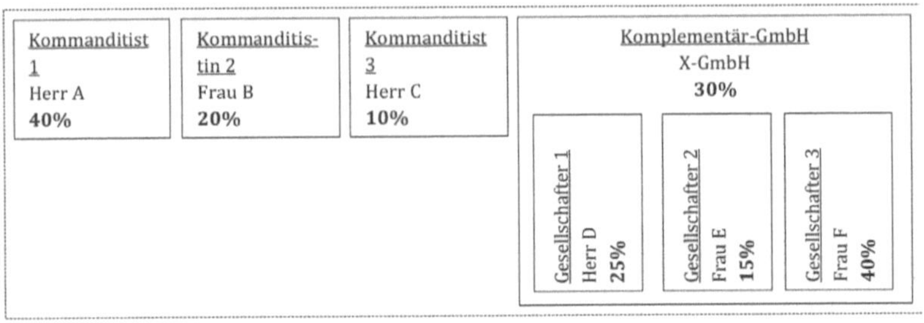

Wird im Folgenden von einer „atypischen“ GmbH & Co. KG gesprochen, so ist davon auszugehen, dass es sich ebenfalls um eine GmbH & Co. KG mit nur einer Komplementär-GmbH handelt. Anders als die Komplementär-GmbH einer „typischen“ GmbH & Co. KG kann die Komplementär-GmbH kapitalmäßig an der Kommanditgesellschaft beteiligt sein und auch in der Gesellschafterversammlung der Kommanditgesellschaft stimmberechtigt sein. Zudem ist nicht zwangsläufig die einzige Aufgabe einer Komplementär-GmbH einer „atypischen“ GmbH & Co. KG die Übernahme der Geschäftsführung und Vertretung der Kommanditgesellschaft. Sie kann daneben auch eigenwirtschaftlich tätig sein. Auch muss eine „atypische“ GmbH & Co. KG weder personen- noch beteiligungsidentisch aufgebaut sein.

15 *Schall*, in: Heidel/Schall, HGB, Anhang: Konzernrecht Rn. 16; *K. Schmidt*, GmbHR 2002, 1209 (1209).

C. Die Einpersonen-GmbH & Co. KG

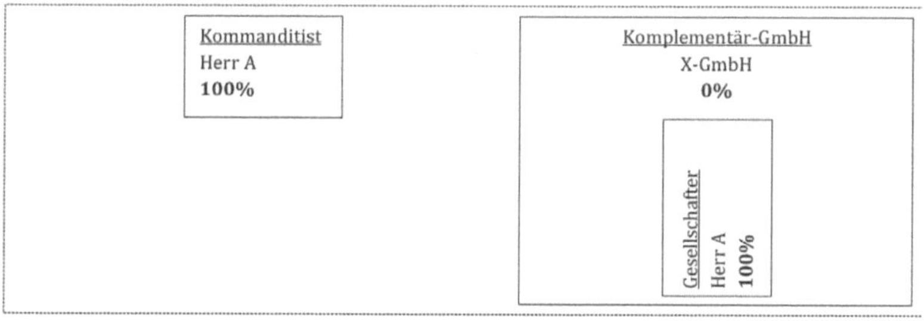

Die Einpersonen-GmbH & Co. KG ist eine spezielle Form der personengleichen GmbH & Co. KG. Die Einpersonen-GmbH & Co. KG besteht aus zwei Gesellschaftern: einer Komplementär-GmbH und einem Kommanditisten, der zugleich Alleingesellschafter der Komplementär-GmbH ist.[16]

D. Die Einheits-GmbH & Co. KG

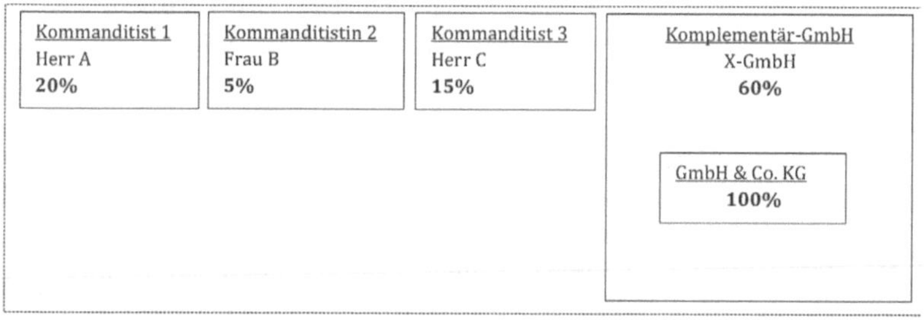

Die Einheits-GmbH & Co. KG ist dadurch gekennzeichnet, dass die Kommanditgesellschaft Alleingesellschafterin der Komplementär-GmbH ist.[17] Der im Vergleich zu den anderen Formen der GmbH & Co. KG für die Gesellschafter deutlichste Unterschied liegt darin, dass sie nur noch eine Beteiligung halten und zwar die Kommanditbeteiligung.[18] Dass die Konstruk-

16 Zur Einpersonen-GmbH & Co. KG *Roth*, in: ders./Altmeppen, GmbHG, § 1 Rn. 50.

17 *Winter*, in: ders., Beratungspraxis GmbH & Co. KG, S. 152 f.

18 *Binz/Sorg*, Die GmbH & Co. KG, § 8 Rn. 3. In der „typischen" GmbH & Co. KG halten die Gesellschafter zwei Anteile: Einen Kommanditanteil und einen GmbH-Anteil.

tion einer Einheits-GmbH & Co. KG zulässig ist, ist heute unbestritten.[19] So hat der Gesetzgeber selbst in § 172 Abs. 6 S. 1 HGB eine Regelung eingefügt, nach der es möglich ist, dass die Geschäftsteile einer Komplementär-GmbH durch die Kommanditgesellschaft gehalten werden können.[20]

E. Die doppelstöckige GmbH & Co. KG

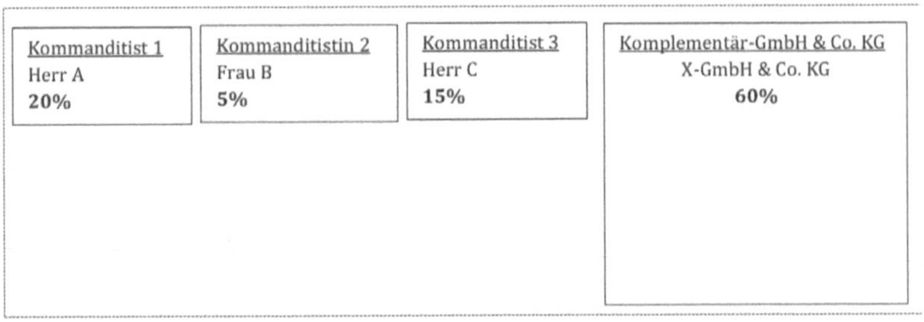

Eine doppelstöckige GmbH & Co. KG ist eine GmbH & Co. KG, deren Komplementärin oder Kommanditistin wiederum eine GmbH & Co. KG ist.[21] Dieser Mechanismus kann bei jeder dieser GmbH & Co. KGs fortgeführt werden, sodass doppelstöckige GmbH & Co. KGs mit mehr als drei Stufen entstehen können.[22]

Oben in dem Schaubild ist lediglich die Konstellation abgebildet, dass die doppelstöckige GmbH & Co. KG eine Komplementär-GmbH & Co. KG besitzt, deren Gesellschafter natürliche Personen sind.

Die Zulässigkeit der doppelstöckigen GmbH & Co. KG steht außer Frage.[23] Der Gesetzgeber selbst hat z. B. in § 15 Abs. 1 S. 1 Nr. 2 und Abs. 3 Nr. 3 S. 3 EStG spezielle Regelungen für eine solche Form geschaffen.[24]

---

19 Statt aller *Casper*, FS Stilz (2014), S. 111 (113) m.w.N.

20 Statt aller *Casper*, FS Stilz (2014), S. 111 (113).

21 *Binz/Sorg*, Die GmbH & Co. KG, § 2 Rn. 18; *Bode*, in: Winter, Beratungspraxis, GmbH & Co. KG, S. 126.

22 *Bode*, in: Winter, Beratungspraxis, GmbH & Co. KG, S. 126.

23 *Binz/Sorg*, Die GmbH & Co. KG, § 2 Rn. 18; *Bode*, in: Winter, Beratungspraxis, GmbH & Co. KG, S. 126.

24 *Binz/Sorg*, Die GmbH & Co. KG, § 2 Rn. 22; *Bode*, in: Winter, Beratungspraxis, GmbH & Co. KG, S. 127.

§ 4 Themeneingrenzung und Gang der Untersuchung

Ziel dieser Arbeit ist es nicht allein den Ablauf der Auflösung und der Liquidation bei einer GmbH & Co. KG herauszuarbeiten, sondern im Fokus steht die Verzahnung von GmbH und Kommanditgesellschaft in der Auflösung und Liquidation. Herausgearbeitet werden sollen vor allem die Besonderheiten und Probleme, die sich aus dieser Verzahnung für die Auflösung und die Liquidation ergeben. Ferner sollen Lösungsansätze für gefundene Probleme entwickelt werden. Dabei wird im Rahmen dieser Arbeit differenziert auf verschiedenen Formen einer GmbH & Co. KG eingegangen, wobei vor allem im Fokus steht, dass die GmbH & Co. KG nur eine Komplementär-GmbH besitzt. Nicht näher beleuchtet werden im Rahmen dieser Arbeit steuerrechtliche Aspekte bei der Auflösung und Liquidation einer GmbH & Co. KG.

Nach dem einleitenden ersten Teil ist der zweite Teil dieser Arbeit der Auflösung der GmbH & Co. KG gewidmet. Dabei werden zunächst getrennt die Auflösungsgründe für beide verzahnten Gesellschaften herausgearbeitet (§ 5). Nachdem herausgearbeitet wurde, dass eine gesetzliche Koordination der Auflösung nicht erfolgt, werden die Konstellationen, dass nur eine der beiden verzahnten Gesellschaften aufgelöst ist, unter dem Aspekt untersucht, ob und inwieweit eine Koordination der Auflösung zu erfolgen hat (§§ 6, 7).

Im dritten Teil dieser Arbeit wird untersucht wie die Auflösung einer GmbH & Co. KG in der Praxis auftreten kann und welche verschiedenen Lösungsmöglichkeiten es in der Praxis gibt.

Der vierte Teil dieser Arbeit ist der Simultaninsolvenz gewidmet. Nach einer kurzen Erläuterung des Begriffes sowie der Darstellung der Simultaninsolvenz in der Praxis (§ 10) werden die verschiedenen Simultaninsolvenz-Konstellationen und ihre Lösungsansätze analysiert (§ 11).

Im fünften Teil wird die Liquidation der GmbH & Co. KG näher beleuchtet, wobei die Ausführungen dazu sich auf das Liquidatorenamt (§ 12) und Sperrjahr (§ 13) beschränken sollen.

Die Arbeit endet mit dem sechsten Teil, in dem die wesentlichen Ergebnisse in Thesen zusammengefasst werden.

Zweiter Teil: Auflösung der GmbH & Co. KG

§ 5 Auflösungsgründe

Widmet man sich den Auflösungsgründen, offenbaren sich die ersten Probleme bezüglich der Auflösung der GmbH & Co. KG. Ein Blick in das Gesetz zeigt, dass es zwar Auflösungsgründe für eine GmbH, für eine Kommanditgesellschaft und seit dem Handelsrechtsreformgesetz von 1998[25] (HRefG) auch für eine GmbH & Co. KG als Kommanditgesellschaft ohne natürliche Person als persönlich und unbeschränkt haftenden Gesellschafter gibt, aber keinen Auflösungstatbestand, der der besonderen Situation einer GmbH & Co. KG, die zwei Gesellschaftsformen ineinander vereint, Rechnung trägt.

A. Auflösungsgründe einer GmbH

I. Die im GmbHG geregelten Auflösungsgründe

Die gesetzlichen Auflösungsgründe für eine GmbH finden sich zuvörderst in § 60 Abs. 1 GmbHG. In der Aufzählung sind der Ablauf der im Gesellschaftsvertrag bestimmten Zeit (§ 60 Abs. 1 Nr. 1 GmbHG), der Gesellschafterbeschluss, der bei Fehlen einer abweichenden Regelung einer Mehrheit von ¾ bedarf (§ 60 Abs. 1 Nr. 2 GmbHG), die gerichtliche, verwaltungsgerichtliche oder verwaltungsbehördliche Entscheidung gemäß §§ 61, 62 GmbHG (§ 60 Abs. 1 Nr. 3 GmbHG), die Eröffnung des Insolvenzver-

25 Gesetz zur Neuregelung des Kaufmanns- und Firmenrechts und zur Änderung anderer handels- und gesellschaftsrechtlicher Vorschriften (HRefG) vom 22.06.1998, BGBl. I 1998, S. 1474.

fahrens über das Vermögen der Gesellschaft (§ 60 Abs. 1 Nr. 4 GmbHG), das Vorliegen eines rechtskräftigen Beschlusses über die Eröffnung des Insolvenzverfahrens über das Vermögen der Gesellschaft (§ 60 Abs. 1 Nr. 5 GmbHG), die rechtskräftige Verfügung des Registergerichtes nach § 399 FamFG wegen fehlerhaften Gesellschaftsvertrages sowie die Löschung der Gesellschaft wegen Vermögenslosigkeit nach § 394 FamFG (§ 60 Abs. 1 Nr. 7 GmbHG) genannt.

II. Weitere Auflösungsgründe einer GmbH

Daneben treten weitere (spezial-)gesetzliche Auflösungsgründe wie das Vereinsverbot nach §§ 3, 17 VereinsG oder die Untersagung nach § 38 KWG.[26]

Auch eine Nichtigkeitserklärung durch rechtskräftiges Urteil gemäß § 75 GmbHG oder im Wege einer Amtslöschung gemäß § 397 S. 2 Alt. 1 FamFG wegen Vorliegens einer der in § 75 Abs. 1 GmbHG aufgezählten Satzungsmängel löst gemäß § 77 Abs. 1 GmbHG die GmbH auf.[27] Weiter ist nach dem GmbH-Übergangsrecht[28] eine GmbH aufzulösen, wenn nicht bis zu einem bestimmten Stichtag Anpassungen an eine Gesetzesänderung vorgenommen wurden.[29]

Gesetzlich nicht als Auflösungsgrund geregelt sind die Fragestellungen, ob die Entwicklung der GmbH zu einer Kein-Mann-Gesellschaft[30] sowie

---

26 Statt aller *Arnold*, in: Henssler/Strohn, Gesellschaftsrecht, § 60 GmbHG Rn. 53.

27 So die h. M. wonach die Nichtigkeitsgründe des § 75 Abs. 1 GmbHG spezialgesetzliche Auflösungsgründe sind. Siehe *Berner*, in: MünchKomm GmbHG, § 60 Rn. 194; *Casper*, in: GroßKomm GmbHG § 60 Rn. 16; *Kleindiek*, in: Lutter/Hommelhoff, GmbHG, § 75 Rn. 1; *K. Schmidt/Bitter*, in: Scholz, GmbHG, § 60 Rn. 64; a. A. nur *Haas*, in: Baumbach/Hueck, GmbHG, § 75 Rn. 5; § 77 Rn. 2, der die Einordung als Auflösungsgrund ablehnt und stattdessen von einer „reduzierten Nichtigkeit“ ausgeht.

28 Z. B. § 1 Abs. 1 und Abs. 2 ÜbergangsV 1980 der Novelle 1980; § 57 DMBilG; § 22 TreuhandG.

29 Weitere Details zu den heute nicht mehr praxisrelevanten Vorschriften bei *Lutter/Hommelhoff*, in: dies., GmbHG, 14. Aufl. 1995, § 60 Rn. 21 f.; sowie 15. Aufl. 2000, § 60 Rn. 22.

30 Eine Keinmann-Gesellschaft liegt vor, wenn die Gesellschaft selbst alle Geschäftsanteile hält oder es keine Geschäftsanteile mehr gibt (*Casper*, in: GroßKomm GmbHG, § 60 Rn. 106; *Gsell*, in: Rowedder/Schmidt-Leithoff, GmbHG, § 60 Rn. 50; *K. Schmidt/Bitter*, in: Scholz, GmbHG, § 60 Rn. 65.

die Verlegung des Sitzes ins Ausland zu einer Auflösung der GmbH führen. Die Entstehung einer Keinmann-Gesellschaft soll nach einer Ansicht nur dann zur Auflösung führen, wenn sie zum Dauerzustand werde.[31] Häufig wird jedoch vertreten, dass die GmbH sofort aufgelöst wird.[32]

Ob die Sitzverlegung ins Ausland zur Auflösung führt, ist umstritten. Früher wurde überwiegend vertreten, dass die Verlegung des Sitzes ins Ausland zur Auflösung der GmbH führe.[33] Nachdem im Rahmen des Gesetzes zur Modernisierung des GmbH-Rechts und zur Bekämpfung von Missbräuchen (MoMiG)[34] § 4a Abs. 2 GmbHG a. F.[35] gestrichen wurde und § 4a GmbHG nur noch den Satzungssitz betrifft, soll es nun möglich sein, einen vom Satzungssitz abweichenden Verwaltungssitz zu wählen[36] und den Verwaltungssitz ins Ausland zu verlegen.[37] Die Verlegung des Satzungssitzes soll jedoch nach einer Ansicht immer noch zur Auflösung der GmbH führen.[38] Nach anderer Ansicht soll der Satzungsbeschluss über die Verlegung des Satzungssitzes ins Ausland nicht zur Auflösung, sondern analog § 241 Nr. 3 AktG zur Nichtigkeit des Beschlusses führen.[39]

31 So z. B. vertreten von *Fastrich,* in: Baumbach/Hueck, GmbHG, § 33 Rn. 19.

32 *Casper,* in: GroßKomm GmbHG, § 60 Rn. 106; *Gsell,* in: Rowedder/Schmidt-Leithoff, GmbHG, § 60 Rn. 50; *K. Schmidt/Bitter,* in: Scholz, GmbHG, § 60 Rn. 65.

33 RGZ 88, 53 (54 f.); OLG Hamm, GmbHR 1997, 848 (848); ZIP 2001, 791 (792); *Ebert,* NZG 2002, 937 (938).

34 Gesetz zur Modernisierung des GmbH-Rechts und zur Bekämpfung von Missbräuchen (MoMiG) vom 23.10.2008, BGBl. I 2008, S. 2026.

35 In § 4a Abs. 2 GmbHG a. F. stand: „Als Sitz der Gesellschaft hat der Gesellschaftsvertrag in der Regel den Ort, an dem die Gesellschaft einen Betrieb hat, oder den Ort zu bestimmen, an dem sich die Geschäftsleitung befindet oder die Verwaltung geführt wird." § 4a Abs. 1 GmbHG a. F. lautete: „Sitz der Gesellschaft ist der Ort, den der Gesellschaftsvertrag bestimmt". Heute lautet § 4a GmbHG: „Sitz der Gesellschaft ist der Ort im Inland, den der Gesellschaftsvertrag bestimmt".

36 Begr. RegE HRefG, BT-Drucks. 16/6140, S. 29.

37 *Altmeppen,* in Roth/Altmeppen, GmbHG, § 60 Rn. 18; *Berner,* in: MünchKomm GmbHG, § 60 Rn. 206; *K. Schmidt/Bitter,* in: Scholz, GmbHG, § 60 Rn. 68; *Wicke,* GmbHG § 4a Rn. 11.

38 *Ege/Klett,* DStR 2012, 2442 (2447); *Roth,* in: Bork/Schäfer, GmbHG, § 60 Rn. 10.

39 *Casper,* in: GroßKomm GmbHG, § 60 Rn. 32; *Wicke,* GmbHG § 4a Rn. 11.

III. Gesellschaftsvertragliche Auslösungsgründe

Darüber hinaus können gemäß § 60 Abs. 2 GmbHG im Gesellschaftsvertrag vertragliche Auflösungsgründe aufgenommen werden.[40] Es kann grundsätzlich jeder in Betracht kommende Grund vereinbart werden,[41] sofern die Klausel hinreichend bestimmt ist.[42] Die hinreichende Bestimmtheit ist erforderlich, da sonst aufgrund der automatischen Auflösung der Gesellschaft bei Eintreten des vereinbarten Grundes die Gefahr besteht, dass Gesellschafter, Registergericht oder Dritte diese gar nicht bemerken.[43]

Die Gesellschafter einer Komplementär-GmbH können beispielsweise im Gesellschaftsvertrag der GmbH festlegen, dass die Komplementär-GmbH mit Auflösung der Kommanditgesellschaft ebenfalls aufgelöst werden soll.[44] Ist dies der Fall, stellt sich die im Folgenden analysierte Frage (§ 7), wie sich die Auflösung Kommanditgesellschaft auf die Komplementär-GmbH auswirkt, gar nicht.

B. Auflösungsgründe einer Kommanditgesellschaft

I. Geltung der allgemeinen Auflösungsgründe des Handelsrechts

Für eine Kommanditgesellschaft wie die GmbH & Co. KG gelten über § 161 Abs. 2 HGB die Auflösungsgründe des § 131 HGB,[45] die nach ständiger Rechtsprechung bezogen auf das HGB und das BGB abschließend sein sol-

40 *Casper*, in: GroßKomm GmbHG, § 60 Rn. 109; *K. Schmidt/Bitter*, in: Scholz, GmbHG, § 60 Rn. 74.

41 *Lorscheider*, in: BeckOK GmbHG, § 60 Rn. 16.

42 *Casper*, in: GroßKomm GmbHG, § 60 Rn. 110.; *K. Schmidt/Bitter*, in: Scholz, GmbHG, § 60 Rn. 76.

43 *Casper*, in: GroßKomm GmbHG, § 60 Rn. 110; *Haas*, in: Baumbach/Hueck, GmbHG, § 60 Rn. 89. Da eine solche Gefahr bei Kündigungsklauseln, die lediglich zur Abgabe einer weitere Informationen enthaltenen Kündigungserklärung berechtigen, können diese weniger bestimmt formuliert werden (*Haas*, in: Baumbach/Hueck, GmbHG, § 60 Rn. 89).

44 *Casper*, in: GroßKomm GmbHG, § 60 Rn. 157; *Nerlich*, in: M/H/L/S, GmbHG, § 60 Rn. 374.

45 *Saenger*, Gesellschaftsrecht, Rn. 377, der darauf hinweist, dass im Vergleich zur offenen Handelsgesellschaft keine Unterschiede bestehen.

len.[46] Danach wird eine Kommanditgesellschaft mit Ablauf der Zeit, für welche sie eingegangen ist (§§ 131 Abs. 1 Nr. 1, 161 Abs. 2 HGB), durch Gesellschafterbeschluss (§§ 131 Abs. 1 Nr. 2, 161 Abs. 2 HGB), durch Eröffnung des Insolvenzverfahrens über ihr Vermögen (§§ 131 Abs. 1 Nr. 3, 161 Abs. 2 HGB) und durch gerichtliche Entscheidung (§§ 131 Abs. 1 Nr. 4, 161 Abs. 2 HGB) aufgelöst.

II. Weitere Auflösungsgründe

Weitere gesetzliche Auflösungsgründe können sich aber aus öffentlichrechtlichen Normen wie beispielsweise den bereits erwähnten § 38 KWG und §§ 3, 17 VereinsG ergeben.[47] Wie bei der GmbH können auch bei der Kommanditgesellschaft die Gesellschafter vertraglich weitere Auflösungsgründe begründen, was sich aus dem Wortlaut von § 131 Abs. 1 Nr. 1, 2 ergibt.[48]

III. Besondere Auflösungsgründe der GmbH & Co. KG

§§ 131 Abs. 2 (i.V.m. 161 Abs. 2 HGB) normiert, dass eine Kommanditgesellschaft, bei der kein persönlich haftender Gesellschafter eine natürliche Person ist, also eine GmbH & Co. KG, anders als eine „normale" Kommanditgesellschaft[49] auch dann aufgelöst werden kann, wenn das Insolvenzverfahren mangels Masse nicht eröffnet wird (Nr. 1) oder die GmbH & Co. KG wegen Vermögenslosigkeit nach § 394 Abs. 4 FamFG gelöscht wird (Nr. 2).

---

46 BGHZ 75, 178 (179) = NJW 1980, 233 (233); BGHZ 82, 323 (326) = NJW 1982, 875 (875); BayObLG, WM 1973, 863 (864); einschränkend jedoch *K. Schmidt*, in: MünchKomm HGB, § 131 Rn. 9; *ders.*, ZHR 153 (1989), 270 (278); ebenfalls kritisch *C. Schäfer*, in: GroßKomm HGB, § 131 Rn. 43.

47 Begr. RegE HRefG, BT-Drucks. 13/8444, S. 41; *Roth*, in: Baumbach/Hueck, HGB, § 131 Rn. 8; *C. Schäfer*, in: GroßKomm HGB, § 131 Rn. 47 f.

48 *K. Schmidt*, Gesellschaftsrecht, S. 1513; *Roth*, in: Baumbach/Hueck, HGB, § 131 Rn. 74.

49 Gemeint ist eine Kommanditgesellschaft, die nur aus natürlichen Personen als Gesellschafter besteht.

Eine Antwort auf die Frage, was in einem solchen Fall mit der Komplementär-GmbH geschehen soll, bleibt die Vorschrift jedoch schuldig.[50]

C. Koordination nicht geregelt

Diese Ausführungen zeigen, dass sowohl die GmbH als auch die Kommanditgesellschaft ihre eigenen Auflösungsgründe hat, und eine Koordination der Auflösung nicht direkt im Gesetz geregelt ist. Aufgrund dieses Umstandes kann es bei strikter Anwendung des Gesetzes zu der Situation kommen, dass zwar die Komplementär-GmbH aufgelöst wird, die Kommanditgesellschaft nicht und umgekehrt, dass die Kommanditgesellschaft aufgelöst ist, die Komplementär-GmbH nicht. In beiden Fällen stellt sich, ausgehend von der Annahme, dass diesbezüglich keine Regelung im Gesellschaftsvertrag getroffen wurde, die Frage, was mit der jeweils anderen Gesellschaft geschieht.

§ 6 Auflösung der einzigen Komplementär-GmbH

A. Auflösung oder Vollbeendigung der GmbH als Auflösungsgrund?

I. Ausgangslage

In den nachfolgenden Ausführungen soll nun die Situation näher untersucht werden, dass die Komplementär-GmbH einer „typischen" GmbH & Co. KG aufgelöst ist, die GmbH & Co. KG jedoch nicht. Es soll davon ausgegangen werden, dass für diese Situation keine vertragliche Regelung besteht. Ferner ist anzunehmen, dass die Gesellschafter der Komplementär-GmbH die Auflösung nicht durch Beschluss rückgängig machen wollen oder dass die Gesellschafter der GmbH & Co. KG ebenfalls die Auflösung beschließen. Zudem ist Bedingung, dass keine neue Komplementär-GmbH an die Stelle der aufgelösten GmbH treten soll.

Seit Jahrzehnten wird im Schrifttum diskutiert, ob erst die Vollbeendigung der Komplementär-GmbH bei einer GmbH & Co. KG mit einer einzigen Komplementärin zur Auflösung der GmbH & Co. KG führt oder be-

50 *Casper*, in: GroßKomm GmbHG, § 60 Rn. 155.

reits deren Auflösung. Die Beantwortung dieser Frage ist deshalb so umstritten und kompliziert, weil neben dem Anknüpfungspunkt bzw. Zeitpunkt für die Auflösung der GmbH & Co. KG (Auflösung oder Vollbeendigung der Komplementär-GmbH) auch der normative Ansatzpunkt strittig ist – selbst unter Vertretern derselben Ansicht.

II. Darstellung der Situation

In der Praxis wird, realistisch betrachtet, eine solche Situation nur dann eintreten, wenn bei der Vertragsgestaltung von Komplementär-GmbH und „typischer" GmbH & Co. KG ein Fehler unterläuft. Um die Situation greifbarer zu machen, kann man sich folgendes Beispiel vor Augen halten:

> Die X-GmbH ist Komplementär-GmbH einer „typischen" GmbH Co. KG, der Y-GmbH & Co. KG. Beide Gesellschaften setzen sich beteiligungs- und personenidentisch aus den Gesellschaftern A, B und C zusammen. Einziger Zweck der X-GmbH ist die Übernahme der Vertretung und der Geschäftsführung der Y-GmbH & Co. KG.
>
> Im Gesellschaftsvertrag der X-GmbH ist in „§ 8 Auflösung" vereinbart, dass die GmbH am 06. Juli 2017 aufgelöst wird. Aufgrund von Unachtsamkeit kommt es dazu, dass in „§ 8 Auflösung" im Gesellschaftsvertrag der Y-GmbH & Co. KG der 06. Juli 2018 als Auflösungstag bestimmt wird.
>
> Damit ist am 06. Juli 2017 die Komplementär-GmbH (die X-GmbH) aufgelöst, die GmbH & Co. KG (die Y-GmbH & Co. KG) jedoch nicht.

Die Problempunkte und eine Lösung für diese Situation herauszuarbeiten, soll im Folgenden geschehen.

III. Diskussion vor der Handelsrechtsreform von 1998

Lösungsmöglichkeiten sind bereits seit mehreren Jahren Thema in Rechtsprechung und Literatur. Die Diskussion begann bereits weit vor der Handelsrechtsreform von 1998, wobei sich im Wesentlichen zwei Lager herausbildeten:

1. Auflösung der GmbH & Co. KG mit Vollbeendigung der GmbH

a) Analogie zu § 131 Nr. 4 HGB a. F.[51]

Die damals überwiegende Ansicht suchte wegen des *numerus clausus* der Auflösungsgründe in § 131 HGB a. F. nach der Lösung des Problems[52] und versuchte § 131 Nr. 4 HGB a. F. zur Beantwortung der Frage, was mit der GmbH & Co. KG geschehen sollte, wenn ihre Komplementär-GmbH aufgelöst bzw. vollbeendigt wird, heranzuziehen.

§ 131 Nr. 4 HGB a. F. bestimmte, dass eine OHG mit dem Tod eines Gesellschafters aufgelöst wurde, sofern sich nicht aus dem Gesellschaftsvertrag etwas anderes ergab. Auch schon damals legte § 161 Abs. 2 HGB die Anwendbarkeit dieser Vorschrift auf die Kommanditgesellschaft fest. Da jedoch die GmbH als juristische Person nicht sterben kann, kam nur eine analoge Anwendung in Betracht und ein neuer Streitpunkt, nämlich die Frage, ob nun die Auflösung der Gesellschafter-Gesellschaft oder erst deren Vollbeendigung dem Tod einer natürlichen Person gleichzustellen sei, war geboren. Die herrschende Meinung stritt dafür, dass erst die Vollbeendigung der Gesellschafter-Gesellschaft dem Tod einer natürlichen Person gleichzusetzen sei und damit analog § 131 Nr. 4 HGB a. F. zur Auflösung der Gesellschaft führen sollte.[53]

---

51 Wird im Folgenden von § 131 Nr. 4 HGB a. F. gesprochen, ist damit die Fassung des HGB vor dem HRefG gemeint. § 131 Nr. 4 HGB a. F. wurde aufgehoben durch Gesetz vom 22.06.1998 (BGBl. I 1998, S. 1474) § 131 Nr. 4 HGB a. F. normierte, dass eine offene Handelsgesellschaft durch den Tod eines Gesellschafters aufgelöst wurde.

52 Darauf hinweisend, dass diese Ansicht § 131 Nr. 4 HGB a. F. wegen des *numerus clausus* der Auflösungsgründe zum Anknüpfungspunkt nahm *K. Schmidt*, GmbHR 1980, 261 (261).
Im Zusammenhang mit der Auflösung der GmbH & Co. KG erwähnend, dass § 131 HGB (a. F.) (über § 161 Abs. 2 HGB) die Auflösungsgründe für eine Kommanditgesellschaft abschließend aufzähle nur der *BGH*, dazu BGHZ 75, 178 (179) = NJW 1980, 233 (233).

53 So RGZ 86, 408 (411); RGZ 122, 253 (257), allerdings beide zum GenG; OLG Frankfurt, DNotZ 1976, 619 (620 f.); OLG Frankfurt a. M., BB 1982, 1689 (1689); wohl auch OLG Hamburg, GmbHR 1987, 481 (481); *Brönner/Rux/Wagner*, Die GmbH & Co. KG, 8. Aufl. 1998, Rn. 633; *Emmerich*, in: Heymann, HGB, 1. Aufl. 1989, § 131 Rn. 20; *Geßler*, in: Schlegelberger, HGB, 4. Aufl. 1963, § 131 Rn. 25; *Hopt*, in: Baumbach/Duden, HGB, 29. Aufl. 1995, § 131 Rn. 18; *Schilling*, in: Groß-

b) Begründung

Auffallend ist jedoch, dass keiner der Vertreter dieser Ansicht sich die Mühe machte und sich tatsächlich mit den Analogievoraussetzungen auseinandersetzte, sodass eigentlich für die Frage, warum § 131 Nr. 4 HGB a. F. analog heranzuziehen sei, eine Begründung fehlt.[54] Begründet wurde von den Vertretern dieser Ansicht einzig, warum es möglich sei, die GmbH & Co. KG erst mit Vollbeendigung ihrer Komplementär-GmbH aufzulösen. Herangezogen wurden vor allem zwei Argumente: Das erste bezog sich auf den Zweck des § 131 Nr. 4 HGB a. F., der darin gelegen habe, die Mitgesellschafter vor der Beteiligung von Erben, die nicht erwünscht seien, zu schützen.[55] Aus diesem Zweck könne man gerade nicht schlussfolgern, dass die Kommanditgesellschaft bereits mit Auflösung der GmbH ebenfalls aufgelöst werden müsse, da sich die Gefahr des Aufzwingens unerwünschter Erben bei Auflösung einer Komplementär-GmbH gar nicht stelle.[56] Das zweite zentrale Argument bezog sich darauf, dass die GmbH mit dem Übergang ins Liquidationsstadium nun mal nicht untergehe, sondern bis zum Abschluss des Liquidationsverfahrens mit geändertem Zweck fortbestehe und somit auch weiterhin Komplementär-Aufgaben wahrnehmen könne.[57] Da die GmbH i. L. jedoch nur durch ihre Organe – den Liquidator – handeln

---

Komm HGB, 3. Aufl. 1970, § 177 Rn. 8; *Stuhlfelner*, in: HK-HGB, 4. Aufl. 1996, § 131 Rn. 5; *Ulmer*, in: GroßKomm HGB, 3. Aufl. 1973, § 131 Rn. 85; *ders.*, in: Hachenburg, GmbHG, 8. Aufl. 1997, § 60 Rn. 115. Dazu, dass die Vollbeendigung einer juristischen Person dem Tod einer natürlichen Person gleichsteht, jedoch ohne Bezug auf § 131 Nr. 4 HGB a. F. RGZ 123, 289 (294).

54 Dies geschah bislang einzig durch *Hess*, Auswirkungen des Handelsreformgesetzes, S. 45, der prüft, ob die Gesellschafter-Gesellschaft mit Auflösung oder mit ihrer Vollbeendigung nach § 131 Abs. 3 Nr. 1 HGB analog aus einer offenen Handelsgesellschaft ausscheidet.

55 Statt aller *K. Schmidt*, in: Schlegelberger, HGB, 5. Aufl. 1992, § 131 Rn. 23.

56 BGHZ 75, 178 (181 f.) = NJW 1980, 233 (233) für einen Fall, in dem die Komplementär-GmbH nach dem LöschG aufgelöst wurde; *Ulmer*, in: Hachenburg, GmbHG, 8. Aufl. 1997, § 60 Rn. 115.

57 BayObLG BB 1976, 998 (998) zu einem Fall in dem die Komplementär-GmbH nach § 1 Abs. 1 LöschG aufgelöst wurde und ohne Erwähnung des § 131 Nr. 4 HGB a. F.; BGHZ 75, 178 (182) = NJW 1980, 233 (233); *Brönner/Rux/Wagner*, Die GmbH & Co. KG, 8. Aufl. 1998, Rn. 633. In diese Richtung auch *Rasner*, in: Rowedder, GmbHG, 3. Aufl. 1997, § 60 Rn. 59; *Schilling*, in: GroßKomm HGB, II/2, 3. Aufl. 1973, § 177 Rn. 9.

kann, folgt aus dem oben beschriebenen Umstand – damals wie heute –, dass der Liquidator der Komplementär-GmbH i. L. de facto die Geschäfte der GmbH & Co. KG führt und diese vertritt. Auch in diesem Umstand sah diese Ansicht keinen Grund, die GmbH & Co. KG mit der Auflösung ihrer Komplementär-GmbH aufzulösen,[58] auch wenn diesbezüglich die Einschätzung unter den Vertretern dieser Ansicht etwas divergierte. So sah der *BGH* in dem Umstand, dass der Liquidator der aufgelösten GmbH die werbende Kommanditgesellschaft vertrete, eine schlichte Erfüllung „[…] ihre[r] Verpflichtung aus dem bereits vor ihrer Auflösung eingegangenen Gesellschaftsverhältnis"[59], während das *OLG Hamburg* diesen Zustand kritischer als „nicht befriedigend"[60] einstufte, gleichsam aber betonte, dass dieser Umstand „keineswegs immer zu unerträglichen Ergebnissen führen [müsse]",[61] und falls es doch anders sein solle, es die Möglichkeit einer Auflösungsklage nach § 133 HGB oder des klageweisen Ausschlusses der Komplementär-GmbH nach § 140 HGB gebe.[62]

c) Hilfe über § 133 bzw. § 140 HGB a. F.

Einige sahen aber das Problem, dass es bei einer Komplementär-GmbH analog § 131 Nr. 4 HGB a. F. nicht zur Auflösung der GmbH & Co. KG führenden Vollbeendigung komme könne, solange nicht auch die GmbH & Co. KG aufgelöst sei[63] bzw. sie noch Mitglied der GmbH & Co. KG sei.[64] Hintergrund sei, dass die Komplementär-GmbH als Mitglied der Kommanditgesellschaft weiterhin vermögens- und organisationsrechtliche Rech-

---

58 OLG Hamburg, GmbHR 1987, 481 (481).

59 BGHZ 75, 178 (182) = NJW 1980, 233 (233). Diesen Umstand ebenfalls als unproblematisch einstufend OLG Frankfurt, DNotZ 1976, 619 (621). Diesen Aspekt auch aufgreifend *Schilling*, in: GroßKomm HGB, II/2, § 177 Rn. 9.

60 OLG Hamburg GmbHR 1987, 481 (481).

61 OLG Hamburg GmbHR 1987, 481 (481).

62 OLG Hamburg GmbHR 1987, 481 (481); dem folgend *Butzer*, in: Münch Hdb. GesR, Band 1, 1. Aufl. 1995, § 76 Rn. 22.

63 *Klauss/Mittelbach*, Die GmbH & Co. KG, Rn. 144.

64 OLG Frankfurt DNotZ 1976, 619 (621); *Brönner/Rux/Wagner*, Die GmbH & Co. KG, 8. Aufl. 1998, Rn. 633; *Geßler*, in: Schlegelberger, HGB, 4. Aufl. 1963; § 131 Rn. 25; *Hueck*, Das Recht der offenen Handelsgesellschaft, S. 346; *Ulmer*, in: GroßKomm HGB, II/1, 3. Aufl. 1973, § 131 Rn. 85.

te und Pflichten habe[65] bzw. Vermögen habe,[66] was eine Vollbeendigung unmöglich mache. Als ein unüberbrückbares Hindernis wurde dies aber nicht gesehen. Anders als andere Literaturstimmen zog man nicht die Konsequenz, dass die GmbH & Co. KG mit Auflösung der Komplementär-GmbH ebenfalls aufgelöst werden müsse, sondern war sich einig, dass die Situation der nicht zur Vollbeendigung gelangenden Komplementärin dadurch gelöst werden könne, dass man in der Auflösung der Komplementär-GmbH einen wichtigen Grund für die Auflösung der GmbH & Co. KG i.S.d. § 133 HGB a. F., § 161 Abs. 2 HGB erblickte oder die Möglichkeit bestand eine Ausschließung der Komplementär-GmbH aus der Kommanditgesellschaft nach §§ 140, 161 Abs. 2 HGB anzustreben.[67]

2. Auflösung der GmbH & Co. KG mit Auflösung der Komplementär-GmbH

Die Gegenansicht plädierte dafür, die GmbH & Co. KG bereits mit Auflösung der Komplementär-GmbH aufzulösen.[68] Dabei bildeten sich zwei Unteransichten heraus: Die eine Unteransicht, die § 131 Nr. 4 HGB a. F. für

---

65 OLG Frankfurt, DNotZ 1976, 619 (621); *Geßler,* in: Schlegelberger, HGB, 4. Aufl. 1963, § 131 Rn. 25; *Hueck*, Das Recht der offenen Handelsgesellschaft, S. 346.

66 *Ulmer,* in: GroßKomm HGB, II/1, 3. Aufl. 1973, § 131 Rn. 85.

67 *Brönner/Rux/Wagner*, Die GmbH & Co. KG, 8. Aufl. 1998, Rn. 633; *Hueck*, Das Recht der offenen Handelsgesellschaft, S. 346 f.; *Klauss,/Mittelbach*, Die GmbH & Co. KG, Rn. 144; *Ulmer,* in: GroßKomm HGB, II/1, 3. Aufl. 1973, § 131 Rn. 85. Kommentarlos den Umstand der nicht zur Vollbeendigung gelangenden Komplementär-GmbH hinnehmend *Geßler,* in: Schlegelberger, HGB, 4. Aufl. 1963, § 131 Rn. 25.

68 Bekanntester Vertreter der Ansicht, dass die GmbH & Co. KG mit Auflösung ihrer Komplementär-GmbH ebenfalls aufgelöst werden soll war (und ist) *K. Schmidt* mit zahlreichen Veröffentlichungen zu dieser Thematik. *K. Schmidt*, BB 1980, 1497 (1499 ff.); *ders.*, GmbHR 1980, 261 (261); *ders.*, GmbHR 1994, 829 (834); *ders.*, in: Schlegelberger, HGB, 5. Aufl. 1992, § 131 Rn. 29. Daneben vertraten dies u. a. auch: Österreichisches OHG, GesRZ 1976, 126 (128); OLG Hamburg, KTS 1986, 506 (507); *Brönner/Bünz,* Die GmbH & Co. KG in Recht und Praxis, 2. Aufl. 1972, D.I.2., S. 240; *Hesselmann,* Handbuch der GmbH & Co., 16. Aufl. 1980, Rn. 250.

diesen Umstand fruchtbar machen wollte[69] und die andere Unteransicht, die fernab von § 131 Nr. 4 HGB a. F. eine Lösung suchte.[70]

a) Analogie zu § 131 Nr. 4 HGB a. F.

In der Gruppe der Vertreter, die § 131 Nr. 4 HGB a. F. analog auf den Fall der Auflösung der Komplementär-GmbH anwenden wollten, gab es einige, die gar nicht erst ansprachen, ob die Auflösung einer Gesellschafter-Gesellschaft dem Tod einer natürlichen Person entsprechen konnte und somit die Analogievoraussetzungen gegeben waren.[71] Sie begründeten ihre Ansicht vielmehr damit, dass die andere diskutierte Alternative, dass die Vollbeendigung der Gesellschafter-Gesellschafter die Gesellschaft auflöse, nicht passe.[72] Diese Ansicht führe zu einem Teufelskreis, da die Gesellschafter-Gesellschaft auch im Auflösungsstadium Rechte und Pflichten gegenüber der Gesellschaft besitze, jedoch erst dann vollbeendigt werden könne, wenn sie keine Rechte und Pflichten mehr habe, sodass es gar nicht zur Vollbeendigung kommen könne.[73] Folglich sei die Gesellschaft bereits analog § 131 Nr. 4 HGB a. F. mit Auflösung ihrer Gesellschafter-Gesellschaft aufzulösen.[74]

Andere, die analog § 131 Nr. 4 HGB a. F. die Gesellschaft mit Auflösung ihrer Gesellschafter-Gesellschaft auflösen wollten, gingen davon aus, dass die Auflösung der Komplementär-GmbH keinen dem Tod einer natürlichen Person vergleichbaren Umstand darstellt, da eine juristische Person nach ihrer Auflösung noch als Liquidationsgesellschaft weiter besteht.[75] Sie

---

69 Österreichisches OHG, GesRZ 1976, 126 (128); *Brönner/Bünz*, Die GmbH & Co. KG in Recht und Praxis, 2. Aufl. 1972, D.I.2., S. 240; *Hesselmann*, Handbuch der GmbH & Co., 16. Aufl. 1980, Rn. 250.

70 So vor allem *K. Schmidt*, beispielhaft sind hier *ders.*, BB 1980, 1497 (1499 ff.); *ders.*, GmbHR 1980, 261 (261); *ders.*, GmbHR 1994, 829 (834); *ders.*, in: Schlegelberger, HGB, 5. Aufl. 1992, § 131 Rn. 29 zu nennen.

71 Österreichisches OHG, GesRZ 1976, 126 (128). Das Österreichische OHG bejahte zwar das Vorleigen einer planwidrigen Regelungslücke (ebda.), prüft dann aber nicht, ob eine vergleichbare Interessenlage zwischen Auflösung einer Gesellschafter-Gesellschaft und Tod einer natürlichen Person besteht.

72 Österreichisches OHG, GesRZ 1976, 126 (128).

73 Österreichisches OHG, GesRZ 1976, 126 (128).

74 Österreichisches OHG, GesRZ 1976, 126 (128).

75 Dies so andeutend *Brönner/Bünz*, Die GmbH & Co. KG in Recht und Praxis, 2. Aufl. 1972, D.I.2., S. 240.

begründeten die Analogie jedoch damit, dass der Schutzzweck des § 131 Nr. 4 HGB a. F. in beiden Konstellationen greife und damit eine vergleichbare Interessenlage bei der Situation des Todes einer natürlichen Person, die Komplementärin ist und der Auflösung einer Gesellschaft, die Komplementärin ist, bestehe.[76] Auch wenn der Gesetzgeber bei der Schaffung des § 131 Nr. 4 HGB a. F. nicht an die Situation gedacht habe, dass eine Gesellschaft Komplementärin einer Kommanditgesellschaft sein könne,[77] so ergebe sich wie beim Tod einer natürlichen Person als Komplementärin das Bedürfnis, die verbleibenden Gesellschafter davor zu schützen, die Gesellschaft mit unerwünschten Erben fortzuführen – und zwar auch dann, wenn sich diese bereits im Liquidationsstadium befinde.[78]

b) Keine Anknüpfung an § 131 Nr. 4 HGB a. F.

aa) K. Schmidts Lösungsweg

K. Schmidt sprach sich hingegen deutlich dagegen aus, dass dieses Ergebnis mit einer analogen Anwendung von § 131 Nr. 4 HGB a. F. zu erreichen sei. Die Vorschrift sei für natürliche Personen konzipiert worden und nicht sinngemäß auf eine Gesellschafter-Gesellschaft anwendbar.[79] Weder die Auflösung noch die Vollbeendigung einer Komplementär-GmbH sei unter § 131 Nr. 4 HGB a. F. analog subsumierbar.[80] Letzteres gelte vor allem

76 Vgl. *Brönner/Bünz*, Die GmbH & Co. KG in Recht und Praxis, 2. Aufl. 1972, D.I.2., S. 240, die jedoch nicht direkt mit einer vergleichbaren Interessenlage argumentieren.

77 *Brönner/Bünz*, Die GmbH & Co. KG in Recht und Praxis, 2. Aufl. 1972, D.I.2., S. 240.; *Hesselmann*, Handbuch der GmbH & Co., 16. Aufl. 1980, Rn. 250.

78 *Brönner/Bünz*, Die GmbH & Co. KG in Recht und Praxis, 2. Aufl. 1972, D.I.2., S. 240.

79 *K. Schmidt*, GmbHR 1980, 261 (261).

80 Dazu, dass es nicht überzeuge, die Auflösung einer Komplementär-GmbH unter § 131 Nr. 4 HGB a. F. analog zu subsumieren *K. Schmidt*, GmbHR 1980, 261 (261). Dazu, dass die Vollbeendigung einer Komplementär-GmbH nicht dem Tod einer natürlichen Person vergleichbar sei *K. Schmidt*, BB 1980, 1497 (1499). In Scholz, GmbHG, 6. Aufl., § 60 Rn. 66 führt er aus, dass bereits die Frage, ob die Auflösung oder die Vollbeendigung dem Tod i.S.d. § 131 Nr. 4 HGB a. F. gleichstehe, eine „ganz unpassend[...]" sei. Siehe auch *K. Schmidt*, in: Schlegelberger, HGB, 5. Aufl. 1992, § 131 Rn. 28:„Diskussion [...] in der Anlage problematisch".

deshalb, weil die Vollbeendigung ein „Mehr gegenüber dem Todesfall“[81] darstelle. Die sich im Falle eines Todes eines Gesellschafters, der eine natürliche Person ist, immer stellende Frage, ob die Gesellschaft mit dessen Erben fortgesetzt werden soll (wie es im Falle des Todes eines Kommanditisten in §§ 139, 177 HGB geregelt sei) oder ob sie aufgelöst werden soll (wie es im Falle des Todes eines „natürlichen“ Komplementärs in § 131 Nr. 4 HGB a. F. geregelt sei), stelle sich nämlich schon gar nicht im Fall einer Gesellschafter-Gesellschaft.[82]

Vielmehr sei die Auflösung der einzigen Komplementär-GmbH „ein eigener, von dem auf die GmbH & Co. nicht vorbereiteten HGB-Gesetzgeber nicht geregelter Auflösungsgrund“[83].

Anders ging *K. Schmidt* mit den Fällen des liquidationslosen Erlöschens der Komplementär-GmbH um. Das sind Fälle, in denen alle Anteile an der Gesellschaft auf einen verbleibenden Gesellschafter übergehen, die übertragende Umwandlung und die Verschmelzung, also Fälle des automatischen Überganges des Anteiles auf einen Rechtsnachfolger wie dies beim Erbfall geschieht. Hier positionierte er sich für eine analoge Anwendung des § 131 Nr. 4 HGB a. F.

bb) Begründung

Dass die GmbH & Co. KG mit Auflösung der Komplementär-GmbH ebenfalls aufzulösen sei, wurde vor allem mit zwei Argumenten begründet: Zum einen müsse verhindert werden, dass eine werbende GmbH & Co. KG – gegebenenfalls sogar auf Dauer – vom Liquidator der Komplementär-GmbH vertreten werde[84]. Dieser Zustand trete dann ein, wenn die GmbH & Co. KG erst mit Vollbeendigung der Komplementär-GmbH aufgelöst werde, da die GmbH i. L. noch weiterhin die Komplementär-Aufgaben wahrnehme.[85]

---

81 *K. Schmidt,* BB 1980, 1497 (1499).

82 *K. Schmidt,* BB 1980, 1497 (1499).

83 *K. Schmidt*, GmbHR 1994, 829 (834).

84 Diesen Zustand sieht *K. Schmidt* als „[...] juristisches Kuriosum [, das] auch regelmäßig dem Willen der Gesellschafter widersprechen [dürfe]“ und das es deshalb zu verhindern gelte, so *K. Schmidt*, BB 1980, 1497 (1499). Siehe auch *ders.*, GmbHR 1994, 829 (834).

85 *Hesselmann,* Handbuch der GmbH & Co., 16. Aufl. 1980 Rn. 250; *K. Schmidt*, BB 1980, 1497 (1499 f.); *ders.*, GmbHR 1994, 829 (834).

Zum anderen wurde als Argument für eine Auflösung der GmbH & Co. KG mit Auflösung ihrer Komplementär-GmbH der bereits von der Gegenansicht als problematisch erkannte Punkt aufgeführt, dass es – folgt man der Gegenansicht – ohne weiteren Zwischenschritt nicht zur Auflösung der GmbH & Co. KG kommen könne. Die Vollbeendigung der GmbH trete so lange nicht ein, wie sie noch an einer nicht vermögenslosen GmbH & Co. KG als Komplementärin beteiligt sei.[86] Voraussetzung für die Vollbeendigung der Komplementär-GmbH sei nämlich ihre Vermögenslosigkeit.[87] Sie sei aber so lange nicht vermögenslos, wie sie noch einen Komplementäranteil halte. Es entstehe ein Teufelskreis: Die Auflösung der Kommanditgesellschaft sei mangels Erlöschen der GmbH unmöglich und das Erlöschen der GmbH mangels Vorhandensein des Kommanditanteils.[88] Zusätzlich wurde als drittes Argument v. a. von *K. Schmidt* der Schutzzweck des § 131 Nr. 4 HGB a. F. – die Mitgesellschafter davor zu bewahren, die Gesellschaft mit den Erben des Verstorbenen fortführen zu müssen[89] – angeführt. In der Situation, dass eine GmbH „sterben" solle, die ja keine Erben habe, sei dieser Schutzzweck gar nicht betroffen, sodass dies ebenfalls gegen eine analoge Anwendung des § 131 Nr. 4 HGB a. F. spreche.[90]

IV. Diskussion nach der Handelsrechtsreform von 1998

1. HRefG als Lösung des Ursprungsproblems?

Hinsichtlich der oben thematisierten Frage, ob die Auflösung der Gesellschafter-Gesellschaft oder erst deren Vollbeendigung die Gesellschaft, deren Mitglied sie ist, auflöst, hat diese Gesetzesänderung keine Klarheit gebracht.[91] Der Gesetzgeber selbst hat in der Gesetzesbegründung zum Handelsreformgesetz herausgestellt, dass gesellschafterbezogene Auflösungs-

86 Darauf ebenfalls hinweisend *Geßler*, in: Schlegelberger, HGB, 4. Aufl. 1963, § 131 Rn. 25. Dieser vertrat trotzdem die Auffassung, dass die GmbH & Co. KG sich erst mit Vollbeendigung ihrer Komplementär-GmbH auflöse.

87 Siehe dazu bereits oben § 6 A. III. 1. c).

88 *K. Schmidt*, in: Schlegelberger, HGB, 5. Aufl. 1992, § 131 Rn. 29; *ders.*, BB 1980, 1497 (1500).

89 *K. Schmidt*, in: Schlegelberger, HGB, 5. Aufl. 1992, § 131 Rn. 23.

90 *K. Schmidt*, in: Schlegelberger, HGB, 5. Aufl. 1992, § 131 Rn. 29.

91 Ebenso *Hess*, Auswirkungen des Handelsreformgesetzes, S. 44.

gründe, die zuvor entsprechend § 131 HGB a. F. angewandt worden seien, zwar im Rahmen der Handelsgesetzreform nicht als neue Tatbestände aufgenommen worden seien, jedoch weiterhin „auf Grund der tatbestandlich unveränderten Problemlage“[92] analog anzuwenden seien. Dies jedoch mit dem Unterschied, dass sie nicht mehr zur Auflösung, sondern zum Ausscheiden des betroffenen Gesellschafters führen. Folglich wird seither die alte Diskussion in neuem Rechtsfolgengewand fortgeführt.[93]

a) Immer noch Tod analog

Größtenteils wird auch nach der Handelsrechtsreform der Ansatz, dass die Vollbeendigung bzw. der Wegfall der Komplementär-GmbH dem Tod einer natürlichen Person entspreche, weiterverfolgt und damit für eine Analogie des an die Stelle des § 131 Nr. 4 HGB a. F. getretenen § 131 Abs. 3 S. 1 Nr. 1 HGB plädiert.[94] Damit wird auch, wie oben beschrieben, der Gesetzesbegründung des HRefG gefolgt.[95]

Sucht man nach einer Begründung dafür, warum gerade § 131 Abs. 3 S. 1 Nr. 1 HGB analog heranzuziehen ist, ist die Ausbeute wie zum Rechtsstand vor der Handelsrechtsreform von 1998 sehr dünn. Eine Prüfung der Analogievoraussetzungen findet man einzig bei *Hess.*[96] Er hält die Vollbeendi-

92 Begr. RegE HRefG, BT-Drucks. 13/8444, S. 66.

93 *C. Schäfer*, in: GroßKomm HGB, § 131 Rn. 79; *K. Schmdit*, Gesellschaftsrecht, S. 1451; *Stuhlfelner*, in: HK-HGB, § 131 Rn. 7; ebenso *Hess*, Auswirkungen des Handelsreformgesetzes, S. 44.

94 OLG Hamm, ZIP 2007, 1233 (1237); *Berner*, in: MünchKomm GmbHG, § 60 Rn. 310 ff, insbesondere Rn. 312; *Haas*, in: Röhricht/Graf von Westphalen/Haas, HGB, § 131 Rn. 26, jedoch mit der Einschränkung, dass es „schwer vorstellbar“ (ebda.) sei, wie es zu einer Vollbeendigung kommen solle; *Hess*, Auswirkungen des Handelsreformgesetzes, S. 52; *Hopt*, in: Baumbach/Hopt, HGB, § 131 Rn. 20; *Lorz*, in: E/B/J/S, HGB, § 131 Rn. 44; *Mutter*, in: Münch Anwalts Hdb. PersGesR, § 6 Rn. 510; *Piehler/Schulte*, in: Münch Hdb. GesR, I, § 74 Rn. 8 (genau genommen zur OHG mit Gesellschafter-Gesellschaft); *Schlitt*, NZG 1998, 583 (584). Ohne einen direkten Bezug zu § 131 Abs. 3 S. 1 Nr. 1 HGB herzustellen *Gsell*, in: Rowedder/Schmidt-Leithoff, GmbHG, § 60 Rn. 87; *Stuhlfelner*, in: HK-HGB, § 131 Rn. 7.

95 Begr. RegE HRefG, BT-Drucks. 13/8444, S. 66. Dieselbe Schlussfolgerung ziehend *Hess*, Auswirkungen des Handelsreformgesetzes, S. 44.

96 *Hess*, Auswirkungen des Handelsreformgesetzes, S. 45 ff.

gung der Gesellschafter-Gesellschaft mit dem Tod vergleichbar.[97] Die vergleichbare Interessenlage leitet er dabei vor allem er aus zwei Gründen her: Zum einen entspreche die Vollbeendigung dem Tod, da genau wie beim Tod einer natürlichen Person die Gesellschaft mit ihrem Erlöschen nicht mehr Träger von Rechten und Pflichten sein könne.[98] Zum anderen argumentiert er mit dem Zweck des § 131 Abs. 3 S. 1 Nr. 1 HGB. Dieser soll – genau wie der des § 131 Nr. 4 HGB a. F. – die übrigen Gesellschafter davor schützen, die Gesellschaft mit einem unerwünschten Rechtsnachfolger fortzuführen. Jedoch ergebe sich bei einer Gesellschafter-Gesellschaft weder bei deren Auflösung, da sie ja noch als Liquidationsgesellschaft bestehe, noch bei deren Vollbeendigung mangels Rechtsnachfolger die Ausgangslage, vor der geschützt werden müsse. Folglich gelte das seit dem HRefG geltende Prinzip der Fortsetzung der Gesellschaft ohne den betreffenden Gesellschafter, sodass die Gesellschafter-Gesellschaft auszuscheiden habe.

Bei den anderen Vertretern dieser Ansicht findet man – wenn überhaupt – höchstens Argumente die die Gegenansicht entkräften sollen. So erläutert *Mutter*, dass die Auflösung einer Komplementär-GmbH nicht dem Tod einer natürlichen Person i.S.d. § 131 Abs. 3 S. 1 Nr. 1 HGB entspreche, da die GmbH in diesem Stadium immer noch als Liquidationsgesellschaft fortbestehe.[99]

Das mit am häufigsten anzutreffende Argument ist auch heute noch, dass die aufgelöste Komplementär-GmbH weiterhin existiere und Komplementär-Aufgaben erfüllen könne, sodass die GmbH & Co KG also gar nicht gleichzeitig mit der Komplementär-GmbH aufgelöst werden müsse.[100] Auch besteht immer noch das Problem, dass es gar nicht zum Wegfall der Gesellschafter-Gesellschaft kommt, solange diese noch Gesellschaftsvermögen in Form des Komplementär-Anteils habe.[101] Es finden sich aber genau wie zum alten Recht die Aussagen, dass vor Vollbeendigung bzw. Wegfall der Komplementär-GmbH die Auflösung der Komplementär-GmbH ei-

97 *Hess*, Auswirkungen des Handelsreformgesetzes, S. 52.

98 *Hess*, Auswirkungen des Handelsreformgesetzes, S. 47 f.

99 So zu finden bei *Mutter*, in: Münchener Anwalts-Handbuch Personengesellschaftsrecht, § 6 Rn. 510.

100 *Gsell*, in: Rowedder/Schmidt-Leithoff, GmbHG, § 60 Rn. 87; *Nerlich*, in: M/H/L/S, GmbHG, § 60 Rn. 376.

101 *Haas*, in: Röhricht/Graf von Westphalen/Haas, HGB, § 131 Rn. 26.

nen wichtigen Grund i.S.d. § 133 HGB darstelle[102] und die Möglichkeit des Ausschlusses der GmbH durch Klage nach § 140 HGB bestehe.[103]

b) Das neue Rechtsfolgengewand und seine Folgen

Mit dem Handelsreformgesetz hat sich die Situation dahingehend geändert, dass wegen des mit dem Gesetz erfolgten Systemwechsels von der Personenkontinuität hin zur Unternehmenskontinuität, gesellschafterbezogene Gründe nicht mehr zur Auflösung der Gesellschaft, sondern zum Ausscheiden des jeweiligen Gesellschafters führen.[104] Daher führt seither nach § 131 Abs. 3 S. 1 Nr. 1 HGB der Tod eines Gesellschafters mangels abweichender vertraglicher Vereinbarung nicht mehr zur Auflösung der Gesellschaft, sondern zum Ausscheiden des verstorbenen Gesellschafters.

aa) Rechtsfolgen Ausscheiden der einzigen Komplementär-GmbH

Diese Gesetzesänderung brachte auch neue Probleme mit sich. Nun kann es, da die Gesellschaft nach dem gesetzlichen Leitbild ohne den betreffenden Gesellschafter weitergeführt werden soll, zum Ausscheiden des letzten bzw. auch des einzigen Komplementärs kommen.[105] Das Gesetz selbst regelt nicht, wie das Problem des Ausscheidens des letzten bzw. einzigen Komplementärs zu lösen ist.[106] Diese Problematik in seiner gesamten Tiefe darzustellen, kann und soll nicht Aufgabe dieser Arbeit sein, sondern ist u. a. speziell zu diesem Thema verfassten Monographien vorbehalten. Hinzuweisen ist an dieser Stelle besonders auf „*Seeger*, Das Ausscheiden des einzigen Komplementärs." An dieser Stelle sollen nur die speziellen Probleme, die das Ausscheiden der einzigen Komplementärin einer GmbH & Co. KG in Bezug auf ihre Auflösung bereitet, analysiert werden.

---

102 *Lorz*, in: E/B/J/S, HGB, § 131 Rn. 44, § 133 Rn. 19;
103 *Nerlich*, in: M/H/L/S, GmbHG, § 60 Rn. 377.
104 Begr. RegE HRefG, BT-Drucks. 13/8444, S. 41 f.
105 *Binz/Sorg*, Die GmbH & Co. KG, § 7 Rn. 5.
106 Statt aller *Binz/Sorg*, Die GmbH & Co. KG, § 7 Rn. 5.

(1) Ausscheiden des einzigen Komplementärs bei der „typischen" und bei der „atypischen" GmbH & Co. KG mit einer Komplementär-GmbH

Hat die GmbH & Co. KG – wie es i.d.R. ist –[107] lediglich eine Komplementär-GmbH kommt es, wenn man § 131 Abs. 3 S. 1 Nr. 1 HGB analog auf die Vollbeendigung der Komplementär-GmbH anwenden will, zu der Situation, dass die einzige Komplementärin ausscheidet und nur noch Kommanditisten übrig bleiben.[108] Dieser Umstand hat weitreichende Folgen für die verbleibenden Kommanditisten. Die offensichtlichste ist, dass die unbeschränkt haftende Gesellschafterin, die den Kommanditisten – umgangssprachlich ausgedrückt – die unbeschränkte Haftung „vom Hals gehalten hat", verschwunden ist.

(a) Keine Fortführung als werbende Kommanditgesellschaft

Es gibt mehrere Möglichkeiten, diese Situation anzugehen. Zunächst könnte man überlegen, ob die Kommanditgesellschaft nicht ohne Komplementär/Komplementärin fortgeführt werden kann.[109] Dagegen spricht jedoch, dass gemäß § 161 Abs. 1 HGB im Umkehrschluss eine Kommanditgesellschaft ohne mindestens einen unbeschränkt haftenden Gesellschafter nicht vorgesehen ist.[110] Damit einhergehen Gläubigerschutzgesichtspunkte. Eine Gesellschaft, die nur aus beschränkt haftenden Gesellschaftern besteht und anders als z. B. eine GmbH auch kein Mindeststammkapital aufweist, kann kein sicherer Schuldner sein.[111]

107 Die „typische" GmbH & Co. KG besitzt nur eine Komplementär-GmbH (*K. Schmidt*, GmbHR 2002, 1209 (1209)).

108 Siehe dazu auch *Frey/Bredow*, ZIP 1998, 1621 (1621 f.), die wegen der Ausscheidensrechtsfolge monieren, dass „[d]as Ausscheiden des letzten Komplementärs [...] gesetzlicher Regelfall zu sein [scheint]" (ebda.).

109 Ausführlich hierzu *Seeger*, Das Ausscheiden des einzigen Komplementärs, S. 68 ff.

110 Siehe auch *Seeger*, Das Ausscheiden des einzigen Komplementärs, S. 68.

111 So argumentiert auch *Seeger*, Das Ausscheiden des einzigen Komplementärs, S. 68 ff.

(b) Keine Umwandlung in eine offene Handelsgesellschaft

Man könnte stattdessen überlegen wegen des *numerus clausus* der Gesellschaftsrechtsformen[112] und des mit ihm zusammenfallenden Rechtsformzwanges,[113] die Kommanditgesellschaft mit Ausscheiden der Komplementär-GmbH automatisch in die zulässige Gesellschaftsform, also in eine offene Handelsgesellschaft, umzuwandeln.[114]

Eine solche Lösung hätte zwei Vorteile, welche bereits von *Kaspar Frey* und *Felix von Bredow*[115] herausgearbeitet wurden: Erstens entspricht sie dem neuen Leitsatz des Handelsreformgesetzes „Unternehmenskontinuität vor Personenkontinuität",[116] da die Firma unter anderer Rechtsform weitergeführt werden kann. Zweitens entstehen durch die Umwandlung in eine offene Handelsgesellschaft für die Gläubiger der bisherigen Kommanditgesellschaft, da ihnen nun neue persönlich haftende Gesellschafter zur Verfügung stehen keine Nachteile.[117]

Auf der anderen Seite stehen jedoch sehr weitreichende Folgen für die Kommanditisten, da diese nun persönlich und unbeschränkt für sämtliche Verbindlichkeiten (für neu begründete Verbindlichkeiten nach § 128 S. 1 HGB, für alte Verbindlichkeiten nach §§ 128 S. 1, 130 HGB) haften würden.[118]

---

112 Zum *numerus clausus* der Gesellschaftsformen statt vieler *Saenger*, Gesellschaftsrecht, Rn. 36 f.

113 *K. Schmidt*, Gesellschaftsrecht S. 101 ff.

114 BGH, NJW 1979, 1705 (1706); *Frey/Bredow*, ZIP 1998, 1621 (1622). Ausführlich zum Ganzen wieder *Seeger*, Das Ausscheiden des einzigen Komplementärs, S. 70 ff.

115 *Frey/Bredow*, ZIP 1998, 1621 (1622).

116 Siehe Begr. RegE HRefG, BT-Drucks. 13/8444, S. 41 f.

117 Dies ebenfalls erkennend *Frey/Bredow*, ZIP 1998, 1621 (1622).

118 Ausführlich *Seeger*, Das Ausscheiden des einzigen Komplementärs, S. 68 f.; Ebenso *Frey/Bredow*, ZIP 1998, 1621 (1622); *Lüke*, in: Hesselmann/Tillmann/Mueller-Thuns, Handbuch GmbH & Co. KG, § 9 Rn. 9.29; siehe auch *Casper*, in: GroßKomm GmbHG, § 60 Rn. 162; *Lorz*, in: E/B/J/S, HGB, § 131 Rn. 30; *K. Schmidt*, in: MünchKomm HGB, § 131 Rn. 46.

(c) Lösung: Auflösung

Aus diesem Grund ist es allgemein anerkannt, dass keine automatische Umwandlung in eine offene Handelsgesellschaft stattfindet.[119] Die Kommanditgesellschaft ist aufzulösen[120] und besteht als Kommanditgesellschaft i. L. fort.[121] Umstritten ist jedoch, ob in dieser Situation der betreffende Gesellschafter trotzdem ausscheidet und die Gesellschaft ohne ihn liquidiert wird[122] oder ob die Gesellschaft mit dem jeweiligen Gesellschafter bzw. mit seinen Erben liquidiert[123] wird.[124] Für die zuletzt genannte Ansicht wird angeführt, dass das Gesetz ein Zusammenspiel von Ausscheiden und Auflö-

---

119 *Casper*, in: GroßKomm GmbHG, § 60 Rn. 162; *Lüke*, in: Hesselmann/Tillmann/Mueller-Thuns, Handbuch GmbH & Co. KG, § 9 Rn. 9.29; *C. Schäfer*, in: GroßKomm HGB, § 131 Rn. 45; *K. Schmidt*, in: MünchKomm HGB, § 131 Rn. 46. Dazu, dass dies allgemein anerkannt ist *Casper*, in: GroßKomm GmbHG, § 60 Rn. 162.
Etwas anderes (also die Fortsetzung als offene Handelsgesellschaft) ist nur anzunehmen, wenn die Gesellschafter die Gesellschaft trotz Ausscheidens des einzigen Komplementärs/der einzigen Komplementärin werbend fortführen (*Kamanabrou*, in: Oetker, HGB, § 131 Rn. 18; *K. Schmidt*, in: MünchKomm HGB, § 131 Rn. 46).

120 *Frey/Bredow*, ZIP 1998, 1621 (1622); *Kamanabrou*, in: Oetker, HGB, § 131 Rn. 18; *Klöhn*, in: Henssler/Strohn, Gesellschaftsrecht, § 131 HGB Rn. 61; *Lorz*, in: E/B/J/S, HGB, § 131 Rn. 29; *Roth*, in: Baumbach/Hopt, HGB, § 131 Rn. 36; *C. Schäfer*, in: GroßKomm HGB, § 131 Rn. 45 f.; *K. Schmidt*, in: MünchKomm HGB, § 131 Rn. 46; *Seeger*, Das Ausscheiden des einzigen Komplementärs, S. 72. Die Frage nach dem Auflösen jedoch offen lassend OLG Hamm, GmbHR 2003, 1361 (1362).

121 *Lorz*, in: E/B/J/S, HGB, § 131 Rn. 29 („als KG zu liquidieren"); *C. Schäfer*, in: GroßKomm HGB, § 131 Rn. 46; *K. Schmidt*, in: MünchKomm HGB, § 131 Rn. 46 („Die Gesellschaft ist als KG abzuwickeln").

122 *Bork/Jacoby*, ZGR 2005, 611 (649); *Kamanabrou*, in: Oetker, HGB, § 131 Rn. 18; *Lorz*, in: E/B/J/S, HGB, § 131 Rn. 30; *Piehler/Schulte*, in: Münch Hdb. GesR, II, § 37 Rn. 6; *C. Schäfer*, in: GroßKomm HGB, § 131 Rn. 46; *K. Schmidt*, in: MünchKomm HGB, § 131 Rn. 46.

123 Dafür *Frey/Bredow*, ZIP 1998, 1621 (1623 ff.), die in diesem Fall eine teleologische Reduktion des § 131 Abs. 3 HGB präferieren.

124 Eine ausführliche Darstellung des Streitstandes kann hier nicht geführt werden, da die Arbeit sich mit den typischen Problemen einer GmbH & Co. KG befasst. Eine umfangreiche Darstellung macht aber *Seeger*, Das Ausscheiden des einzigen Komplementärs, S. 72 ff.

sung weder nach seinem Wortlaut noch nach seiner Systematik vorsehe.[125] Ferner spreche auch der *numerus clausus* der Gesellschaftsformen gegen eine solche Lösung.[126] Nach meiner Auffassung ist der ersten Ansicht zu folgen und die Kommanditgesellschaft ist als „Kommanditistengesellschaft" zu liquidieren. Es ist nicht interessengerecht und nicht effizient beispielsweise die Erben eines verstorbenen Gesellschafters nur für die Abwicklung in die Gesellschaft zu holen. Sie sind in der Regel nicht mit der Thematik betraut, hätten aber bei der Beschlussfassung ein Stimmrecht.[127] Die Fortführung als Kommanditgesellschaft i. L. ohne Komplementär/Komplementärin ist ferner hinnehmbar, da sie für einen begrenzten Zeitraum (den Zeitraum der Liquidation) besteht[128] und keine Missbrauchsmöglichkeiten denkbar sind; sobald die Gesellschaft werbend tätig wird, entsteht eine offene Handelsgesellschaft.[129]

(2) Ausscheiden des einzigen Komplementärs bei der Einpersonen-GmbH & Co. KG – Zusammenfallen von Auflösung und Vollbeendigung

(a) Grundsatz: Liquidationsloses Erlöschen[130]

Bei der Einpersonen-GmbH & Co. KG führt das Ausscheiden der einzigen Komplementär-GmbH analog § 131 Abs. 3 S. 1 Nr. 1 HGB (i.V.m. § 161 Abs. 2 HGB) mit Vollbeendigung vorbehaltlich einer abweichenden gesellschaftsvertraglichen Regelung dazu, dass die Kommanditgesellschaft liquidationslos erlischt.[131] Mit Ausscheiden der einzigen Komplementärin wächst

125 *Frey/Bredow*, ZIP 1998, 1621 (1623).

126 *Frey/Bredow*, ZIP 1998, 1621 (1623).

127 So auch *C. Schäfer*, in: GroßKomm HGB, § 131 Rn. 46, der als Beispiel den Gesellschafter, der gekündigt hat, nimmt.

128 So auch *Kamanabrou*, in: Oetker, HGB, § 131 Rn. 18; *Lorz*, in: E/B/J/S, HGB, § 131 Rn. 18; *Seeger*, Das Ausscheiden des einzigen Komplementärs, S. 73; *C. Schäfer*, in: GroßKomm HGB, § 131 Rn. 46.

129 Siehe *Kamanabrou*, in: Oetker, HGB, § 131 Rn. 18 und *K. Schmidt*, in: MünchKomm HGB, § 131 Rn. 46, die ausführen, dass die Nichtumwandlung in eine offene Handelsgesellschaft davon abhänge, dass die werbende Tätigkeit eingestellt werde.

130 Ausgeblendet werden an dieser Stelle Haftungsgesichtspunkte. Auf diese wird genauer im vierten Teil eingegangen.

131 BGH, ZIP 2018, 1826 (Rn. 10); BGH, BeckRS 2016, 20484 (Rn. 8); BVerwGE 140, 142 (Rn. 12) = NJW 2011, 3671 (Rn. 12) BGH, NZG 2004, 611 (611); OLG Hamm,

dem einzig verbliebenen Kommanditisten der Komplementär-Anteil nach §§ 738 Abs. 1 S. 1 BGB, 105 Abs. 3, 161 Abs. 2 HGB an.[132] Er wird zum Gesamtrechtsnachfolger der Einpersonen-GmbH & Co. KG[133] und das Vermögen der GmbH & Co. KG geht im Wege der Gesamtrechtsnachfolge kraft Gesetztes auf ihn über.[134] Aus der Einpersonen-GmbH & Co. KG wird ein einzelkaufmännisches Unternehmen.[135]

Für den (ehemaligen) Kommanditisten hat dies zur Folge, dass ihn nun die persönliche, akzessorische und unbeschränkte Haftung trifft.[136]

Der gleiche Mechanismus zeigt sich bei der Einpersonen-GmbH & Co. KG auch, wenn der einzige Kommanditist ausscheidet.[137] In diesem Fall wächst der Kommanditanteil der Komplementär-GmbH an.[138]

(b) Ausnahme: Anerkennung der Einmann-Personengesellschaft

Auch hier spielt wieder der *numerus clausus* der Gesellschaftsformen eine zentrale Rolle. Denkbar wäre es, in diesem Fall eine Einmann-Personengesellschaft nur bestehend aus dem ehemaligen Kommanditisten, anzuerkennen. So könnte man diesen vor einer persönlichen und unbeschränk-

ZIP 2007, 1233 (1236); OLG Düsseldorf, NJW-RR 1999, 619 (619); Begr. RegE HRefG, BT-Drucks. 13/8444, S. 66.

132 BGH, NZG 2004, 611 (611); Begr. RegE HRefG, BT-Drucks. 13/8444, S. 66; *Kruth*, NZI 2011, 844 (845); *Liebs*, ZIP 2002, 1716 (1716); *C. Schäfer*, in: GroßKomm HGB, § 131 Rn. 107 und zur GbR *ders.*, in: MünchKomm BGB, § 738 Rn. 8.

133 Statt aller *Albertus/Fischer*, ZInsO 2005, 246 (247). Ob und wie man eine solche Haftung ggf. einschränken kann, wird im vierten Teil dieser Arbeit erläutert.

134 BGH, ZIP 2018, 1826 (Rn. 10); OLG Hamm, ZIP 2007, 1233 (1236); *Kruth*, NZI 2011, 844 (849); *K. Schmidt*, GmbHR 2003, 1404 (1405). Vergleichbar ist diese Gesamtrechtsnachfolge mit der Universalsukzession in einem Erbfall (so BGH, ZIP 2018, 1826 (Rn. 11)).

135 *K. Schmidt*, GmbHR 2002, 1209 (1214).

136 *Kruth*, NZI 2011, 844 (849).

137 Allgemein lässt sich dies auf jede zweigliedrige Personenhandelsgesellschaft übertragen, wenn der vorletzte Gesellschaft ausscheidet. Es kommt, vorbehaltlich einer abweichenden gesellschaftsvertraglichen Regelung, zur Gesamtrechtsnachfolge beim verbleibenden Gesellschafter und die Gesellschaft erlischt liquidationslos (BGH, ZIP 2018, 1826 (Rn. 10); und auch Begr. RegE HRefG, BT-Drucks. 13/8444, S. 66). Im Rahmen dieser Arbeit wird der besseren Übersicht halber nur auf die Einpersonen-GmbH & Co. KG als ein Beispiel einer zweigliedrigen GmbH & Co. KG eingegangen.

138 Siehe dazu BGH, ZIP 2018, 1826 ff.

ten Haftung bewahren, da ein Gesellschaftsvermögen als Haftungsmasse ebenfalls vorhanden wäre.

Die Anerkennung einer Einmann-Personengesellschaft ist jedoch abzulehnen.[139]

Das Gesetz kennt eine solche Gesellschaft nicht, sondern im Gegenteil, § 140 Abs. 1 S. 2 HGB spricht sogar gegen deren Zulässigkeit. Indem der Gesetzgeber betont, dass einem Ausscheiden eines Gesellschafters nicht entgegenstehe, dass danach nur noch ein Gesellschafter verbleibe, drückt er indirekt aus, dass bei einem verbleibenden Gesellschafter die Gesellschaft nicht mehr und damit auch keine Einmann-Gesellschaft existiert.[140]

Zudem sind Personengesellschaften mitgliedschaftlich geprägt.[141] Aus der personengesellschaftlichen Mitgliedschaft leiten sich alle Rechte und Pflichten gegenüber der Gesellschaft und gegenüber Mitgesellschaftern her.[142] Besteht die Gesellschaft jedoch nur noch aus einem Gesellschafter, ist fraglich, wie das funktionieren soll. Augenscheinlich ist, dass eine Einmann-Personengesellschaft mit nur einem Gesellschafter nicht derart mitgliedschaftlich organisiert sein kann, wie die übrigen Personengesellschaften und sich damit schlecht in das Gesamtbild der Personengesellschaften einfügt.[143]

Verbleibt damit nur noch ein einziger Gesellschafter einer Personengesellschaft, ist diese liquidationslos erloschen. Eine Einmann-Personengesellschaft entsteht nicht.

(c) Kein Auflösungsproblem

Damit ist in jedem Fall die Einpersonen-GmbH & Co. KG, da sie gar nicht ins Auflösungs- und Liquidationsstadium kommt, sondern direkt liquidationslos vollbeendet wird, ein Sonderfall.

---

139 Eine Einmann-Personengesellschaft anerkennend *Pfister*, Die Einmann-Personengesellschaft, S. 176 ff. 195 ff.

140 Ohne nähere Erläuterung dieses Argument aufführend *K. Schmidt,* in: MünchKomm HGB, § 105 Rn. 24.

141 *K. Schmidt,* in: MünchKomm HGB, § 105 Rn. 24.

142 K. Schmidt, in: MünchKomm HGB, § 105 Rn. 169.

143 So auch *K. Schmidt,* in: MünchKomm HGB, § 105 Rn. 24.

(3) Ausscheiden der nicht alleinigen Komplementärin

Als Gegenprobe soll kurz auf die Situation eingegangen werden, dass eine GmbH & Co. KG zwei Komplementärinnen hat, wobei es sich bei beiden um GmbHs handelt. Wird nun eine der beiden Komplementär-GmbHs aufgelöst, scheidet sie nach der einen Ansicht analog § 131 Abs. 3 S. 1 Nr. 1 HGB (i.V.m. § 161 Abs. 2 HGB) aus der Kommanditgesellschaft aus. Anders als in den zuvor beschriebenen Fällen, bleibt aber eine GmbH & Co. KG mit einer GmbH als Komplementärin bestehen. Seit der Handelsrechtsreform von 1998 sollen gesellschafterbezogene Umstände nicht mehr zur Auflösung der Gesellschaft führen, sondern zur Folge haben, dass die Gesellschaft ohne den betreffenden Gesellschafter weitergeführt wird.[144] Die vom Gesetzgeber infizierte Folge, dass es wirklich nur zum Ausscheiden des betreffenden Gesellschafters kommt, tritt damit nur dann ein, wenn nicht der einzige Komplementär/im Falle einer GmbH & Co. KG die einzige Komplementärin ausscheidet.

(4) Schlussfolgerung

Festzuhalten ist damit, dass seit dem Handelsrechtsreformgesetz die Diskussion, welche Folgen die Auflösung der Komplementär-GmbH auf die Kommanditgesellschaft hat, bei Anwendung einer Analogie zu § 131 Abs. 3 S. 1 Nr. 1 HGB dem Wortlaut dieser Norm nach genau genommen unter der Frage diskutiert werden muss, ob die Komplementär-GmbH aus der Kommanditgesellschaft ausscheiden soll. Die Frage, ob die Auflösung der Komplementär-GmbH auch zur Auflösung der GmbH & Co. KG führen soll, kann dagegen, wenn man den Wortlaut des § 131 Abs. 3 S. 1 Nr. 1 HGB genau nimmt, nicht direkt mit einer Anknüpfung an diese Norm gelöst werden. Wie die obigen Ausführungen jedoch zeigen, führt das Ausscheiden der Komplementär-GmbH in den Fällen, in denen sie die einzige Komplementärin einer GmbH & Co. KG ist, zur Auflösung der Kommanditgesellschaft, sodass in diesen Fällen immer noch ein Auflösungsproblem vorliegt. Ausgangspunkt für die Auflösung ist dann nur das Ausscheiden der Komplementär-GmbH aus der GmbH & Co. KG analog § 131 Abs. 3 S. 1 Nr. 1 HGB und nicht die Auflösung der Komplementär-GmbH. Ob dieser Umstand, dass quasi das Ausscheiden der Komplementär-GmbH dazwi-

144 Begr. RegE HRefG, BT-Drucks. 13/8444, S. 41 f.

schengeschaltet wird, im Vergleich zu einer automatischen Auflösungsfolge mit Auflösung der Komplementär-GmbH einen bedeutenden Unterschied zur Lösung der Problematik darstellt, soll an anderer Stelle im Rahmen der Stellungnahme geklärt werden. An dieser Stelle werden einzig die vertretenen Ansichten und ihre Folgen gegenübergestellt.

(5) Zweck passt nicht

Ferner zeigen die obigen Ausführungen, dass der Zweck des § 131 Abs. 3 HGB mit der Ausscheidensfolge die Unternehmenskontinuität zu fördern und eine Auflösung der Handelsgesellschaft zu verhindern,[145] bei Ausscheiden der einzigen Komplementärin gar nicht greift. Selbst wenn man den § 131 Abs. 3 S. 1 Nr. 1 HGB auf diese Situation anwenden würde, würde man ihn in jedem Fall mit seiner Anwendung eine Folge herbeiführen, die entgegen seinem Zweck ist.

c) Ausscheiden mit Auflösung

Klöhn plädiert dafür die Gesellschafter-Gesellschaft mit ihrer Auflösung ausscheiden zu lassen.[146] Genauer Ausscheidenszeitpunkt soll dann sein, wenn die „Liquidation unumkehrbar" sei.[147] Zur methodischen Herleitung dieses Ergebnisses hält er den § 131 Abs. 3 S. 1 Nr. 1 HGB für ungeeignet und möchte stattdessen auf eine ergänzende Auslegung des Gesellschaftsvertrages zurückgreifen.[148] Zur Begründung führt er dabei das bereits oben erwähnte Argument an, dass diese nur mit ihrer Auflösung und nicht erst mit ihrer Vollbeendigung ausscheiden könne, da sie im letzteren Fall einen Abfindungsanspruch erhalte, der Vermögen darstelle und damit ihrer als Voraussetzung für die Vollbeendigung dienenden Vermögenslosigkeit im Wege stehe.[149]

145 Begr. RegE HRefG, BT-Drucks. 13/8444, S. 41 f.

146 *Klöhn*, in: Henssler/Strohn, Gesellschaftsrecht, § 131 HGB Rn 43. Ebenfalls dafür, die Komplementär-GmbH mit ihrer Auflösung aus der Gesellschaft ausscheiden zu lassen *Stuhlfelner*, in: HK-HGB, § 131 Rn. 7, der aber nicht eine ergänzende Vertragsauslegung anspricht.

147 *Klöhn*, in: Henssler/Strohn, Gesellschaftsrecht, § 131 HGB Rn. 43.

148 *Klöhn*, in: Henssler/Strohn, Gesellschaftsrecht, § 131 HGB Rn. 43.

149 *Klöhn*, in: Henssler/Strohn, Gesellschaftsrecht, § 131 HGB Rn. 43.

d) Immer noch für gleichzeitige Liquidation

Die von *K. Schmidt* angeführte Ansicht lehnt eine Ausscheidensfolge ab und möchte stattdessen die GmbH & Co. KG mit Auflösung ihrer Komplementär-GmbH ebenfalls auflösen, sodass Komplementär-GmbH und Kommanditgesellschaft gleichzeitig liquidiert werden.[150] Die im Folgenden darstellte Ansicht unterscheidet sich von den zuerst dargestellten Ansichten, die die Komplementär-GmbH aus der Kommanditgesellschaft ausscheiden lassen wollen, unter anderem dadurch, dass sie eine automatische Auflösung der Kommanditgesellschaft erzielen möchte und die Auflösung nicht nur die Folge des Ausscheidens der einzigen Komplementärin darstellt.

Innerhalb dieser Ansicht herrscht jedoch Uneinigkeit darüber, woraus diese automatische Auflösungsfolge zu ziehen ist. Einigkeit besteht jedoch dahingehend, dass nicht auf § 131 Abs. 3 S. 1 Nr. 1 HGB zurückgegriffen werden soll.

aa) *K. Schmidt* und der ungeschriebene Auflösungstatbestand

K. Schmidt wird auch nach der Handelsrechtsreform nicht müde zu betonen, dass bei analoger Anwendung des § 131 Abs. 3 S. 1 Nr. 1 HGB die Schlussfolgerung, dass die Vollbeendigung oder die Auflösung einer Gesellschafter-Gesellschaft dem Tod einer natürlichen Person entspreche, „die Antwort auf eine unrichtig gestellte Frage“[151] sei und nicht zur Lösung des Problems führen könne.[152] Somit plädiert er – nunmehr auch gemeinsam mit *Georg Bitter* – für eine Lösung fernab von § 131 Abs. 3 S. 1 Nr. 1 HGB. Die GmbH & Co. KG soll aufgrund eines „in § 131 HGB nicht enthaltene[n],

150 *K. Schmidt*, in: MünchKomm HGB, § 131 Rn. 47; *ders./Bitter*, in: Scholz, GmbHG, § 60 Rn. 115; *Casper*, in: GroßKomm GmbHG, § 60 Rn. 161; *C. Schäfer*, in: GroßKomm HGB, § 131 Rn. 80; a. A. *Nerlich*, in: M/H/L/S, GmbHG, § 60 Rn. 376, der sich jedoch auch nicht direkt für die Gegenansicht (Auflösung mit Vollbeendigung der Komplementär-GmbH) positioniert, sondern ratschlagt, die aufgelöste GmbH solle versuchen ihre Fortsetzung oder Ersetzung zu erreichen. Außerdem weist er auf §§ 117, 127 HGB und § 140 HGB hin.

151 *K. Schmidt*, in: MünchKomm HGB, § 131 Rn. 68.

152 *K. Schmidt*, in: MünchKomm HGB, § 131 Rn. 68.

[…] vom HGB-Gesetzgeber nicht bedacht[en] Auflösungstatbestand[es]“[153] bei Auflösung ihrer Komplementär-GmbH ebenfalls auflöst werden.

Dabei führt *K. Schmidt* heute – neben den bereits oben erwähnten Argumenten (§ 6 A. III. 2. b) bb))– zwei weitere Argumente für seine Vorgehensweise an: So zeigt *K. Schmidt* seit der Handelsrechtsreform auch Wertungsgesichtspunkte für seine These auf, die sich zuvor wegen erst mit dem HRefG erfolgter Gesetzesänderungen noch nicht stellten.

Zum einen betont er, dass es nicht überzeuge, dass bei strikter Anwendung des Gesetzes die GmbH bei Eröffnung des Insolvenzverfahrens über das Vermögen der GmbH aufgelöst werde (§ 131 Abs. 2 S. 1 Nr. 2 HGB), nicht jedoch wenn das Insolvenzverfahren über das Vermögen der GmbH mangels Masse abgelehnt werde.[154]

Zum anderen würde für seine These auch sprechen, dass eine GmbH & Co. KG als werbende fortbestehen könne, auch wenn ihre Komplementär-GmbH schwere Satzungsmängel habe (§ 75 GmbHG, §§ 397, 399 FamFG).

Anders geht er nur im Fall des Erlöschens der Gesellschafter-Gesellschaft ohne Liquidation vor. Das betrifft Fälle der Verschmelzung (§ 20 UmwG), des Erlöschens durch Spaltung (§ 131 UmwG) und des Zusammenfallens aller Anteile der Personengesellschaft in einer Hand. In diesen Situationen gehe es nämlich tatsächlich um die Frage, ob die Gesellschaft mit den Rechtsnachfolgern der erloschenen Gesellschaft fortgeführt werden soll und die Mitgliedschaft somit auf diese übergehe oder ob die Gesellschafter-Gesellschaft aus der Gesellschaft mit Erlöschen ausscheidet und den Rechtsnachfolgern ein Abfindungsanspruch zustehe.

bb)Weitere Literaturmeinungen für eine Auflösung

Mittlerweile hat *K. Schmidt* auch mehrere Literaturstimmen auf seine Seite ziehen können. Somit vertreten nun einige mit ihm, dass die GmbH & Co. KG mit Auflösung ihrer Komplementärin ebenfalls aufzulösen sei.[155]

153 *K. Schmidt/Bitter*, in: Scholz, GmbHG, § 60 Rn. 115.

154 *K. Schmidt/Bitter*, in: Scholz, GmbHG, § 60 Rn. 115. Diesen Wertungswiderspruch sieht auch *Berner*, in: MünchKomm GmbHG, § 60 Rn. 311 f. als Vertreter der Gegenansicht. Er meint aber, dass dieser Widerspruch wegen des im Rahmen des HRefG eingefügten § 131 Abs. 3 S. 1 Nr. 2 HGB hinzunehmen sei.

155 Ebenfalls (nun) vertretend, dass die Gesellschaft mit Auflösung ihrer Gesellschafter-Gesellschaft aufzulösen ist *Binz/Sorg*, Die GmbH & Co. KG, § 7 Rn. 10; *Casper*, in: GroßKomm GmbHG, § 60 Rn. 155 ff.; *ders.*, in: GroßKomm HGB, § 161

Auch wenn neben dem gleichen Auflösungszeitpunkt die Begründung sehr identisch ist,[156] möchte doch fast jeder der Vertreter diesen Umstand rechtsmethodisch anders herleiten.

Casper, *C. Schäfer* und *Wiedemann* greifen auf eine Analogie zu dem in den 1990-iger Jahren neu eingefügten § 131 Abs. 2 HGB[157] zurück. Mit Hilfe einer solchen Analogie lasse sich „[d]asselbe Ergebnis [wie das von *K. Schmidt*, Anm. d. Verf.][...] konstruieren."[158]. Die Vertreter dieses Lösungsweges weichen jedoch im Detail – hinsichtlich der Reichweite der Analogie – voneinander ab.

(1) „Kleiner" Lösungsweg

C. Schäfer und *Wiedemann* möchten § 131 Abs. 2 HGB eng auslegen und analog § 131 Abs. 2 S. 1 Nr. 1 HGB (i.V.m. § 161 Abs. 2 HGB) die GmbH & Co. KG nur auflösen, wenn die Komplementär-GmbH wegen Masselosigkeit aufgelöst wird (§ 60 Abs. 1 Nr. 5 GmbHG) und analog § 131 Abs. 2 S. 1 Nr. 2 HGB (i.V.m. § 161 Abs. 2 HGB), wenn sie gelöscht und deshalb aufgelöst wird (§ 60 Abs. 1 Nr. 7 GmbHG). Für andere Auflösungsgründe der Komplementär-GmbH sei es nicht möglich § 131 Abs. 2 HGB analog heranzuziehen.[159] Sie begründen dies damit, dass § 131 Abs. 2 HGB direkt auch

Rn. 119 f.; *Heidel*, in: Heidel/Schall, HGB, § 131 Rn. 29 Nur für die beiden Fälle des § 131 Abs. 2 HGB *C. Schäfer*, in: GroßKomm HGB, § 131 Rn. 79 ff. und Rn. 42; *Wiedemann*, GS Lüderitz, S. 839 (854 f.).

156 So erwähnen *Casper*, in: GroßKomm GmbHG, § 60 Rn. 164, *C. Schäfer*, in: GroßKomm HGB, § 131 Rn. 80 *Kamanabrou*, in: Oetker, HGB, § 131 Rn. 28 und *Klöhn*, in: Henssler/Strohn, Gesellschaftsrecht, § 131 HGB Rn. 43, dass der von der GmbH immer noch gehaltene Komplementär-Anteil die Vollbeendigung analog § 131 Abs. 3 S. 1 Nr. 1 HGB verhindere. Abweichungen in der Begründung findet man bei den Vertretern dieser Ansicht nur bei dem Thema, ob der Liquidator der Komplementär-GmbH i. L. die Geschäfte der GmbH & Co. KG führen soll. Anders als *K. Schmidt/Bitter*, in: Scholz, GmbHG, § 60 Rn. 115 und *Binz/Sorg*, Die GmbH & Co. KG, § 7 Rn. 10 sieht *Casper*, in: GroßKomm GmbHG, § 60 Rn. 164 es nicht als problematisch an, dass der Liquidator der GmbH die Geschäfte der GmbH & Co. KG führt.

157 § 131 Abs. 2 HGB wurde neu eingefügt durch Art. 40 Einführungsgesetz zur Insolvenzordnung (EGInsO) vom 05.10.1994, BGBl. I 1994, S. 2911 (2927 f).

158 *Casper*, in: GroßKomm GmbHG, § 60 Rn. 161.

159 *C. Schäfer*, in: GroßKomm HGB, § 131 Rn. 42; *Wiedemann*, GS Lüderitz, S. 839 (855). Für den Fall, dass das Insolvenzverfahren mangels Masse hinsichtlich der

nur die Auflösung wegen Masselosigkeit oder Löschung einer Personengesellschaft mit keiner natürlichen Person als persönlich haftender Gesellschaft erfasse. Die Zielrichtung des § 131 Abs. 2 HGB – die Koordinierung beider Gesellschaftsformen – lasse sich jedoch erweitern bezüglich der in § 131 Abs. 2 HGB genannten Fälle der Auflösung der Komplementär-GmbH.[160] Die Fälle der Masselosigkeit und der Vermögenslosigkeit seien zum einen vom Gesetzgeber durch die Erwähnung in § 131 Abs. 2 HGB besonders hervorgehoben,[161] zum anderen seien die Fälle der Masselosigkeit und der Löschung unabhängig davon, ob sie die GmbH & Co. KG oder eine Komplementär-GmbH beträfen, für die Gläubiger gefährlich.[162]

(2) „Großer" Lösungsweg

Casper hingegen möchte den Tatbestand des § 131 Abs. 2 HGB weit auslegen. Auch er zieht wie *C. Schäfer* und *Wiedemann* § 131 Abs. 2 S. 1 Nr. 1 bzw. Nr. 2 HGB (i.V.m. § 161 Abs. 2 HGB) analog für die Fälle der Auflösung der Komplementär-GmbH wegen Masselosigkeit bzw. wegen Löschung heran und greift dabei auch auf dieselben Argumente zurück.[163] Weitergehend möchte er § 131 Abs. 2 HGB doppelt analog[164] (i.V.m. § 161 Abs. 2 HGB) auch auf andere Auflösungsfälle der Komplementär-GmbH anwenden und so wie *K. Schmidt* erreichen, dass die GmbH & Co. KG immer dann aufgelöst wird, wenn ihre Komplementär-GmbH aufgelöst ist.[165] Dabei stimmt er jedoch nicht in allen Gesichtspunkten mit *K. Schmidt* überein. So sieht er in dem Umstand, dass es, wenn man die GmbH & Co. KG erst mit Vollbeendigung der Komplementär-GmbH auflöst, dazu kommet, dass der Liquidator der Komplementär-GmbH die Geschäfte der GmbH & Co. KG

Komplementär-GmbH abgelehnt wurde auch *Hass,* in: Röhricht/Graf von Westphalen/Haas, HGB, § 131 Rn. 25.

160 *C. Schäfer*, in: GroßKomm HGB, § 131 Rn. 42; So auch *Casper*, in: GroßKomm GmbHG, § 60 Rn. 165 sowie *ders.,*. in: GroßKomm HGB, § 161 Rn. 120.

161 *C. Schäfer*, in: GroßKomm HGB, § 131 Rn. 42.

162 *C. Schäfer*, in: GroßKomm HGB, § 131 Rn. 42; *Wiedemann*, GS Lüderitz, S. 839 (855); sich dem anschließend *Casper*, in: GroßKomm GmbHG, § 60 Rn. 162 mit Fn. 395.

163 *Casper*, in: GroßKomm GmbHG, § 60 Rn. 162.

164 Mit einer doppelten Analogie meint *Casper* eine „Anwendung in umgekehrter Richtung und auf die Auflösungsgründe jenseits von [§ 60] Abs. 1 Nr. 5, 7 [GmbHG]" *Casper*, in: GroßKomm GmbHG, § 60 Rn. 165.

165 *Casper*, in: GroßKomm GmbHG, § 60 Rn. 165.

führt, keinen Grund dafür, die Auflösung der Kommanditgesellschaft an die ihrer Komplementär-Gesellschaft zu knüpfen.[166] Jedoch weist auch *Casper* daraufhin hin, dass die Komplementär-GmbH gar nicht sinnvoll liquidiert werden könne, so lange nicht auch die Kommanditgesellschaft aufgelöst werde, da sie aufgrund der noch werbend tätigen Kommanditgesellschaft neuen Haftungsansprüchen ausgesetzt sei. Außerdem sieht er gerade für die in der Praxis häufig vorkommende Einpersonen-GmbH & Co. KG die Gefahr, dass diese nicht sinnvoll liquidiert werden könne, da für sie ein Ausscheiden der Komplementär-GmbH bei deren Vollbeendigung analog § 131 Abs. 3 S. 1 Nr. 1 HGB ein liquidationsloses Erlöschen bedeute und somit gar keine Liquidation der Einpersonen-GmbH stattfinde.[167]

B. Stellungnahme

Im Rahmen einer Stellungnahme ist zunächst einmal die These der überwiegenden Meinung zu überprüfen und der Frage nachzuspüren, ob eine GmbH & Co. KG überhaupt analog § 131 Abs. 3 S. 1 Nr. 1 HGB (i.V.m. § 161 Abs. 2 HGB) mit Vollbeendigung der Komplementär-GmbH aufgelöst werden kann.

I. Passt eine Analogie zu § 131 Abs. 3 S. 1 Nr. 1 HGB?

Die Frage, die sich dabei zuerst aufdrängt, ist, ob eine Analogie zu § 131 Abs. 3 S. 1 Nr. 1 HGB überhaupt den Fall der Folgen einer aufgelösten Komplementär-GmbH auf die GmbH & Co. KG, deren Gesellschafterin sie ist, tatbestandlich erfasst. Bei einer Durchsicht der zu diesem Thema ergangener Rechtsprechung und Literatur fällt insbesondere auf, dass *Hess* der Einzige ist, der sich überhaupt näher mit den Analogievoraussetzungen auseinandersetzt hat.[168]

166 *Casper*, in: GroßKomm GmbHG, § 60 Rn. 164; *ders., in*: GroßKomm HGB, § 161 Rn. 120.

167 *Casper*, in: GroßKomm GmbHG, § 60 Rn. 164; *ders.*, in: GroßKomm HGB, § 161 Rn. 120.

168 *Hess*, Auswirkungen des Handelsreformgesetzes, S. 45, der dort prüft, ob die Gesellschafter-Gesellschaft mit Auflösung oder mit ihrer Vollbeendigung nach § 131 Abs. 3 S. 1 Nr. 1 HGB analog aus der offenen Handelsgesellschaft ausscheidet.

1. Vorliegen einer planwidrigen Regelungslücke

Fragt man zunächst, ob eine Analogie zu § 131 Abs. 3 S. 1 Nr. 1 HGB in Betracht kommt, um das Problem zu lösen, muss zuerst geklärt werden, ob eine planwidrige Regelungslücke vorliegt.

a) Vorliegen einer Gesetzeslücke

Zunächst müsste eine Gesetzeslücke vorliegen, das Gesetz mithin unvollständig sein.[169] Untersucht man § 131 HGB näher, so fällt auf, dass nur in § 131 Abs. 2 HGB eine Personenhandelsgesellschaft „[…] bei der kein persönlich haftender Gesellschafter eine natürliche Person ist" erwähnt wird. Der im Rahmen des Einführungsgesetzes zur Insolvenzordnung eingefügte § 131 Abs. 2 HGB[170] regelt jedoch nur die aus dem alten Löschungsgesetz von 1934 stammenden Tatbestände, die die Masse- und Vermögenslosigkeit der Personengesellschaft selbst betreffen[171] und keine gesellschafterbezogene, verzahnungsspezifische Aspekte. Gesellschafterbezogene Umstände werden überwiegend in § 131 Abs. 3 HGB geregelt.[172] Dort findet sich jedoch weder die Auflösung noch die Vollbeendigung einer Gesellschafter-Gesellschaft als (gesellschafterbezogene) Auflösungs- bzw. Ausscheidungsgrund. Hingegen ist in § 131 Abs. 3 S. 1 Nr. 1 HGB mit dem Tod des Komplementärs als Ausscheidungsgrund ein gesellschafterbezogener Grund normiert, der nur direkt bei natürlichen Personen als Gesellschafter anwendbar ist, da nur Lebewesen sterben können. Es ist damit festzuhalten, dass die Folgen von originär nur bei einer Gesellschafter-Gesellschaft vorkommender Umstände nicht im HGB geregelt sind. Damit liegt eine Gesetzeslücke vor.[173]

---

169 Vgl. dazu genauer *Larenz/Canaris*, Methodenlehre der Rechtswissenschaft, S. 190 ff.

170 § 131 Abs. 2 HGB wurde neu eingefügt durch Art. 40 Einführungsgesetz zur Insolvenzordnung (EGInsO) vom 05.10.1994, BGBl. I 1994, S. 2911 (2927 f).

171 *K. Schmidt*, in: MünchKomm HGB, § 131 Rn. 4.

172 § 131 Abs. 3 Nr. 1, 2, 3, und 4 HGB sind gesellschafterbezogene Gründe, da sie die Rechtsfolge des Ausscheidens entweder an ein Verhalten des Gesellschafters, der Ausscheiden soll (Nr. 2 und 6, dadurch, dass er mitstimmt) oder an einen in seiner Person liegenden Umstand (Nr. 1, 2, 4) anknüpfen. So auch *Lorz*, in: E/B/J/S, HGB, § 131 Rn. 5.

173 So mit der gleichen Argumentation auch *Hess*, Auswirkungen des Handelsreformgesetzes, S. 46 f.

b) Planwidrigkeit der Gesetzeslücke

Diese Gesetzeslücke müsste auch planwidrig sein. Hier besteht die Besonderheit, dass der Gesetzgeber selbst die Regelungslücke gesehen hat. Dies erkennt man daran, dass er in der Gesetzbegründung zum Handelsreformgesetz darauf hinweist, dass Analogien, die bisher dazu herangezogen worden seien, das Problem der Auflösung/Vollbeendigung einer Gesellschafter-Gesellschaft zu lösen, weiter angewandt werden sollen.[174] Es stellt sich somit im Folgenden die Frage, ob eine Gesetzeslücke, die der Gesetzgeber gesehen hat und deren Füllen er der Rechtsprechung und dem Schrifttum überlässt, da er sich wegen bestehender Unsicherheiten (noch) nicht in der Lage sieht, diese zu füllen, planwidrig ist. Man könnte insoweit von einer bewusst offen gelassenen Regelungslücke sprechen. Die Annahme, dass der Gesetzgeber bewusst einen Umstand nicht geregelt hat, bedeutet nicht zwangsläufig, dass eine bewusste Regelungslücke vorliegt. Sie widerspricht nicht der Annahme einer planwidrigen Regelungslücke, sondern verdeutlicht gerade das Vorhandensein einer solchen. Der Gesetzgeber hat erkannt, dass eine Gesetzeslücke besteht und dass diese auch gefüllt werden muss. Aufgrund bestehender Unsicherheiten traut er sich jedoch (noch) nicht, die zu füllen, sondern überlässt das Lückenfüllen der Rechtsprechung und Literatur.

2. Vergleichbare Interessenlage

Die Regelungslücke könnte durch eine Analogie zu § 131 Abs. 3 S. 1 Nr. 1 HGB geschlossen werden. Bei einer Analogie wird der Anwendungsbereich einer Norm ausgeweitet. Genauer ausgedrückt bedeutet dies, dass eine Regelung, die für einen Fall X im Gesetz normiert ist, auf einen X ähnlichen Fall Y übertragen wird, weil beide Fälle aufgrund ihrer Vergleichbarkeit wertungstechnisch gleich betrachtet werden können.[175] Wie bereits oben beschrieben, regelt § 131 Abs. 3 S. 1 Nr. 1 HGB den Sachverhalt, dass eine natürliche Person, die Komplementärin einer Kommanditgesellschaft

174 Begr. RegE HRefG, BT-Drucks. 13/8444, S. 66.

175 Begründung entnommen *Larenz/Canaris*, Methodenlehre der Rechtswissenschaft, S. 202.

ist, stirbt. Mit dem Tod einer natürlichen Person endet ihre Rechtsfähigkeit. Sie ist danach nicht mehr existent.

a) Entspricht die Auflösung einer Gesellschaft dem Tod einer natürlichen Person?

Es soll zunächst geklärt werden, ob die Auflösung einer Komplementär-GmbH dem Tod einer natürlichen Person in dem Sinne gleichgesetzt werden kann, dass die Regel, die in § 131 Abs. 3 S. 1 Nr. 1 HGB normiert ist, auch für den Fall der Auflösung einer Komplementärin anwendbar ist.

Wird eine GmbH aufgelöst, verwandelt sie sich in eine Liquidationsgesellschaft und nimmt als solche noch am (Rechts-)Leben teil.[176] Sie ist immer noch existent, mit der Folge, dass anders als beim Tod einer natürlichen Person die Gesellschaft weder komplett verschwindet noch sich die Frage nach einer Vermögensnachfolge im Sinne einer Universalsukzession wie im Rahmen der Erbfolge stellt.[177] Es scheint deshalb unmöglich, die Auflösung einer Gesellschaft dem Tod einer natürlichen Person gleichzusetzen.[178]

b) Entspricht die Vollbeendigung einer Gesellschaft dem Tod?

Im Gegensatz dazu verliert eine Gesellschaft mit der Vollbeendigung ihre Rechtsfähigkeit und verschwindet aus dem (Rechts-)Leben.[179] Folglich kommt es – wenn überhaupt – nur in Betracht, die Vollbeendigung einer Gesellschaft dem Tod einer natürlichen Person gleichzustellen.

aa) Zweck als Anhaltspunkt

Für die Frage, ob die hinter § 131 Abs. 3 S. 1 Nr. 1 HGB stehende gesetzliche Regel auf den Fall der Vollbeendigung übertragbar ist, ist auf den Zweck des § 131 Abs. 3 S. 1 Nr. 1 HGB zu schauen.[180] Der seit der Handelsrechtsreform immer wieder betonte Zweck, die Unternehmenskontinuität der Han-

176 Statt aller *C. Schäfer*, in: GroßKomm HGB, § 131 Rn. 7.
177 So ungefähr auch *C. Schäfer*, in: GroßKomm HGB, § 131 Rn. 80.
178 Für eine entsprechend aufgebaute OHG zur Rechtslage vor dem HRefG *Hueck*, Das Recht der offenen Handelsgesellschaft, S. 346.
179 Siehe auch *Hess*, Die Auswirkungen des Handelsreformgesetzes, S. 47.
180 Allgemein dazu *Larenz/Canaris*, Methodenlehre der Rechtswissenschaft, S. 202 f.

delsgesellschaft durch das Ausscheiden des verstorbenen Gesellschafters zu sichern,[181] hilft an dieser Stelle ersichtlich nicht weiter, da die GmbH i.d.R. die einzig persönlich haftende Gesellschafterin der GmbH & Co. KG ist und daher ihr Ausscheiden immer zur Auflösung der Gesellschaft führt.[182]

(1) Schicksal der Mitgliedschaft

Zweck des § 131 Abs. 3 S. 1 Nr. 1 HGB ist es jedoch auch, das Schicksal der Mitgliedschaft bei Tod eines Gesellschafters zu regeln.[183] Juristisch bedeutend ist an dieser Stelle die Frage, ob die Mitgliedschaft vererbt wird oder bei Tod des Gesellschafters erlischt.[184] Mit der gesetzgeberischen Entscheidung, dass der verstorbene Gesellschafter aus der Gesellschaft, deren Mitglied er war, ausscheidet, erlischt dessen Mitgliedschaft. Sie ist damit nicht vererblich und wird nicht Teil des Nachlasses des verstorbenen Gesellschafters. Anders war dies bei § 131 Nr. 4 HGB a. F., der als Rechtsfolge noch die Auflösung der Gesellschaft anordnete. Nach alter Rechtslage wurde die Mitgliedschaft Teil des Nachlasses des verstorbenen Gesellschafters und ging auf den oder die Erben über. Dieser bzw. diese wurden Mitglieder der Liquidationsgemeinschaft, wobei bei einer Mehrzahl von Erben die Erbengemeinschaft Gesellschafterin der aufgelösten Gesellschaft wurde.[185] Da die Gesellschaft jedoch mit dem Tod des Gesellschafters ebenfalls aufgelöst wurde, wurden die verbliebenden Gesellschafter davor geschützt, die Gesellschaft mit einem unerwünschten Erben fortzuführen.[186]

Eine Vollbeendigung einer GmbH setzt voraus, dass die die Abwicklung abgeschlossen ist und dass formal eine Eintragung der Löschung in das Handelsregister stattgefunden hat.[187] Nach der herrschenden Lehre vom Doppeltatbestand ist ebenfalls das tatsächliche Vorliegen der Vermögenslosigkeit der GmbH im Zeitpunkt der Eintragung der Löschung in das Handelsregister erforderlich.[188] D. h., es darf gerade kein mehr zu vertei-

---

181 Begr. RegE HRefG, BT-Drucks. 13/8444, S. 41 f.

182 Siehe dazu die Ausführungen oben unter § 6 A. IV. 1. b) aa) (1) (c).

183 Dies maßgeblich hervorhebend *K. Schmidt*, in: MünchKomm HGB, § 131 Rn. 68.

184 *K. Schmidt*, in: MünchKomm HGB, § 131 Rn. 68.

185 Statt aller *Ulmer*, in: GroßKomm HGB, 3. Aufl. 1973, § 131 Rn. 92 ff.

186 *Hess*, Auswirkungen des Handelsreformgesetzes, S. 48.

187 Statt aller *Passarge/Torwegge*, Die GmbH in Liquidation, § 2 Rn. 49.

188 *Passarge/Torwegge*, Die GmbH in Liquidation, § 2 Rn. 49. Begründet wurde diese Lehre von *K. Schmidt* (*ders.*, GmbHR 1988, 209 (210 ff.)).

lendes Vermögen vorhanden sein. Beim Tod eines Gesellschafters (bzw. jeder anderen natürlichen Person) ist hingegen die Frage zu klären, was mit seinem/ihrem Vermögen passiert. Damit ist die Problemlage, die sich beim Tod einer natürlichen Person (als Gesellschafter) stellt, eine andere als die, die sich bei Vollbeendigung einer Gesellschaft als Gesellschafter zeigt. In einem Fall muss erst nach dem Ausscheiden aus dem Leben geklärt werden, was mit dem Geschäftsanteil passiert und im anderen Fall ist die Klärung der Frage, was mit dem Geschäftsanteil passiert, Bedingung für das Ausscheiden aus dem (Rechts-)Leben.

Dieser Umstand verdeutlicht außerdem, dass eine Analogie zu § 131 Abs. 3 S. 1 Nr. 1 HGB nicht ausreichend ist, um die Fragestellungen und Probleme, die sich aus der Verzahnung von Komplementär-GmbH und Kommanditgesellschaft bei der Auflösung der Komplementär-GmbH ergeben, zu lösen. § 131 Abs. 3 S. 1 Nr. 1 HGB regelt nur das Schicksal der verbleidenden Gesellschaftsanteils und nicht wie man ihn „loswird".

(2) *Hess'* Argumentation

Hess setzt bei seiner Argumentation einen anderen Schwerpunkt. Er geht auch davon aus, dass Zweck des § 131 Abs. 3 S. 1 Nr. 1 HGB, genau wie der des § 131 Nr. 4 HGB a. F. sei, das Schicksal der Mitgliedschaft nach dem Tod des Gesellschafters zu regeln, betrachtet dies aber aus dem Blickwinkel der verbliebenen Gesellschafter. Diese sollen durch § 131 Abs. 3 S. 1 Nr. 1 HGB bzw. damals durch den § 131 Nr. 4 HGB a. F. mit seiner Auflösungsfolge davor bewahrt werden, die Gesellschaft mit den Erben des verstorbenen Gesellschafters fortzuführen.[189] Heute dadurch, dass die Gesellschaft ohne den Betreffenden fortgeführt werden kann; damals dadurch, dass es aufgrund der Auflösung keine werbende Gesellschaft mehr gibt.[190] Er betont, dass die verbliebenen Gesellschafter dieses Schutzes jedoch gar nicht bedürften, da eine Gesellschafter-Gesellschaft keine Erben und auch keine sonstigen Rechtsnachfolger habe.[191] Er schlussfolgert deshalb, dass der seit der Handelsrechtsreform immer wieder betonte Zweck, die Unternehmenskontinuität der Handelsgesellschaft durch das Ausscheiden des ver-

189 *Hess,* Auswirkungen des Handelsreformgesetzes, S. 70.
190 *Hess,* Auswirkungen des Handelsreformgesetzes, S. 70.
191 *Hess,* Auswirkungen des Handelsreformgesetzes, S. 70 f.

storbenen Gesellschafters zu sichern,[192] in den Vordergrund trete und die Gesellschaft deshalb mit den verbliebenen Gesellschaftern fortzuführen sei.

Problematisch an dieser Argumentation ist, dass sie sich nicht auf eine GmbH & Co. KG mit einer einzigen GmbH als Komplementärin übertragen lässt. Scheidet diese aus, kommt es zum Fortfall der einzigen Komplementärin und die Gesellschaft ist – wie oben unter § 6 IV. 1. b) aa) (1) c) erläutert – ebenfalls aufzulösen. Damit greift der Zweck der Unternehmenskontinuität durch Ausscheiden bei der GmbH & Co. KG nicht.

bb) Tatbestandsmerkmal „Tod" als Anknüpfungspunkt

Neben diesen Gedanken zum Zweck der Norm kommen auch rein tatsächliche, an das Tatbestandsmerkmal „Tod" anknüpfende Gesichtspunkte hinzu, die eine Analogie unpassend erscheinen lassen. So ist der Tod einer natürlichen Person ein feststellbares unumkehrbares Ereignis, während die Beendigung einer Gesellschaft quasi rückgängig gemacht werden kann, indem ein entsprechender Beschluss gefasst wird. Ferner ist die Feststellung, ob eine Gesellschaft beendet ist, nicht so einfach wie die Feststellung des Todes einer natürlichen Person.[193]

cc) Zwischenergebnis

Damit ist festzuhalten, dass eine Analogie zu § 131 Abs. 3 S. 1 Nr. 1 HGB nicht auf die Problematik passt. Die Analogievoraussetzungen liegen nicht vollständig vor. Es fehlt an einer vergleichbaren Interessenlage. Weder die Auflösung noch die Vollbeendigung der Komplementär-GmbH können dem Tod einer natürlichen Person gleichgesetzt werden. Wie *K. Schmidt* bereits festgestellt hat,[194] bringt eine Anknüpfung an § 131 Abs. 3 S. 1 Nr. 1 HGB die Beantwortung der Ausgangsfrage nicht voran. Es ist daher fern-

192 Begr. RegE HRefG, BT-Drucks. 13/8444, S. 41 f.

193 So auch *H. Schmidt*, Zur Vollbeendigung juristischer Personen, S. 119; a. A. *Hess*, Auswirkungen des Handelsreformgesetzes, S. 47 f. ohne sich jedoch mit potentiellen Gegenargumenten auseinanderzusetzen.

194 Zuletzt noch mal deutlich herausgearbeitet *K. Schmidt*, in: MünchKomm HGB, § 131 Rn. 68.

ab von § 131 Abs. 3 S. 1 Nr. 1 HGB nach einer Lösung des Problems zu suchen.

II. Was ist die Lösung aller Verzahnungsprobleme?

Nachdem gezeigt wurde, dass § 131 Abs. 3 S. 1 Nr. 1 HGB nicht analog zur Lösung des Problems herangezogen werden kann, stellt sich weiterhin die Frage, was nun passiert, wenn die Komplementär-GmbH aufgelöst ist, die GmbH & Co. KG nicht. Denkbar ist es, mit *Klöhn* die GmbH nun aufgelöst ausscheiden zu lassen oder mit *K. Schmidt* und weiteren Vertretern, wie z. B. *Casper* und *C. Schäfer*, ebenfalls die Auflösung der GmbH & Co. KG zu fordern. Zudem kann man überlegen, ob man nicht doch die Komplementär-GmbH fernab von § 131 Abs. 3 S. 1 Nr. 1 HGB mit Vollbeendigung aus der GmbH & Co. KG ausscheiden lassen kann. Um herauszufinden, welcher Lösungsweg erstens möglich und zweitens zu bevorzugen ist, möchte ich in einem ersten Schritt die verzahnungsspezifischen Besonderheiten der GmbH & Co. KG herausarbeiten. In einem zweiten Schritt werde ich dann untersuchen, mit welchem Lösungsweg diesen am besten begegnet werden kann.

1. Verzahnungsspezifische Besonderheiten und Probleme

Es ist allgemein bekannt, dass sich bei der GmbH & Co. KG verzahnungsspezifische Besonderheiten ergeben. Welche dies genau sind, möchte ich im Folgenden herausarbeiten. Diese nachfolgend aufgezählten verzahnungsspezifischen Besonderheiten finden sich nicht nur bei einer „typischen“ GmbH & Co. KG, sondern auch bei einer „atypischen“ GmbH & Co. KG, sodass die nachfolgende Argumentation auch für diese Erscheinungsform Anwendung findet bzw., wenn Besonderheiten der einen oder anderen Form vorliegen, dies herausgestellt wird.

a) Komplementär-GmbH hält (noch) Komplementär-Anteil

Zunächst ist es so, dass die GmbH als Komplementärin der GmbH & Co. KG einen Komplementär-Anteil an dieser hält. Daraus ergeben sich für die GmbH Rechte und Pflichten.

aa) Kommanditanteil als Vermögen der Komplementär-GmbH

Ein solcher Komplementäranteil stellt, wenn die GmbH ihn an einer nicht vermögenslosen Kommanditgesellschaft hält, einen Vermögenswert der GmbH dar.[195] Damit eine GmbH vollbeendigt werden kann, ist jedoch erforderlich, dass sie vermögenslos ist.[196] Ihr Komplementäranteil als Vermögen muss somit auch liquidiert werden.[197] Der gehaltene Komplementäranteil verhindert somit, dass die GmbH ohne weiteres vollbeendigt werden kann.[198] Sie kann nur dadurch vermögenslos und in der Folge vollbeendigt werden, dass sie den Komplementär-Anteil irgendwie verliert.[199] Das geht jedoch nicht geradewegs, erst recht nicht, wenn die GmbH & Co. KG noch werbend tätig ist. Ein zusätzlicher Schritt wie Anteilsveräußerung oder Kündigung der Komplementär-GmbH ist erforderlich.[200]

Bei der „typischen" GmbH & Co. KG hält die Komplementär-GmbH i.d.R. einen Kapitalanteil i.H.v. 0% an der GmbH & Co. KG.[201] In diesem Fall stellt sich die Problematik nicht, da sie zwangsläufig dann auch keinen Vermögenswert besitzt, der dem Erreichen der Vermögenslosigkeit entgegensteht. Mithin ist dies bei einer „typischen" GmbH & Co. KG kein überzeugendes Argument. Das Problem stellt sich tatsächlich nur bei der „atypischen" GmbHG & Co. KG bzw. immer dann, wenn die Komplementär-GmbH einen Kapitalanteil i.H.v. über 0% an der GmbH & Co. KG hält.

---

195 *C. Schäfer*, in: GroßKomm HGB, § 131 Rn. 80; *K. Schmidt*, BB 1980, 1497 (1498); siehe auch OLG Hamm, ZIP 2007, 1233 (1237).

196 Nach der herrschenden Lehre vom Doppeltatbestand ist erforderlich, dass im Zeitpunkt der Eintragung der Löschung in das Handelsregister die GmbH auch tatsächlich vermögenslos ist. Dazu § 6 B. I. 2. b) aa) (1) mit Fn. 164.

197 *C. Schäfer*, in: GroßKomm HGB, § 131 Rn. 80.

198 *C. Schäfer*, in: GroßKomm HGB, § 131 Rn. 80; siehe auch *K. Schmidt*, in: MünchKomm HGB, § 131 Rn. 68 und *Haas*, in: Röhricht/Graf von Westphalen/Haas, HGB, § 131 Rn. 26, der sich jedoch (trotzdem) für eine analoge Anwendung des § 131 Abs. 3 S. 1 Nr. 1 HGB auf die Vollbeendigung der Gesellschafter-Gesellschafter ausspricht.

199 Siehe auch *K. Schmidt*, in: MünchKomm HGB, § 131 Rn. 68.

200 Genaueres dazu untern unter § 6 B. II. c).

201 *K. Schmidt*, GmbHR 2002, 1209 (1209).

bb) Komplementär-Anteil als Anknüpfungspunkt für die Haftung

Daneben ergeben sich aus dem Umstand, dass die GmbH noch den Komplementär-Anteil an der Kommanditgesellschaft hält auch organisationsrechtliche Probleme. Die (aufgelöste) GmbH ist bzw. bleibt die einzige vollhaftende Gesellschafterin und kann als solche weiterhin in Anspruch genommen werden.

b) Der Liquidator der GmbH i. L. als de facto Geschäftsführer der GmbH & Co. KG

Eine weitere, sich spezifisch aus der Verzahnung beider Gesellschaftsformen ergebende Besonderheit, betrifft die gesetzliche Geschäftsführungsregelung der Kommanditgesellschaft. Bei der „typischen" GmbH & Co. KG mit nur einer Komplementärin ist die Komplementär-GmbH gemäß §§ 170, 164 Abs. 1 S. 1 HGB einzig zur Vertretung und Geschäftsführung befugt. Mit der Auflösung der Komplementär-GmbH wandelt sich diese in eine Liquidationsgesellschaft (GmbH i. L.) und ändert ihren ursprünglichen Gesellschaftszweck hin zum Liquidationszweck.[202] Die Aufgaben des GmbH-Geschäftsführers werden nun vom Liquidator der GmbH i. L. übernommen.[203] Bei Fehlen einer anderweitigen vertraglichen Regelung ist dieser mit dem Geschäftsführer der GmbH personenidentisch (vgl. § 66 Abs. 1 GmbHG).[204] Wird die GmbH & Co. KG nun nicht mit Auflösung der Komplementär-GmbH aufgelöst, wird sie weiterhin wie zuvor von ihrer Komplementärin, der nun aufgelösten GmbH vertreten. Da diese jedoch selbst nur durch ihren Geschäftsführer/ihre Geschäftsführerin bzw. im Liquidationsstadium durch ihren Liquidator/ihre Liquidatorin handeln kann, führt de facto in dieser Situation der Liquidator/die Liquidatorin der Komplementär-GmbH i. L. die Geschäfte der GmbH & Co. KG.[205] Dies stellt eine doch sehr ungewöhnliche Situation dar. Der Liquidator der GmbH muss auf der einen Seite die GmbH liquidieren, also v. a. die Geschäfte der Komplementär-GmbH beenden, die Verpflichtungen der aufgelösten Gesellschaft erfüllen, sowie deren Forderungen einziehen und ihr Vermögen in Geld umsetzen. Auf der anderen Seite muss er aber als de-facto-Geschäfts-

202 Siehe oben unter § 2 A. m.w.N.
203 *Passarge*, in: Passarge/Torwegge, Die GmbH in der Liquidation, § 4 Rn. 252.
204 Insoweit wird deshalb von den „geborenen" Liquidatoren gesprochen.
205 So auch *K. Schmidt*, BB 1980, 1497 (1500).

führer der immer noch werbend tätigen GmbH & Co. KG handeln. Dieser Umstand kann nicht dem Willen der Gesellschafter entsprechen. Außerdem bereitet der Umstand, dass die Kommanditgesellschaft weiterhin werbend tätig bleibt, Probleme diese Liquidationsaufgaben zu erfüllen. So stellt sich die Frage, wie es ihm in dieser Situation möglich sein kann, eine effektive und sinnvolle Abwicklung wie § 70 Abs. 1 Hs. 1 GmbHG sie verlangt, zu betreiben. Zur weiteren werbenden Tätigkeit der GmbHG & Co. KG wird die Komplementär-GmbH als Geschäftsführerin bzw. de facto der Liquidator der Komplementärin gebraucht. Dieser muss für die werbend tätige GmbH & Co. KG auftreten und konterkariert damit selbst seine Verpflichtung als Liquidator ordnungsgemäß durchführen zu können. Der „Liquidator" trägt also zwei verschiedene Hüte, die sich nicht miteinander kombinieren lassen.[206]

Damit einher geht auch das Problem, dass die Komplementär-GmbH weiterhin trotz ihres Liquidationsstatus gemäß §§ 161 Abs. 2, HGB, 128 HGB der Komplementärhaftung unterliegt. Es können somit weiterhin neue Verbindlichkeiten auf sie zukommen, die ihre Liquidation torpedieren. Die Komplementär-GmbH befindet sich quasi in einem Teufelskreis, der es ihr unmöglich macht, zur Beendigung zu kommen, die wiederum zur Auflösung der Kommanditgesellschaft führen soll. Für diese hätte der Teufelskreis der Komplementär-GmbH wiederum die Folge, dass sie dauerhaft von einem Liquidator vertreten wird.

Dies ist eine untragbare Situation, die es zu verhindern gilt. Denn man kann sich schon rein tatsächlich nicht vorstellen, dass ein solcher Liquidator seine beiden Aufgaben jeweils zufriedenstellend wird lösen können. Er kann nicht gleichzeitig die Liquidation der GmbH vorantreiben und für die Kommanditgesellschaft neue Geschäfte abschließen.[207]

c) Gesetzliche Möglichkeiten diese Verzahnungsprobleme zu lösen

Es gibt für die GmbH in dieser Situation Möglichkeiten, von sich aus den Komplementär-Anteil „loszuwerden" und so ihre Vermögenslosigkeit zu erreichen bzw. der untragbaren Situation, dass der Liquidator der GmbH

206 Hutmetapher nach *Casper*, FS Stilz (2014), S. 111 (114 ff.), der diese jedoch in einem anderen Zusammenhang verwendet.

207 *Casper*, in: GroßKomm GmbH § 60 Rn. 164 sieht dies ohne ausführliche Begründung nicht so problematisch.

die Geschäfte der GmbH & Co. KG führt, zu entgehen. Ob diese aber wirklich passen und ausreichen, muss untersucht werden.

aa) Anteilsveräußerung

Die Komplementär-GmbH könnte zum einen ihren Komplementär-Anteil veräußern, sodass durch eine Anteilsabtretung ein Gesellschafterwechsel bei der GmbH & Co. KG eintritt. Anders als im Kapitalgesellschaftsrecht ist im Personengesellschaftsrecht die Übertragbarkeit eines Anteils nicht ausdrücklich gesetzlich normiert.[208] Früher wurde vertreten, dass der Anteil an einer Personengesellschaft nicht übertragbar sei.[209] Heute ist jedoch allgemeine Ansicht, dass auch Mitgliedschaftsanteile von Personengesellschaften abgetreten werden können.[210]

Die Anteilsabtretung hilft zwar der (Ex-)Komplementär-GmbH ihren Anteil an der Kommanditgesellschaft „loszuwerden", vermögenslos zu werden, die Liquidation zu beenden und vollbeendigt zu werden, jedoch verliert sie auch dadurch ihre Mitgliederstellung in der GmbH & Co. KG. Betrachtet man die Situation jedoch genau, wird im Grunde die komplette Auflösung umgangen. Tauscht man die Komplementär-GmbH, indem diese z. B. ihren Anteil an eine nicht aufgelöste GmbH abritt, aus, ist auch die zu der vorliegenden Problematik führende Situation, dass nur die Komplementär-GmbH ohne Kommanditgesellschaft aufgelöst ist, beseitigt. Dadurch wird das Verzahnungsproblem aber nur umgangen und keine zufriedenstellende Lösung gefunden.

Dass die Anteilsabtretung einen Weg darstellt, der das Verzahnungsproblem zu lösen vermag, soll nicht abgestritten werden. Jedoch ist ein solcher Lösungsvorschlag nicht frei von Risiken und bietet in jedem Fall eine Lösung. Es muss ein potentieller Abnehmer des Komplementär-Anteils gefunden werden bzw. gegebenenfalls eine neue Komplementär-GmbH gegründet werden. Ob sich jedoch die Anteilsübernahme in jedem Fall rentiert bzw. ob sich in jedem Fall jemand finden lässt, ist fraglich. Schließ-

208 Für den GmbH-Anteil normiert § 15 Abs. 1 GmbHG seine freie Übertragbarkeit, sofern der Gesellschaftsvertrag keine weiteren Voraussetzungen aufstellt (§ 15 Abs. 5 GmbHG). Im Aktienrecht gilt der Grundsatz der freien Übertragbarkeit (statt aller *Vatter*, in: Spindler/Stilz, AktG, § 10 Rn. 49). Siehe auch so K. Schmidt, Gesellschaftsrecht, S. 1321.

209 So z. B. noch das Reichsgericht RGZ 83, 312 (324 f.); 128, 172 (176).

210 *K. Schmidt*, Gesellschaftsrecht, S. 1322 f.

lich kann man davon ausgehen, dass es einen Grund haben wird, weshalb die GmbH liquidiert, vollbeendet und aus der Kommanditgesellschaft ausscheiden soll.

bb) Kündigung durch die Komplementär-GmbH

Daneben bietet sich für die Komplementär-GmbH noch die Möglichkeit, zu kündigen und auszutreten.[211] Die Kündigung führt gemäß §§ 131 Abs. 3 S. 1 Nr. 3, 161 Abs. 2 HGB automatisch zum Ausscheiden der GmbH und damit zur Beendigung des Mitgliedschaftsverhältnisses und zum Verlust des Komplementär-Anteils aus ihrem Vermögen.[212]

cc) Auflösung nach § 133 und § 140 HGB

Auch kann die Kommanditgesellschaft gemäß §§ 133, 161 Abs. 2 HGB durch gerichtliches Urteil aufgelöst werden.[213] Gemäß §§ 140, 161 Abs. 2 HGB kann ein Kommanditist auf Ausschluss der Komplementärin klagen, wenn Bedenken bestehen, dass die Komplementär-GmbH wegen ihrer Liquidation und wegen des Liquidators nicht mehr ordnungsgemäß ihrer Geschäftsführerrolle nachkommen kann.[214]

dd) Sind diese Mittel ausreichend?

Lüke verneint wegen dieser Möglichkeiten sogar das Bedürfnis nach Rechtsfortbildung.[215] Dies ist meiner Meinung nach nicht überzeugend. Es ist nicht ausreichend in der Situation, in der nur die Komplementär-GmbH aufgelöst ist, die Gesellschafter bzw. die Gesellschaft allein auf diese zuvor unter aa) bis dd) genannten Möglichkeiten zu verweisen.

---

211 Gemäß §§ 132, 161 Abs. 2 HGB kann jeder Gesellschafter zum Ende des Geschäftsjahres mit einer Frist von sechs Monaten ordentlich kündigen. Dazu detaillierter *Klöhn*, in: Henssler/Strohn, Gesellschaftsrecht, § 132 HGB Rn. 5 ff.

212 Statt aller *C. Schäfer*, in: GroßKomm HGB, § 131 Rn. 99.

213 *Lüke*, in: Hesselmann/Tillmann/Mueller-Thuns, Handbuch GmbH & Co. KG, § 9 Rn. 9.28.

214 *Lüke*, in: Hesselmann/Tillmann/Mueller-Thuns, Handbuch GmbH & Co. KG, § 9 Rn. 9.28.

215 *Lüke*, in: Hesselmann/Tillmann/Mueller-Thuns, Handbuch GmbH & Co. KG, § 9 Rn. 9.28, der jedoch nur explizit auf § 133 HGB und § 140 HGB eingeht.

(1) Andere Situation

Wenn die Komplementär-GmbH nicht vollbeendigt werden kann, weil sie noch einen Komplementär-Anteil an einer nicht aufgelösten werbenden Kommanditgesellschaft hält, stellt dies eine ganz zentrale Besonderheit, ein zentrales Verzahnungsproblem dar, das nicht mit anderen Fällen, die §§ 133, 140 HGB vor Augen haben, zu vergleichen ist. Beide Institute haben hohe Voraussetzungen und sollen nur als „*ultima ratio*"[216] zur Anwendung kommen.

(a) Vorhandensein eines wichtigen Grundes

Sowohl § 133 HGB als auch § 140 HGB verlangen das Vorhandensein eines wichtigen Grundes. Für § 133 HGB ist dies direkt normiert. § 140 HGB ordnet an, dass wenn in der Person eines Gesellschafters ein Umstand eintritt, der nach § 133 HGB für die übrigen Gesellschafter das Recht begründe, die Auflösung der Gesellschaft zu verlangen, dass anstelle der Auflösung auch die Ausschließung dieses Gesellschafters ausgesprochen werden könne.[217]

Dass der Umstand, dass die Komplementär-GmbH nicht vollbeendet werden kann, weil sie noch einen Komplementär-Anteil hält einen wichtigen Grund i.S.d. §§ 133, 161 Abs. 2 HGB darstellt, bestreite ich nicht. § 133 Abs. 1 HGB selbst enthält keine Definition des wichtigen Grundes und auch die in § 133 Abs. 2 HGB enthaltene Erläuterung, dass ein wichtiger Grund insbesondere dann gegeben ist, wenn ein anderer Gesellschafter eine ihm nach dem Gesellschaftsvertrag obliegende wesentliche Verpflichtung vorsätzlich oder aus grober Fahrlässigkeit verletzt oder wenn die Erfüllung einer solchen Verpflichtung ihm unmöglich wird, ist für die vorliegende Konstellation nicht aufschlussreich. Jedoch steht hinter § 133 HGB der allgemeine Gedanke des § 314 BGB, dass ein Dauerschuldverhältnis[218] aus wich-

216 So für § 133 HGB *K. Schmidt*, Gesellschaftsrecht, S. 1457.

217 Dazu, dass beide Normen vom selben Begriff des wichtigen Grundes ausgehen *Roth*, in: Baumbach/Hopt, HGB, § 140 Rn. 5. Entscheidender Unterschied ist, dass bei § 140 HGB der wichtige Grund in der Person des ausscheidenden Gesellschafters liegen muss (ebda.).

218 Dazu dass der Gesellschaftsvertrag ein Dauerschuldverhältnis ist statt aller *Martens*, in: beck-online.Großkommentar BGB, § 314 Rn. 15.

tigem Grund zu beenden sein muss.[219] Greift man vor diesem Hintergrund auf die Definition des § 314 Abs. 1 S. 2 BGB zurück, so ist entscheidend, dass unter Abwägung aller Umstände des Einzelfalls und unter Abwägung der beiderseitigen Interessen die Fortsetzung des Verhältnisses nicht zugemutet werden kann.[220] Dies trifft auf die vorliegende Situation zu. Sowohl der Umstand, dass die Komplementär-GmbH, wenn sie einen Komplementär-Anteil über 0% hält, nicht vollbeendet werden kann und ohne Zwischenschritt im Liquidationsstadium stecken bleibt,[221] als auch der Umstand, dass der Liquidator der Komplementär-GmbH die Geschäfte der werbenden GmbH & Co. KG führt,[222] sind bei Abwägung der Interessen der Komplementär-GmbH/des Liquidators der Komplementär-GmbH und der GmbH & Co. KG Umstände, die dazu führen, dass eine Fortsetzung des Verhältnisses nicht zumutbar ist. Einmal droht bzgl. des Haltens des Komplementär-Anteils Stillstand und im anderen Fall gelangt der Liquidator in eine Zwickmühle und auch für die GmbH & Co. KG ist es nicht hilfreich, wenn werbende Geschäfte von einer Person geführt wird, die andererseits auch auf Liquidation der beteiligten Gesellschaft gepolt ist.[223]

(b) Problem *ultima ratio*

Das Problem, das ich in einem solchen Lösungsweg sehe, ist, dass sowohl § 133 HGB als auch § 140 HGB als letztes Mittel vom Gesetzgeber geschaffen wurden.[224] Würde man §§ 133, 140 (i.V.m. § 161 Abs. 2 HGB) nun als einziges Mittel zur Lösung der Situation, dass die Komplementär-GmbH

219 *K. Schmidt*, in: MünchKomm HGB, § 133 Rn. 1. Der wesentliche Unterschied zwischen § 314 BGB und § 133 HGB ist, dass im Handelsrecht ohne anderweitige vertragliche Regelung die bloße Kündigungserklärung nicht ausreicht, sondern ein gerichtliches Urteil gefällt werden muss (*K. Schmidt*, in: MünchKomm HGB, § 133 Rn. 2).

220 Wortlaut des § 314 BGB und statt aller *Martens*, in: beck-online.Großkommentar BGB, § 314 Rn. 27.

221 Wieso das so ist wurde bereits ausführlich unter § 6 B. II. 1. a) aa) erläutert.

222 Wieso das so ist wurde ebenfalls bereits ausführlich unter § 6 B. II. 1. b) erläutert.

223 Letzteres Erläuterung passt nur, wenn man von §§ 133, 161 Abs. 2 HGB ausgeht, da bei § 140 HGB der wichtige Grund in der Person des auszuschließenden Gesellschafters – also hier der Komplementär-GmbH – vorliegen muss (*Roth*, in: Baumbach/Hopt, HGB, § 140 Rn. 5).

224 Für § 133 HGB *K. Schmidt*, Gesellschaftsrecht, S. 1457, für § 140 HGB *Roth*, in: Baumbach/Hopt, HGB, § 140 Rn. 6; *K. Schmidt*, Gesellschaftsrecht, S. 1462.

ohne GmbH & Co. KG aufgelöst ist, heranziehen, würde man ein letztes Mittel zur Dauerlösung bzw. zur einzigen Lösung umkehren.

Dadurch, dass z. B. bei § 140 HGB jedes mildere, gleich geeignete Mittel vorrangig anzuwenden ist, wie beispielsweise die Entziehung der Geschäftsführungs- und/oder Vertretungsbefugnis nach §§ 117, 127 HGB,[225] ist diese Norm auch kein schnelles und einfaches Hilfsmittel. Im Gegenteil, die Suche nach einem milderen Mittel kann zeit- und arbeitsaufwendig sein. Gleichzeitig bildet sich einen Angriffspunkt für Fehler.

(c) Telos des § 140 HGB

Bei § 140 HGB spricht zusätzlich der Telos dieser Norm gegen eine Anwendung auf die vorliegende Konstellation. Da § 140 HGB als Rechtsfolge die Ausschließung des Gesellschafters und nicht die Auflösung der Gesellschaft anordnet, hat er zum Ziel, dass die Gesellschaft ohne den betreffenden Gesellschafter fortgeführt werden soll.[226] Bei Ausscheiden des einzigen Komplementärs kommt es jedoch zur Auflösung und nur dann zur Fortführung der Gesellschaft, wenn ein neuer Komplementär gefunden wird oder sich die Gesellschafter bewusst dafür entscheiden, dass eine Umwandlung in eine offene Handelsgesellschaft erfolgen soll.[227] Nichtsdestotrotz kann durch § 140 HGB auch der einzig persönlich haftende Gesellschafter ausgeschlossen werden, nur wird dann der Gesetzeszweck nicht erreicht.[228]

(2) Zusätzlicher Schritt

Zudem haben sämtliche dieser Methoden den Nachteil, dass sie einen zusätzlichen Schritt/eine Willensbetätigung/ein zusätzliches Element, auf das geachtet werden muss, erfordern. Dies macht sie fehleranfällig. Aufgrund der zentralen Bedeutung, die die Komplementär-GmbH für die GmbH & Co. KG hat, ist daher, für ein einheitliches Abwicklungssystem im Sinne eines Automatismus, der beide Gesellschaftsformen koordiniert, zu plädieren.

225 Dazu so *K. Schmidt*, Gesellschaftsrecht, S. 1461 f.
226 *K. Schmidt*, Gesellschaftsrecht, S. 1461.
227 Dies alles wurde näher unter § 6 A. IV. 1. b) aa) (1) (c) erläutert.
228 *K. Schmidt*, Gesellschaftsrecht, S. 1461.

(3) Zwischenergebnis

Meiner Meinung nach sind damit entgegen *Lüke* die §§ 133 und 140 HGB und die übrigen Methoden nicht ausreichend, um alle Verzahnungsproblem schnell und rechtssicher zu lösen.

c) Lösung der Verzahnungsprobleme

Die Frage, ob ein Ausscheiden der Komplementär-GmbH oder die Auflösung der GmbH & Co. KG die vorzuziehende Rechtsfolge zur Lösung dieser Verzahnungsproblematik darstellt, ist wiederum kompliziert.

Einzig schnell zu beantworten ist, dass der Ausscheidenszeitpunkt der Komplementär-GmbH nur deren Auflösung sein kann, nicht deren Vollbeendigung. Wie oben beschrieben, kann es nämlich gar nicht ohne Zwischenschritt zur Vollbeendigung der Komplementär-GmbH kommen.

Meiner Meinung nach können grundsätzlich beide Verzahnungsprobleme bei der „typischen" und bei der „atypischen" GmbH & Co. KG sowohl dadurch gelöst werden, dass die Komplementär-GmbH mit ihrer Auflösung aus der GmbH & Co. KG ausscheidet und die GmbH & Co. KG dann wegen Ausscheidens ihrer einzigen Komplementärin aufgelöst wird als auch dadurch, dass direkt anordnet wird, dass die GmbH & Co. KG mit Auflösung der Komplementär-GmbH aufzulösen ist. Eine Entscheidung ist aufgrund von Detailfragen zu treffen.

aa) Ausscheiden mit Auflösung der Komplementär-GmbH

(1) Lösung aller Verzahnungsprobleme

Scheidet die Komplementär-GmbH mit ihrer Auflösung aus der GmbH & Co. KG aus, erhält sie einen Abfindungsanspruch für den Komplementär-Anteil, der dann, damit sie vollbeendet werden kann, verwertet werden muss. Ferner kann die durch Ausscheiden ihrer einzigen Komplementärin aufgelöste GmbH & Co. KG i. L.[229] einfacher liquidiert werden, da nicht mehr der Komplementär-Anteil verwertet werden muss.

229 Mehrmals im Rahmen dieser Arbeit wurde bereits erwähnt, dass es in dieser Situation nicht zu einer Umwandlung in eine offene Handelsgesellschaft kommt,

Es kommt offensichtlich nicht zu der oben als unbefriedigend eingestuften Situation, dass die Geschäfte der werbenden GmbH & Co. KG vom Liquidator der Komplementär-GmbH geführt werden, da erstens, die aufgelöste Komplementär-GmbH ausgeschieden ist und zweitens die GmbH & Co. KG sich selbst im Liquidationsstadium befindet.

(2) Vorteil der Ausscheidensfolge

Vorteil einer solchen Ausscheidensfolge ist, dass nach Auflösung der Komplementär-GmbH einfach ein Fortsetzungsbeschluss gefasst oder eine Ersatz-Komplementärin gesucht werden kann. Die GmbH & Co. KG ist dann nicht infiziert bzw. bereits aufgelöst, sodass in der Hinsicht kein Aufwand anfällt.[230] Der Betrieb der GmbH & Co. KG kann so weitergeführt werden. Ganz in dem Sinne wie der Gesetzgeber es sich bei Anwendung des § 131 Abs. 3 HGB wünscht.[231]

bb) Auflösung der GmbH & Co. KG mit Auflösung der GmbH

(1) Lösung aller Verzahnungsprobleme

Eine Auflösung der GmbH & Co. KG mit Auflösung der Komplementär-GmbH verspricht Abhilfe beider Verzahnungsprobleme. Ist die GmbH & Co. KG ebenfalls aufgelöst steht das Halten des Komplementär-Anteils einem Voranschreiten der Liquidation der GmbH nicht entgegen. Da die Kommanditgesellschaft ebenfalls aufgelöst ist, wird dafür gesorgt, dass diese den Anteil „loswird" und dass keine neuen Verbindlichkeiten mehr folgen.

Ist die Kommanditgesellschaft ebenfalls aufgelöst, stellt es außerdem kein Problem mehr da, dass der Liquidator der GmbH die Geschäfte der Kommanditgesellschaft führt. Diese ist nun auch auf Abwicklung gepolt und verfolgt keinen zur Abwicklung der GmbH gegenteilig stehenden Zweck

sondern die GmbH & Co. KG nun als Liquidationsgesellschaft ohne Komplementärin besteht.

230 In die Richtung auch *Hess,* Auswirkungen des Handelsreformgesetzes, S. 49, der nur eine Analogie des § 131 Abs. 3 S. 1 Nr. 1 HGB, die auch zum Ausscheiden führt, befürwortet.

231 Das Stichwort ist hier „Unternehmenskontinuität", siehe Begr. RegE HRefG, BT-Drucks. 13/8444, S. 41 f.

mehr, sodass der Liquidator der GmbH in keine Zwickmühle mehr gelangen kann.

Ferner soll – anders als bei den unter c) genannten gesetzlichen Möglichkeiten die Auflösungsfolge bei der Kommanditgesellschaft automatisch im Augenblick der Auflösung der Komplementär-GmbH eintreten, sodass keine Fehlerquelle besteht, weil ein Zwischenschritt übersehen oder vergessen wird. Dieser Automatismus wird der großen Bedeutung der Komplementär-GmbH für die GmbH & Co. KG gerecht.

(2) Vorteil der Auflösungsfolge

Vorteil der Auflösungsfolge ist, dass sie meiner Meinung nach praxisnäher ist und deshalb das gewünschte Ergebnis darstellt.

(a) Bei der „typischen" GmbH & Co. KG

Dies gilt insbesondere für die „typische" GmbH & Co. KG. Geht man noch einmal auf meinen Beispielsfall unter § 6 A. II. zurück, so zeigt sich, dass der Umstand, dass wirklich nur die Komplementär-GmbH aufgelöst ist, doch sehr unwahrscheinlich ist und vor allem wegen Fehler bei der Vertragsgestaltung eintreten wird. In der Regel laufen die Interessen der „typischen" GmbH & Co. KG und ihrer Komplementär-GmbH wegen der Personen- und Beteiligungsidentität parallel. Da die jeweiligen Personen Gesellschafter beider Gesellschaften sind und zwar zu gleichen Teilen, haben sie die Interessen beider Gesellschaften im Kopf und werden sich wünschen, dass beide sich gleich entwickeln bzw. gemeinsam die gleichen Phasen durchleben. Ihnen nützen nur beide Gesellschaften zusammen.

(b) Bei der „atypischen" GmbH & Co. KG

Anders kann es bei einer „atypischen" GmbH & Co. KG sein, wenn noch eigene Interessen der Komplementär-GmbH bestehen, da diese – anders als die Komplementär-GmbH einer „typischen" GmbH & Co. KG – nicht nur die Vertretung und Geschäftsführung der GmbH & Co. KG wahrnimmt, sondern auch eigenwirtschaftliche Ziele verfolgt. In diesem Fall kann es sein, dass die Kommanditisten die GmbH & Co. KG nicht weiter mit der GmbH führen möchten und stattdessen eine andere Komplementär-GmbH in der Gesellschaft bevorzugen. Es wird deshalb vorgeschlagen, drei Monate ab Auflösung der GmbH mit der Auflösung der GmbH & Co. KG zu warten.[232]

Das ist meiner Meinung nach nicht notwendig. Die Möglichkeit, die GmbH & Co. KG mit einer anderen Komplementär-GmbH weiterzuführen, wird nicht durch eine Auflösungsfolge ohne Einhaltung einer Frist verwehrt. Die Gesellschafter der GmbH & Co. KG müssen in diesem Fall nur bewusst die Fortsetzung der Kommanditgesellschaft beschließen.[233] Jetzt kann man sicherlich die bereits an anderer Stelle geäußerten Bedenken einwenden, dass ein solcher Zwischenschritt fehleranfällig ist und gerade kein Automatismus. Man muss aber hier entgegnen, dass auch bei der „atypischen" GmbH & Co. KG – abgesehen vom Fall, dass die GmbH bewusst ihre eigene Auflösung beschließt – die Fälle, in denen nur die Komplementär-GmbH aufgelöst ist, sehr gering sind. Auch wenn sie eigenwirtschaftliche Ziele verfolgt, ist und bleibt sie stark an die GmbH & Co. KG gebunden. Sie vertritt die Kommanditgesellschaft und führt ihre Geschäfte. Die Eigenständigkeit hält sich – umgangssprachlich ausgedrückt – im Rahmen.[234]

cc) Bei der Einpersonen-GmbH & Co. KG

Einen großen Vorteil hat die Auflösungsfolge gegenüber der Ausscheidensfolge bei der Einpersonen-GmbH & Co. KG. Die GmbH & Co. KG kann liquidiert werden. Dieser Umstand ist vor allem für die Gläubiger der GmbH & Co. KG bedeutend, da Ziel der Liquidation die Abwicklung der laufenden Geschäfte und damit auch die Befriedigung von Gläubigern ist.[235]

Ein Ausscheiden der Komplementär-GmbH mit deren Auflösung würde dazu führen, dass die GmbH & Co. KG liquidationslos erlischt. Der Gesellschaftsanteil an der GmbH & Co. KG wächst dem verbliebenen Kommanditisten zu. Er wird zum Gesamtrechtsnachfolger der GmbH & Co. KG.

---

232 Vgl. *Casper*, in: GroßKomm GmbHG, § 60 Rn. 164 mit Verweis auf *Binz/Sorg*, Die GmbH & Co. KG, § 7 Rn. 8 f., die dies aber im Zusammenhang mit § 139 HGB fordern.

233 So auch *Casper*, in: GroßKomm GmbHG, § 60 Rn. 164.

234 So ähnlich *Casper*, in: GroßKomm GmbHG, § 60 Rn. 164, jedoch ohne besonderen Bezug zur „atypischen" GmbH & Co. KG und noch mit der Vollbeendigung als Auflösungszeitpunkt argumentierend.

235 *Saenger*, Gesellschaftsrecht, Rn. 329.

Ein einzelkaufmännisches Unternehmen entsteht.[236] Für ihn hat das liquidationslose Erlöschen der GmbH & Co. KG die nachteilige Folge, dass er nun unbeschränkt für die Verbindlichkeiten der GmbH & Co. KG haftet. Diese Haftung kann aber durch eine analoge Anwendung des § 27 Abs. 2 HGB, was an anderer Stelle näher vertieft werden soll, da es hier nicht relevant wird, unterbunden werden.[237] An dieser Stelle relevant ist, dass damit auch für die Gläubiger der GmbH & Co. KG nur noch eine beschränkte Haftungsmasse verbleibt und sie damit schlechter stehen als bei einer Liquidation der GmbH & Co. KG. Dort stünde ihnen darüber hinaus auch noch die Komplementär-GmbH, die in der Gesellschaft verbleibt, für eine Inanspruchnahme zur Verfügung.

4. Ergebnis

Damit ist festzuhalten, dass, wenn sowohl ein Ausscheiden der aufgelösten Komplementär-GmbH als auch eine Auflösung der GmbH & Co. KG mit Auflösung der Komplementär-GmbH beide alle Verzahnungsprobleme zu lösen vermögen, die Auflösungsfolge insgesamt der bessere Lösungsweg ist.

III. Normativer Anknüpfungspunkt für eine Auflösung der GmbH & Co. KG mit Auflösung ihrer Komplementärin

In einem zweiten Schritt soll nun untersucht werden, wie ein solches Ergebnis hergeleitet werden kann.

1. *De lege lata*

Dabei werden *de lege lata* vor allem zwei Ansätze vorgeschlagen: Eine analoge Heranziehung des § 131 Abs. 2 HGB und ein Zurückgreifen auf einen ungeschriebenen, nicht in § 131 HGB enthaltenen Auflösungstatbestand. Daneben könnte man überlegen, ob eine ergänzende Auflösung des Ge-

236 *K. Schmidt*, GmbHR 2002, 1209 (1214).
237 Siehe dazu die Ausführungen im vierten Teil.

sellschaftsvertrages möglich ist, wie *Klöhn* sie zumindest für seinen Ausscheidensvorschlag[238] heranzieht.

a) Ergänzende Vertragsauslegung

Eine ergänzende Vertragsauslegung hat drei Voraussetzungen: Es bedarf einer Lücke im Vertrag, einer Lücke im Gesetz und der Lösungsweg – hier die Auflösung der GmbH & Co. KG mit Auflösung der Komplementär-GmbH muss den hypothetischen Willen der Vertragsparteien entsprechen.[239]

Der Umstand, dass eine Lücke im Gesellschaftsvertrag vorliegen muss, ergibt sich bereits daraus, dass sich andernfalls das vorliegende Problem nicht stellt.

Auch wurde bei den Ausführungen zu einer möglichen Analogie des § 131 Abs. 3 S. 1 Nr. 1 HGB gezeigt, dass eine Lücke im Gesetz vorliegt.[240] Die Lücke kann auch nicht adäquat gefüllt werden. Denkbar wäre höchstens eine Heranziehung der §§ 133, 140 HGB. Es ergibt sich jedoch aus den obigen Erläuterungen, dass diese nicht 100%-tig auf diese Konstellation zugeschnitten sind.[241]

Dass es dem hypothetischen Parteiwillen entspricht, die GmbH & Co. KG mit Auflösung ihrer einzigen Komplementärin aufzulösen, ist eine logische Konsequenz der Ausführungen unter § 6 B. II. 1. a), in denen herausgearbeitet wurde, dass die Komplementär-GmbH im Liquidationsstadium „stecken bleibt", wenn nicht auch die GmbH & Co. KG aufgelöst wird und dass für den Liquidator der GmbH eine untragbare Situation entsteht. Beide Umstände erschweren das Miteinander beider Gesellschaften, sodass es dem potentiellen Willen der Gesellschafter entspricht, die GmbH & Co. KG ebenfalls mit Auflösung der Komplementär-GmbH aufzulösen. Damit ist die Heranziehung einer ergänzenden Vertragsauslegung potentiell möglich.

---

238 *Klöhn*, in: Henssler/Strohn, Gesellschaftsrecht, § 131 HGB Rn. 43.

239 *Kramer*, Juristische Methodenlehre, S. 158 f.; *Larenz/Canaris*, Methodenlehre der Rechtswissenschaft, S. 121 f.

240 Siehe dazu die Ausführungen unter § 6 B. I 1.

241 Siehe dazu die Ausführungen unter § 6 B. II. 1. c) cc).

b) § 131 Abs. 2 HGB analog – „kleiner" Lösungsweg

Die von *C. Schäfer* und *Wiedemann* präferierte analoge Anwendung des § 131 Abs. 2 HGB auf die Fälle, dass die Komplementär-GmbH wegen Masselosigkeit aufgelöst wird und wegen Vermögenslosigkeit gelöscht wird, bringt nur eine halbe Lösung und ist deshalb abzulehnen. Zwar stellt sich – folgt man dieser Meinung – die Problematik nicht mehr in den Fällen der Auflösung der Komplementär-GmbH wegen Masselosigkeit und Löschung, jedoch ist immer noch nicht geklärt, was mit einer GmbH & Co. KG passieren soll, deren Komplementär-GmbH bspw. wegen Zeitablaufes (§ 60 Abs. 1 Nr. 1 GmbHG), durch gerichtliches Urteil, einer Entscheidung des Verwaltungsgerichtes oder einer Verwaltungsbehörde in den Fällen des §§ 61, 62 GmbHG (§ 60 Abs. 1 Nr. 3 GmbHG) oder durch eine rechtskräftige Verfügung des Registergerichtes, die einen Mangel im Gesellschaftsvertrag feststellt (§ 60 Abs. 1 Nr. 6 GmbHG) aufgelöst wird. Ebenso kann es zu Situationen kommen, dass nur der Gesellschaftsvertrag der GmbH eine Auflösung für einen bestimmten Umstand anordnet, der Gesellschaftsvertrag der GmbH & Co. KG jedoch nicht. Wie unten noch zu zeigen sein wird, sind diese Situationen nicht für jede Art von GmbH gleich problematisch. Ferner muss auch zugestanden werden, dass neben dem gesetzlich geregelten Fall, dass die Insolvenz der Komplementär-GmbH (§ 60 Abs. 1 Nr. 4 GmbHG) zum Ausscheiden der GmbH aus der GmbH & Co. KG führt (§§ 131 Abs. 3 S. 1 Nr. 2, 161 Abs. 2 HGB) die Fälle, dass die Komplementär-GmbH wegen Masselosigkeit oder wegen Löschung aufgelöst wird, die wohl häufigsten Auflösungsfälle sind und somit eine analoge Anwendung des § 131 Abs. 2 HGB in vielen Fällen tatsächlich eine Lösung verschafft. Jedoch rechtfertigt dies nicht, einen unzureichenden lückenhaften Ansatz zu verfolgen.

c) § 131 Abs. 2 HGB analog – „großer" Lösungsweg und ungeschriebener Auflösungstatbestand kommen zum selben Ergebnis

Das Problem der unzureichenden Abdeckung von Problemkonstellationen stellt sich hingegen nicht, wenn man wie *Casper* § 131 Abs. 2 HGB analog auf die Fälle der Auflösung der Komplementär-GmbH wegen Masselosigkeit und Löschung anwendet und den Tatbestand doppelt analog bei Auflösung der Komplementär-GmbH wegen jedes anderen Auflösungsgrundes heranzieht. Im Grunde kommt man dann zum selben Ergebnis wie *K. Schmidt,* der auf einen ungeschrieben, nicht in § 131 HGB enthaltenen, Auflösungstatbestand zurückgreift

d) Welcher Weg ist zu präferieren

Die Frage, welcher Lösungsweg der bessere ist, ist anhand von Feinheiten zu klären. Alle Wege haben ihre Vor- und Nachteile. Problematisch ist vor allem, dass sie fern vom Wortlaut des § 131 HGB sind. Dem ungeschriebenen Tatbestand und einer ergänzenden Vertragsauslegung ist dies „auf die Stirn geschrieben", aber auch *Caspers* Weg einer doppelten Analogie lässt sich nicht im Ansatz mit den grundsätzlichen Voraussetzungen einer Analogie[242] herleiten. Einziger Anknüpfungspunkt einer solchen ist, dass der Wortlaut des § 131 Abs. 2 HGB eine Auflösung einer Gesellschaft, bei der kein persönlich haftender Gesellschafter eine natürliche Person ist, normiert.

aa) Pro und Contra ergänzende Vertragsauslegung

Für eine ergänzende Vertragsauslegung spricht zunächst einmal, dass die Regelung der Koordination der Gesellschaften den Vertragsparteien überlassen wurde. Grundsätzlich ist es Aufgabe dispositiven Rechtes Lücken im Vertrag auszufüllen.[243] Dort, wo wie hier eine dispositive Regelung fehlt, weil der Gesetzgeber schlicht und ergreifend die Koordination der verzahnten Gesellschaften einer GmbH & Co. KG nicht geregelt hat, ist die ergänzende Vertragsauslegung heranzuziehen, wenn die Vertragsparteien es zuvor versäumt haben, direkt eine Regelung zu treffen.[244]

Das Problem, das mit einer solchen ergänzenden Vertragsausauslegung einhergeht, ist, dass dies eine einzelfallabhängige Lösung ist. Es wird quasi immer dann, wenn sich das jeweilige Problem zeigt, der jeweilige Gesellschaftsvertrag „modifiziert". Man bekommt jedoch keine allgemeine Lösung im Sinne eines Rechtssatzes, der abstrakt formuliert, eine Lösung für eine Vielzahl von Problemen bietet.

242 Diese sind Vorliegen einer planwidrigen Regelungslücke sowie einer vergleichbaren Interessenlage. Siehe genauer dazu oben unter § 6 B. I und II.

243 *Larenz/Canaris*, Methodenlehre der Rechtswissenschaft, S. 121.

244 *Larenz/Canaris*, Methodenlehre der Rechtswissenschaft, S. 122.

Ferner geht mit einem solchen Lösungsweg auch Rechtsunsicherheit einher.

bb) Pro und Contra § 131 Abs. 2 HGB analog – „großer" Lösungsweg

(1) Wortlaut des § 131 Abs. 2 HGB

Der Wortlaut des § 131 Abs. 2 HGB spricht zunächst einmal gegen eine (doppelt) analoge Anwendung in diesem Fall. Anzumerken ist natürlich, dass der Wortlaut bei einer Analogie nie passt, sonst könnte man die Norm direkt anwenden. Die Situation ist jedoch so, dass die Norm ihrem Wortlaut nach nur in eine Richtung geht (Auflösung einer Kommanditgesellschaft[245] ohne natürliche Person als persönlich haftender Gesellschafter/persönlich haftende Gesellschafterin, wenn zwei bestimmte Umstände hinsichtlich dieses Gesellschafters/dieser Gesellschafterin eintreten). Durch eine doppelte Analogie wird § 131 Abs. 2 HGB quasi zu einem „Gesamtauflösungstatbestand"[246] umgewandelt. Plötzlich soll § 131 Abs. 2 HGB Anwendung finden, wenn erstens mehr als die zwei normierten Ereignisse eintreten und zweitens, wenn diese Ereignisse nicht bei der Gesellschaft, sondern bei dem persönlich haftenden Gesellschafter/bei der persönlich haftendenden Gesellschafterin, die keine natürliche Person ist, eintreten.

Ferner kann man nicht leugnen, dass die analoge Anwendung nicht ansatzweise mit den klassischen Voraussetzungen einer Analogie begründbar ist. Einziger Anknüpfungspunkt ist die Rechtsfolge: die Auflösung der Gesellschaft, deren persönlich haftender Gesellschafter/deren persönlich haftende Gesellschafterin keine natürliche Person ist.

(2) Historische Auslegung des § 131 Abs. 2 HGB

Ferner spricht die historische Auslegung des § 131 Abs. 2 HGB gegen eine Anwendung in diesem Fall. Hintergrund der Einführung des § 131 Abs. 2 HGB war, dass §§ 1 und 2 LöschG in das HGB überführt werden sollten.[247] § 1 Abs. 1 LöschG normierte, dass eine AG, KGaA oder GmbH mit der Rechtskraft des Beschlusses, durch den die Eröffnung des Konkurses über

245 Bei Anwendung über § 161 Abs. 2 HGB, sonst offene Handelsgesellschaft.
246 Begriff nach *Casper*, in: GroßKomm GmbHG, § 60 Rn. 157.
247 Begr. RegE EGInsO, BT-Drucks. 12/3803, S. 81.

ihr Vermögen nach § 107 KO mangels einer die Kosten deckenden Masse abgelehnt worden ist, aufgelöst ist. § 2 Abs. 1 LöschG legte eine Löschung wegen Vermögenslosigkeit für Kapitalgesellschaften fest. § 131 Abs. 2 S. 1 Nr. 1 HGB normiert heute, dass eine offene Handelsgesellschaft, bei der kein persönlich haftender Gesellschafter eine natürliche Person ist, mit der Rechtskraft des Beschlusses, durch den die Eröffnung des Insolvenzerfahrens mangels Masse abgelehnt worden ist. Die bisherigen Auflösungstatbestände des HGB sollten um diese zwei Auflösungsgründe für eine Gesellschaft, bei der kein persönlich haftender Gesellschafter eine natürliche Person ist, erweitert werden.[248] Hinsichtlich § 1 LöschG wurde zwar angenommen, dass er entsprechend auf eine GmbH & Co. KG anwendbar sei,[249] aber insbesondere für § 2 LöschG eine analoge Anwendung auf die GmbH & Co. KG angelehnt, da dieser Norm das Normativprinzip zugrunde liege, das einzige für Kapitalgesellschaften und nicht für Personengesellschaften gelte.[250] Mit der Einführung des § 131 Abs. 2 HGB sollte Abhilfe für Personengesellschaften für Personengesellschaften ohne natürliche Person als persönlich haftender Gesellschafter geschafften werden.[251] Geregelte wurde nur die Tatbestände des § 1 LöschG und § 2 LöschG. § 131 Abs. 2 HGB, sodass § 131 Abs. 2 HGB zwei bestimmte Sachverhalte regelt und kein allgemeiner Auflösungstatbestand ist.

(3) Zweck des § 131 Abs. 2 HGB

Fürs *Caspers* Ansatz spricht jedoch der Zweck des § 131 Abs. 2 HGB, die beiden Abwicklungsregime zu koordinieren.[252] Denn nichts anderes als die Herstellung einer koordinierten Abwicklung ist der Umstand, die GmbH & Co. KG mit Auflösung ihrer einzigen Komplementärin ebenfalls aufzulösen.

248 Das Wort „erweitern“ wird auch in der Gesetzesbegründung verwendet (s. Begr. RegE EGInsO, BT-Drucks. 12/3803, S. 81.

249 *Ulmer,* in: Hachenburg, GmbHG, 8. Aufl. 1997, § 61 Rn. 52.

250 *K. Schmidt*, GmbHR 1994, 829 (833). Für § 2 LöschG und eine Kommanditgesellschaft noch einmal ausdrücklich *K. Schmidt*, BB 1980, 1497 (1500); *Ulmer,* in: Hachenburg, GmbHG, 8. Aufl. 1997, § 61 Rn. 53 m.w.N.

251 *K. Schmidt*, GmbHR 1994, 829 (833).

252 Dazu, dass dies der Zweck des § 131 Abs. 2 HGB ist *Casper,* in: GroßKomm GmbHG, § 60 Rn. 157.

(4) Problem einer Analogie

Allerdings verdeutlich der Umstand, dass die Norm (doppelt) analog angewendet werden muss, damit sie für alle denkbaren Fälle anwendbar ist, indirekt bereits, dass ein „kleines Kunststück" unternommen werden muss, um sie zur Anwendung kommen zu lassen.

cc) Pro und Contra ungeschriebener Auflösungstatbestand

Vor diesem Hintergrund kann man überlegen, ob das Zurückgreifen auf einen ungeschriebenen Auflösungstatbestand nicht fruchtbarer ist. Der Nachteil eines ungeschriebenen Auflösungstatbestandes ist, dass mit einer fehlenden Normierung auch Rechtsunsicherheit einhergeht. Jedoch ist fraglich, ob eine doppelte Analogie des § 131 Abs. 2 HGB, die nicht auf die klassischen Analogievoraussetzungen zurück zu führen ist, wirklich mehr Rechtssicherheit versprechen kann.

Die Vorteile eines solchen ungeschriebenen Auflösungstatbestandes liegen auf der Hand: Er ist flexibel und auf alle denkbaren Fälle der Auflösung der Komplementär-GmbH anwendbar.

Bedenken könnte man gegen eine solche Lösung vor dem Hintergrund haben, dass sowohl nach Auffassung einiger § 131 HGB hinsichtlich der Auflösungsgründe für eine offene Handelsgesellschaft bzw. über § 161 Abs. 2 HGB hinsichtlich der Auflösungsgründe für eine Kommanditgesellschaft abschließend sein soll.[253]

Dies kann und darf jedoch nicht für eine GmbH & Co. KG gelten. Wie gezeigt, passt keine der in § 131 Abs. 3 HGB genannten Tatbestände auf den Fall der Auflösung der Komplementär-GmbH. Eine Analogie zu einer der in § 131 Abs. 3 HGB genannten Nummern ist nicht möglich. Außerdem wirkt eine Analogie zu § 131 Abs. 2 HGB gekünstelt. Der heutige § 131 HGB geht in seinem Ursprung auf Art. 118. ADHGB von 1857 zurück.[254] Dieser entsprach inhaltlich größtenteils dem heutigen § 131 HGB und laute:

---

253 BGHZ 75, 178 (179) = NJW 1980, 233 (233); BGHZ 82, 323 (326) = NJW 1982, 875 (875); BayObLG, WM 1973, 863 (864). Siehe auch *K. Schmidt*, BB 1980, 1497 (1498).

254 Art. 118 ADHGB des Entwurfes des allgemeinen deutschen Handelsgesetzbuches von 1857. Abgedruckt bei *Lutz*, Protokolle der Kommission zur Berathung eines allgemeinen deutschen Handelsgesetzbuches, S. 162.

„Die Gesellschaft wird aufgelöst:

1) *durch die Eröffnung des Konkurs über die Gesellschaft;*
2) *durch den Tod eines der Gesellschafter, wenn nicht der Vertrag bestimmt, dass die Gesellschaft mit den Erben des Verstorbenen fortbestehen soll;*
3) *durch die Eröffnung des Konkurses über das Vermögen eines der Gesellschafter oder durch die eingetretene rechtliche Unfähigkeit eines der Gesellschafter zur selbstständigen Vermögensverwaltung;*
4) *durch gegenseitige Übereinkunft;*
5) *durch Eintritt der auflösenden Bedingung, unter welcher die Gesellschaft eingegangen oder durch Ablauf der bestimmten Zeit, für welche die Gesellschaft geschlossen ist, sofern nicht in beiden Fällen die Gesellschafter dieselbe stillschweigend fortsetzen; in diesem Falle gilt sie von da an auf unbestimmte Zeit geschlossen;*
6) *durch die von Seiten eines Gesellschafters geschehene Aufkündigung, wenn die Gesellschaft auf unbestimmte Dauer geschlossen ist. Eine auf Lebenszeit geschlossene Gesellschaft ist als eine Gesellschaft von unbestimmter Dauer zu betrachten."*

Die GmbH & Co. KG wurde jedoch erst im Jahre 1912 durch eine Entscheidung des Bayerischen Obersten Landesgerichtes anerkannt.[255] Normierte Auflösungsgründe können aber für eine bis dato nicht bekannte Rechtsformkombination"[256] auch nicht abschließend sein.[257] Zwar war im Jahre 1998, als das HRefG erlassen wurde, eine GmbH & Co. KG als zulässige Rechtsformkombination anerkannt, jedoch hat der Gesetzgeber dadurch, dass er erklärte, dass bisherige Analogien auch für den neuen § 131 HGB gelten würden,[258] indirekt festgehalten, dass er die GmbH & Co. KG nicht berücksichtigt hat. Man kann demnach nicht davon ausgehen, dass § 131 HGB auch bezüglich der Auflösungsgründe einer GmbH & Co. KG abschließend ist.

255 Siehe genauer dazu oben § 1.

256 Begriff nach *Fleischer/Wansleben*, GmbHR 2017, 169 (169). Die GmbH & Co. KG kann keine eigene Rechtsform sein, da eine solche nur durch den Gesetzgeber geschaffen werden kann. So auch *Daimler*, Konzern und Moderne, S. 110.

257 So auch *K. Schmidt*, BB 1980, 1497 (1498).

258 Begr. RegE HRefG, BT-Drucks. 13/8444, S. 66.

dd) Pro ungeschriebener Auflösungstatbestand

Alles in allem sprechen damit meiner Meinung nach die besseren Gründe dafür, *de lege lata* die Situation, dass nur die Komplementär-GmbH, nicht aber die GmbH & Co. KG aufgelöst ist, durch einen ungeschriebenen Auflösungstatbestand zu lösen.

e) *De lege ferenda*

De lege ferenda ist wegen dieser undurchsichtigen gesetzlichen Lage eine gesetzliche Normierung dieser Problematik wünschenswert. So kann Rechtsklarheit geschaffen werden.

aa) Formulierungsvorschlag

Ich schlage zur Gesetzesergänzung vor, einen § 177b HGB mit folgendem Wortlaut einzufügen:

> ***§ 177b HGB-E Auflösung***
>
> *Eine Kommanditgesellschaft, deren einziger Komplementär keine natürliche Person ist, ist mit Auflösung des einzigen Komplementärs ebenfalls aufzulösen.*

bb) Vorzug einer solchen Regelung

(1) Systematik des Gesetzes

Eine Normierung in § 177b HGB hätte zur Folge, dass eine speziell auf eine Kommanditgesellschaft/GmbH & Co. KG bezogene Regelung erfolgt. Man könnte auch überlegen, ob nicht entsprechend der Systematik des HGB, dass nur einzig für die Kommanditgesellschaft geregelte Besonderheiten in den §§ 161 ff. HGB normiert sind und im Übrigen über § 161 Abs. 2 HGB das Recht der offenen Handelsgesellschaft bzw. über § 105 Abs. 3 HGB das Recht der Gesellschaft bürgerlichen Rechts aus dem BGB Anwendung findet, eine Normierung in § 131 HGB hätte erfolgen können. Denkbar wäre folgender Wortlaut:

Besitzt eine offene Handelsgesellschaft einen einzigen Gesellschafter, der nicht eine natürliche Person ist und ist dieser Gesellschafter aufgelöst, ist auch die offene Handelsgesellschaft aufzulösen.

Entscheidend für die Frage der Einordnung in § 131 HGB, ist ob die in diesem Teil erläuterte Problematik nur bei einer Kommanditgesellschaft bzw. genauer nur bei einer GmbH & Co. KG auftreten kann, sodass sie nicht im Recht der offenen Handelsgesellschaft normiert werden kann oder ob sie auch für eine offene Handelsgesellschaft gilt.

(a) Auch Verzahnungsprobleme

Ersteres ist meiner Meinung nach der Fall. Es zeigen sich auch bei Auflösung einer Gesellschafter-Gesellschaft einer offenen Handelsgesellschaft die oben erläuterten Verzahnungsprobleme. Es kann nicht zur Vollbeendigung der Gesellschafter-Gesellschaft kommen, da diese einen Gesellschaftsanteil an der offenen Handelsgesellschaft hält. Ferner kommt es ebenfalls zu der Situation, dass der Liquidator der Gesellschafter-Gesellschafter die Geschäfte der offenen Handelsgesellschaft führt. Dies geschieht dort zwar grundsätzlich mit den übrigen Gesellschaftern zusammen, da § 114 HGB anordnet, dass alle Gesellschafter einer offenen Handelsgesellschaft zur Geschäftsführung berechtigt und verpflichtet sind. Jedoch trägt der Liquidator der Gesellschafter-Gesellschaft mit dem Liquidatorenamt und mit dem Geschäftsführeramt der werbenden Gesellschaft wieder zwei nicht miteinander kombinierbare Hüte. Diese Verzahnungsprobleme können wie oben gezeigt, sowohl durch ein Ausscheiden mit Auflösung der Gesellschafter-Gesellschaft als auch durch Auflösung der Gesellschaft gelöst werden.

(b) Bedeutender Unterschied

Ein bedeutender Unterschied besteht jedoch darin, dass es beim Ausscheiden der aufgelösten Gesellschafter-Gesellschaft einer offenen Handelsgesellschaft nicht zum Ausscheiden der einzig persönlich haftenden Gesellschafterin und folglich zur Auflösung der Gesellschaft kommt. Hier kann eine Auflösungsfolge noch den mit dem Handelsreformgesetz für § 131

Abs. 3 HGB intendierten Zweck der Unternehmenskontinuität[259] erreichen und zwar selbst dann, wenn nur ein einziger Gesellschafter nicht eine natürliche Person ist. Grund ist, dass in einer offenen Handelsgesellschaft alle Gesellschafter persönlich und unbeschränkt haften. Es ist und bleibt dabei, dass eine Personengesellschaft abhängiger vom Personenbestand ist als eine Gesellschaft, die selbst juristische Personen ist.[260] Jedoch ist gerade in dem Fall, in dem eine Gesellschaft vielen Menschen einen Arbeitsplatz und eine Existenzgrundlage bietet, eine Auflösung nicht immer vorteilhafter als ein Ausscheiden eines Gesellschafters und die Fortführung der Gesellschaft ohne den betreffenden Gesellschafter.

Diese Unternehmenskontinuität kann zwar auch bei einer offenen Handelsgesellschaft nicht – wie oben gezeigt – durch eine Analogie zu § 131 Abs. 3 S. 1 Nr. 1 HGB erreicht werden, da auch hier keine vergleichbare Interessenlage vorliegt. Denkbar wäre aber, *de lege lata* eine ergänzende Vertragsauslegung heranzuziehen und *de lege ferenda* eine entsprechende Ergänzung in § 131 HGB vorzunehmen. Dies soll hier jedoch nicht näher ausgeführt werden, da Thema der Arbeit einzig die GmbH & Co. KG ist.

(c) Besonderheit

Es ist damit eine Besonderheit der Kommanditgesellschaft betroffen, sodass eine Normierung der Systematik des Gesetzes nach in den §§ 161 ff. HGB zu erfolgen hat.

(d) Systematische Einordnung

Systematisch passt die Norm gut zu § 177 HGB, der zwar nicht die Auflösung, sondern die Fortführung der Gesellschaft im Falle des Todes normiert, jedoch auch eine Auflösungsfrage beantwortet, indem er festlegt, dass die Gesellschaft entgegen § 131 Abs. 3 S. 1 Nr. 1 HGB beim Tod eines Kommanditisten mit den Erben fortgeführt wird. Da § 177a HGB bereits vergeben ist, bleibt nur § 177b HGB.

259 Siehe Begr. RegE HRefG, BT-Drucks. 13/8444, S. 41 f.

260 So auch *Habersack*, Die Reform des Rechts der Personenhandelsgesellschaften, S. 73 (84).

(2) Vorteile einer solchen Lösung

Die Vorteile der Normierung liegen auf der Hand. Die Regelung ordnet deutlich die Folge, dass die GmbH & Co. KG mit Auflösung ihrer Komplementär-GmbH (= persönlich haftende Gesellschafterin der GmbH & Co. KG) ebenfalls aufzulösen ist. So wird Rechtssicherheit hinsichtlich des Auflösungszeitpunktes herbeigeführt.

f) Plädoyer für eine vertragliche Regelung

Dies ist nur ein Vorschlag einer künftigen möglichen Gesetzesänderung. Höchstrichterlich ist bislang zumindest noch nicht über den aktuellen Meinungsstand entschieden worden.[261] Ebenso wenig lässt sich mittlerweile eine klar herrschende Meinung im Schrifttum herausarbeiten. Die Ansicht, die die GmbH & Co. KG mit Auflösung ihrer Komplementär-GmbH ebenfalls auflösen möchte, hat in den letzten Jahren deutlich an Zuspruch gewonnen. Da die Lage undurchsichtig bleibt, würde ich aktuell raten bei Vorliegen einer GmbH & Co. KG mit nur einer Komplementär-GmbH im Gesellschaftsvertrag der GmbH & Co. KG direkt festzulegen, dass diese bei Auflösung ihrer Komplementär-GmbH ebenfalls aufzulösen ist.[262]

C. Besonderheit bei der Einheits-GmbH & Co. KG?

In den obigen Ausführungen wurde bislang die Einheits-GmbH & Co. KG ausgeklammert. Diese unterscheidet sich von den bisherig thematisierten GmbH & Co. KG-Formen vor allem durch ihren Aufbau.[263] Die Einheits-GmbH & Co. KG kennzeichnet, dass die Kommanditgesellschaft Alleingesellschafterin der Komplementär-GmbH ist.[264] Der im Vergleich zu den anderen Formen der GmbH & Co. KG für die Gesellschafter deutlichste

261 Vgl. *K. Schmidt*, in: MünchKomm HGB, § 131 Rn. 47, der von „unausgetragenen Meinungsunterschieden" spricht.

262 Ebenso *K. Schmidt*, in: MünchKomm HGB, § 131 Rn. 47.

263 Wie die „typische" GmbH & Co. KG und die Einheits-GmbH & Co. KG im Detail aufgebaut sind, wurde bereits oben unter § 3 A. und C. erläutert. Hierauf soll verwiesen werden.

264 Siehe oben unter § 3 D. und *Winter*, in: ders., Beratungspraxis GmbH & Co. KG, S. 152 f.

Unterschied liegt darin, dass sie mit der Kommanditbeteiligung nur noch eine Beteiligung halten.[265] Ist dagegen nur die Komplementär-GmbH aufgelöst, ohne dass auch gleichzeitig die GmbH & Co. KG aufgelöst ist, ergibt sich bei der Einheits-GmbH & Co. KG keine besondere/andere Situation als bei der „typischen", der „atypischen" und der Einpersonen-GmbH & Co. KG.

I. Halten des Komplementär-Anteils

Ebenso wie bei den bereits behandelten Formen der GmbH & Co. KG hält auch bei der Einheits-GmbH die Komplementär-GmbH einen Komplementär-Anteil an der Kommanditgesellschaft. Beträgt dieser über 0% stellt er Vermögen der GmbH dar, das einer Vollbeendigung entgegensteht. Es ergibt sich damit für die Einheits-GmbH & Co. KG keine besondere Situation.

II. Der Liquidator der GmbH i. L. als de facto Geschäftsführer

Auch die Einheits-GmbH & Co. KG wird durch ihre Komplementärin vertreten. Da die GmbH als juristische Person nicht selbst handeln kann, ist es wiederum der Geschäftsführer der Komplementär-GmbH, der nach außen auftritt. Dass die GmbH & Co. KG einzige Gesellschafterin der Komplementär-GmbH ist, spielt in dieser Hinsicht keine Rolle. Dieser Geschäftsführer wird dann im Falle der Auflösung der Komplementär-GmbH zum geborenen Liquidator der Komplementär-GmbH und damit zu derjenigen Person, die nach außen für die immer noch werbende Einheits-GmbH & Co. KG handelt. Die Situation ist wie oben: Mit dem Liquidatorenamt auf der einen Seite und dem Geschäftsführeramt auf der anderen Seite trägt diese Person zwei nicht kombinierbare Hüte.[266] Auch hier ergibt sich damit bei der Einheits-GmbH & Co. KG keine besondere Situation.

265 *Binz/Sorg*, Die GmbH & Co. KG, § 8 Rn. 3; siehe auch *Casper*, FS Stilz (2014), S. 111 (111). In der „typischen" GmbH & Co. KG halten die Gesellschafter zwei Anteile: Einen Kommanditanteil und einen GmbH-Anteil.

266 Siehe § 6 B. II. 1. b) mit Fn. 182.

III. Zwischenergebnis

Ist bei der Einheits-GmbH & Co. KG nur die Komplementär-GmbH nicht aber auch die GmbH & Co. KG aufgelöst, ergeben sich hinsichtlich der Einheits-GmbH & Co. KG keine Besonderheiten im Vergleich zur „typischen", „atypischen" und Einpersonen-GmbH & Co. KG. Auch hier ist die Situation *de lege lata* durch einen ungeschriebenen Auflösungstatbestand zu lösen. Das liegt daran, dass sich in dieser Konstellation nicht die wechselseitige Beteiligung beider Gesellschaften aneinander, die die Einheits-GmbH & Co. KG charakterisiert besonders auswirkt. Denn bei auch bei der „typischen", der „atypischen" und der Einpersonen-GmbH & Co. KG ist die Komplementär-GmbH an der GmbH & Co. KG beteiligt. Damit ist kein Charakteristikum, das der Einheits-GmbH & Co. KG eigen ist, ausschlaggebend.

§ 7 Auflösung der Kommanditgesellschaft

A. Nicht vergleichbar problematisch

Weniger kompliziert und problematisch gestaltet sich zumindest für die „typische", die „atypische" und die Einpersonen-GmbH & Co. KG die umgekehrte Situation, dass nur die GmbH & Co. KG, nicht aber ihre Komplementär-GmbH aufgelöst wird. Hier besteht kein Bedürfnis die Komplementär-GmbH mit Auflösung der GmbH & Co. KG ebenfalls aufzulösen. Sie kann ohne weiteres als Mantel-GmbH fortbestehen.[267] Die Auflösung der Kommanditgesellschaft wird jedoch i.d.R. einen wichtigen Grund zur Erhebung der Auflösungsklage nach § 61 GmbHG darstellen. Letzteres gilt insbesondere dann, wenn einziger Zweck der Komplementär-GmbH die Führung der Geschäfte der GmbH & Co. KG war, da die Zweckerreichung

267 In einem anderen Zusammenhang darauf hinweisend, dass bei Auflösung der GmbH & Co. KG eine Mantel-GmbH übrig bleibt *Berner*, in: MünchKomm GmbHG, § 60 Rn. 299.

unmöglich wird.[268] Etwas anderes kann gemäß § 60 Abs. 2 GmbHG im Gesellschaftsvertrag vereinbart werden.[269]

B. § 131 Abs. 2 HGB

Im Schrifttum wird allein diskutiert, ob die GmbH analog § 131 Abs. 2 S. 1 Nr. 1 HGB aufzulösen sei, wenn nur die GmbH & Co. KG gemäß § 131 Abs. 2 S. 1 Nr. 1 HGB wegen Masselosigkeit aufgelöst werde bzw. analog § 131 Abs. 2 S. 1 Nr. 2 HGB, wenn nur die GmbH & Co. KG gemäß §§ 131 Abs. 2 S. 1 Nr. 2 HGB, 394 Abs. 4 FamFG wegen Vermögenslosigkeit gelöscht werde.

I. Argumentation

Für eine analoge Anwendung in dieser umgekehrten Richtung wird im Schrifttum der Zweck des § 131 Abs. 2 HGB aufgeführt. Dieser liege nämlich gerade darin, die verschiedenen Abwicklungsregime von GmbH und der GmbH & Co. KG koordinieren.[270]

Jedoch wird dagegen vorgebracht, dass § 131 Abs. 2 HGB nicht einfach als „Gesamtauflösungstatbestand in beide Richtungen ausgedehnt werden [könne]".[271] Darüber hinaus bestehe auch kein Bedürfnis nach einer solchen Ausdehnung. Es obliegt den GmbH-Gesellschaftern in einer solchen Situation über die Zukunft der Komplementär-GmbH zu entscheiden.[272] Handlungsbedarf im Sinne einer analogen Anwendung des § 131 Abs. 2 HGB ist nicht erforderlich, da kein Stillstand droht, wenn nur die Komplementär-GmbH aufgelöst ist.

Außerdem wird – praxisnah gedacht – die Komplementär-GmbH zumindest insolvent und damit ebenfalls nach § 60 Abs. 1 Nr. 4 Hs. 1 GmbHG aufgelöst sein, wenn die Eröffnung des Insolvenzverfahrens über das Ver-

268 *Berner*, in: MünchKomm GmbHG, § 60 Rn. 298; *Casper*, in: GroßKomm GmbHG, § 60 Rn. 157; *Nerlich*, in: M/H/L/S, GmbHG, § 60 Rn. 374.

269 Statt aller *Casper*, in: GroßKomm GmbHG, § 60 Rn. 157.

270 Vgl. *Berner*, in: MünchKomm GmbHG, § 60 Rn. 319; *Casper*, in: GroßKomm GmbHG, § 60 Rn. 157.

271 *Casper*, in: GroßKomm GmbHG, § 60 Rn. 157.

272 So auch *Casper*, in: GroßKomm GmbHG, § 60 Rn. 157.

mögen der Kommanditgesellschaft abgelehnt wurde.[273] Ist die GmbH selbst vermögenslos, wird sie ebenfalls selbst nach §§ 60 Abs. 1 Nr. 7 GmbHG, 394 Abs. 1 FamFG aufgelöst sein.[274]

II. Ausnahme Auflösungsbeschluss

Eine Ausnahme wird jedoch von Teilen des Schrifttums bei einem einstimmig gefassten (bzw. wenn im Gesellschaftsvertrag der KG eine andere Mehrheit festgelegt wurde, bei einem mit entsprechender Mehrheit gefassten) Auflösungsbeschluss gemacht werden. Dieser soll auch die GmbH erfassen, wenn (1) Personen- und Beteiligungsidentität bzgl. beider Gesellschaften bestehe, (2) die einzige Tätigkeit der GmbH die Vertretung und Führung der Geschäfte Kommanditgesellschaft sei und (3) der Auflösungsbeschluss auch den Anforderungen des § 60 Abs. 2 GmbHG entspreche.[275] Dem ist zuzustimmen, da wie die Ausführungen unter § 8 noch zeigen, werden in einem solchen Fall die Interessen beider Gesellschaften bzw. der Gesellschafter, die personen- und beteiligungsidentisch an beiden Gesellschaften beteiligt sind, kongruent sein und dadurch Arbeitsaufwand gespart werde kann.

C. Besonderheit bei der Einheits-GmbH & Co. KG

Anders stellt sich die Situation jedoch dann dar, wenn nur die Einheits-GmbH & Co. KG und nicht auch die Komplementär-GmbH aufgelöst ist. In diesem Fall steht nämlich mit dem Umstand, dass die Kommanditgesellschaft an der Komplementär-GmbH beteiligt ist, ein Spezifikum der Einheits-GmbH & Co. KG einer Nichtauflösung der Komplementär-GmbH entgegen. Dementsprechend ist es bei einer Einheits-GmbH & Co. KG er-

273 Dazu näher im vierten Teil.

274 *Casper*, in: GroßKomm GmbHG, § 60 Rn. 157; vgl. auch *Berner*, in: MünchKomm GmbHG, § 60 Rn. 319.

275 *Berner*, in: MünchKomm GmbHG, § 60 Rn. 299; *Casper*, in: GroßKomm GmbHG, § 60 Rn. 158; *Nerlich*, in: M/H/L/S, GmbHG, § 60 Rn. 374. A. A. *Gsell*, in: Rowedder/Schmidt-Leithoff, GmbHG, § 60 Rn. 90, da man die Komplementär-GmbH in dieser Situation für einen anderen Zweck wie z. B. als Mantel-Gesellschaft bereithalten könne.

forderlich, die Komplementär-GmbH ebenfalls mit Auflösung der Einheits-GmbH & Co. KG aufzulösen.

I. Gründe

Die Gründe sind quasi dieselben wie in dem Fall, dass nur die Komplementär-GmbH, nicht aber die GmbH & Co. KG aufgelöst ist.

1. GmbH-Anteile als Vermögenswert

Analog zu dem Fall, dass nur die Komplementär-GmbH, nicht aber auch die Kommanditgesellschaft aufgelöst ist, kann auch eine aufgelöste Einheits-GmbH & Co. KG so lange nicht vollbeendigt werden wie sie noch Gesellschafterin der GmbH ist und damit Gesellschaftsanteile an der GmbH hält. Hintergrund ist wie oben auch, dass diese einen Vermögenswert darstellen[276] und dass, ebenso wie bei einer GmbH, es auch für die Vollbeendigung einer Kommanditgesellschaft erforderlich ist, dass diese vermögenslos ist.[277] Eine Eintragung der Beendigung der Gesellschaft hat nur deklaratorische Wirkung.[278] Hält nun die aufgelöste Kommanditgesellschaft Kapitalanteile i.H.v. über 0% an einer nicht vermögenslosen GmbH, so stellen diese einen Vermögenswert dar, der ihrer Vermögenslosigkeit und damit ihrer Vollbeendigung im Wege stehen. In diesem Fall ist es auch noch schwieriger die Kapitalanteile durch einen Zwischenschritt „loszuwerden", da dadurch die spezielle Verzahnung der Einheitsgesellschaft zerstört wird und es dann zwangsläufig zur Auflösung bzw. zum Ende der Einheitsgesellschaft kommt. Wenn die GmbH einen neuen Alleingesellschafter bekommt und sie immer noch an der aufgelöst GmbH & Co. KG Gesellschaft beteiligt ist, besteht zumindest keine Einheits-GmbH & Co. KG mehr.

276 Die ähnlichen Ausführungen sind oben unter § 6 B. II. 1. a) aa) zu finden.

277 *Hillmann*, in: E/B/J/S, HGB, § 155 Rn. 21; *Roth*, in: Baumbach/Hopt, HGB, § 157 Rn. 1; *K. Schmidt*, in: MünchKomm HBG, § 155 Rn. 52; *Saenger*, Gesellschaftsrecht, Rn. 330. Die Angaben beziehen sich auf eine offene Handelsgesellschaft. Für eine Kommanditgesellschaft gilt aber dasselbe, *Saenger* Gesellschaftsrecht Rn. 377.

278 BGH NJW 1979, 1987 (1987) – ein Urteil zur offenen Handelsgesellschaft, aber übertragbar auf eine Kommanditgesellschaft.

2. Zwickmühle

Man könnte sich ebenfalls fragen, ob in dieser Konstellation jemand vergleichbar wie der Liquidator der Komplementär-GmbH in dem Fall, dass nur die Komplementär-GmbH aufgelöst ist, in eine Zwickmühle gelangt. Dies ist zumindest in dem Maße wie oben erläutert[279] zu verneinen.

Es ist umstritten wie genau die Entscheidungsfindung in der Einheits-GmbH & Co. KG verläuft.[280] Auf der einen Seite steht die Einheitstheorie, die die Komplementär-GmbH und GmbH & Co. KG als eine Einheit sieht.[281] Die Entscheidungsmacht soll danach nur bei den Kommanditisten liegen.[282] Es soll eine „Einheitsversammlung“[283] entstehen, in der die Kommanditisten sowohl Beschlüsse der Kommanditgesellschaft als auch der GmbH fassen.[284] Die Stimmrechte üben die Kommanditisten dort entsprechend ihrer Kapitalanteile aus.[285]

Auf der anderen Seite wird die Trennungstheorie vertreten.[286] Vertreter dieser Ansicht betonen, dass die Einheits-GmbH & Co. KG wie jede andere GmbH & Co. KG aus zwei Gesellschaften mit getrennten Organen bestehe.[287] In der Gesellschaftsversammlung der Kommanditgesellschaften werden, da i.d.R. das Stimmrecht der Komplementär-GmbH ausgeschlossen ist, die Beschlüsse durch die Kommanditisten gefasst.[288] In der Gesellschafterversammlung der Komplementär-GmbH der Einheits-GmbH & Co. KG wird die Kommanditgesellschaft durch die Komplementär-GmbH vertreten. Diese kann jedoch als die als juristische Gesellschaft nicht selbst

279 Siehe dazu die Ausführungen unter § 6 B. II. 1 b).

280 Es ist jedoch anzumerken, dass dies nur dann ein Problem ist, wenn der Gesellschaftsvertrag der Komplementär-GmbH dies nicht regelt. So auch *Casper,* FS Stilz (2014), S. 111 (115).

281 Prominenter Vertreter dieser Theorie ist z. B. *K. Schmidt.* Beispielhaft zu nennen sind hier *ders.,* FS Röhricht (2005), S. 511 (530 ff.); sowie *ders.,* FS Westermann (2008), S. 1425 (1436 ff.).

282 Vgl. *Casper,* FS Stilz (2014), S. 111 (114).

283 Begriff entnommen *K. Schmidt,* FS Westermann (2008), S. 1425 ff., dort z. B. S. 1439 und 1445.

284 *K. Schmidt,* FS Westermann (2008), S. 1425 (1439, 1445).

285 *K. Schmidt,* FS Westermann (2008), S. 1425 (1445).

286 Vertreter dieser Ansicht sind z. B. *Binz/Sorg,* Die GmbH & Co. KG, § 8 Rn. 10; *Casper,* FS Stilz (2014), S. 111 (115 f.); *Fleck,* FS Semler (1993), S. 115, (118 ff.).

287 *Casper,* FS Stilz (2014), S. 111 (114 ff.).

288 So *Casper,* FS Stilz (2014), S. 111 (114).

handeln kann und muss wiederum durch ihren Geschäftsführer vertreten werden (§ 170 HGB, § 35 Abs. 1 S. 1 GmbHG).[289] Dem Geschäftsführer der GmbH kommt damit eine doppelte Stellung zuteil: Er ist einerseits Vertreter der Komplementär-GmbH und andererseits Vertreter der Vertreterin der Kommanditgesellschaft.[290]

Gleich, welchem der beiden Ansätze man folgt, es scheint bei beiden Ansichten schwer vorstellbar, wie eine Entscheidungsfindung ablaufen soll, wenn die Komplementär-GmbH noch einem werbenden Zweck verfolgt, die Kommanditgesellschaft jedoch auf Abwicklung gerichtet ist. Einziger Umstand, der die Situation etwas entschärft, ist, dass sich ein wirklicher Interessenskonflikt zwischen werbender GmbH und auf Abwicklung gerichteter Kommanditgesellschaft nur dann ergeben kann, wenn die Komplementär-GmbH eigenwirtschaftlich tätig ist. Erschöpft sich ihr Zweck in der Führung der Geschäfte und in der Vertretung der Kommanditgesellschaft kommt es nicht wirklich zu einer Zwickmühle für die Entscheidungsträger, da die Komplementär-GmbH automatisch mit in die Abwicklung eingebunden wird, indem sie diese als Geschäftsführerin und Vertreterin durch ihr Organ umsetzt.

Es kann sich somit eine Zwickmühle für die Entscheidungsträger ergeben, muss aber nicht.

II. Rechtsmethodischer Weg

Da nun festgehalten wurde, dass bei einer Einheits-GmbH & Co. KG – anders als bei einer „typischen" GmbH & Co. KG, einer „atypischen" GmbH & Co. KG oder einer Einpersonen-GmbH & Co. KG – die Komplementär-GmbH zusammen mit der GmbH & Co. KG aufgelöst werden muss, stellt sich nun die Frage, wie dies rechtsmethodisch herzuleiten ist.

1. Ungeschriebener in § 60 GmbH nicht enthaltener Auflösungstatbestand?

Die Möglichkeit einer Analogie zu einem der in § 60 GmbHG normierten Auflösungsgründe kommt bereits bei einem kurzen Blick in das Gesetz

289 Siehe auch *Casper*, FS Stilz (2014), S. 111 (114).
290 *Casper*, FS Stilz (2014), S. 111 (114).

nicht in Betracht, da keiner der dort aufgezählten Gründe analog fruchtbar gemacht werden kann.

Man könnte wie oben im umgekehrten Fall, dass nur die Komplementär-GmbH nicht aber die GmbH & Co. KG aufgelöst ist, an einen ungeschriebenen, nicht in § 60 GmbHG enthaltenen Auflösungstatbestand in dem Sinne denken, dass eine GmbH dann aufgelöst wird, wenn sie Komplementärin einer Einheits-GmbH & Co. KG ist und diese aufgelöst wird. Die Formulierung verdeutlicht jedoch auch direkt das Problem, das mit einem solchen ungeschriebenen Auflösungstatbestand einhergeht: Es würde – wenn auch ein ungeschriebener – Auflösungstatbestand für ein Sonderproblem geschaffen. Dieser Umstand ist jedoch dem deutschen Recht fremd. Charakteristisch für Rechtsnormen des deutschen Rechts ist, dass sie abstrakt-generelle Regelungen sind, die auf eine Vielzahl von Konstellationen anwendbar sind. Würde man dieses Auflösungsgrund mit § 60 GmbHG in Verbindung setzen, würde man ein Spezifikum der Einheits-GmbH & Co. KG, mit dem sich weder Literatur noch Rechtsprechung bislang wesentlich auseinandergesetzt hat, einen hohen Rang beimessen.

2. Ausfluss der Strukturprinzips

Außerdem ist es nicht nötig, sich an einen ungeschriebenen, nicht in § 60 GmbHG enthaltenen Auflösungstatbestand zu klammern. Man kann die Auflösung der Komplementär-GmbH bei Auflösung der Einheits-GmbH & Co. KG als Ausfluss des Strukturprinzips der Einheits-GmbH & Co. KG verstehen. Es ist die Beteiligung der Kommanditgesellschaft an der Komplementär-GmbH, die die Auflösung der Komplementär-GmbH bei Auflösung der Einheits-GmbH & Co. KG bedingt und damit ist die besondere Struktur der Einheits-GmbH & Co. KG betroffen bzw. ein Schwachpunkt der Einheits-GmbH & Co. KG offenbart.

3. Zwischenergebnis

Damit ist festzuhalten, dass es bei der Einheits-GmbH & Co. KG eine Besonderheit gibt, wenn nur die GmbH & Co. KG und nicht auch die Komplementär-GmbH aufgelöst ist. Wegen des Umstandes, dass die Kommanditgesellschaft an ihrer Komplementärin beteiligt ist, muss, wenn eine der beiden Gesellschaften aufgelöst ist, die andere mitaufgelöst werden.

Bei der „typischen", der „atypischen" und der Einpersonen-GmbH & Co. KG ist das dagegen nur dann der Fall, wenn nur die Komplementär-GmbH, nicht aber die Kommanditgesellschaft aufgelöst ist. Dort ist auch nur die Komplementär-GmbH an der Kommanditgesellschaft beteiligt.

D. Besonderheiten der doppelstöckigen GmbH & Co. KG

In den vorherigen Erläuterungen wurde die doppelstöckige GmbH & Co. KG ausgeklammert. Dies hat den Hintergrund, dass im Rahmen dieser Arbeit der Schwerpunkt auf die Verzahnung der GmbH und der Kommanditgesellschaft bei einer GmbH & Co. KG gesetzt werden soll. Bei einer doppelstöckigen GmbH & Co. KG ist eine GmbH & Co. KG Komplementärin oder Kommanditistin,[291] sodass sich die oben unter §§ 6 und 7 untersuchten Verzahnungsprobleme „im Kleinen" nur bei der Komplementär-GmbH & Co. KG bzw. Kommanditist-GmbH & Co. KG zeigen werden.

Denkbar ist bei einer doppelstöckigen GmbH & Co. KG, mit einer Komplementär-GmbH & Co. KG – parallel zur Problematik, dass nur die Komplementär-GmbH, nicht aber auch die Kommanditgesellschaft aufgelöst ist –, dass zunächst nur die Komplementär-GmbH & Co. KG aufgelöst ist, die andere Kommanditgesellschaft jedoch nicht. Dann zeigt sich, da auch eine Kommanditgesellschaft vermögenslos sein muss, um aufgelöst zu werden,[292] das erste Verzahnungsproblem in einem anderen Gewand. Die Komplementär-GmbH hält den Komplementär-Anteil, der einen Vermögenswert darstellt, sofern die Komplementär-GmbH & Co. KG einen Kapitalanteil über 0% hält und der somit ihrer Abwicklung entgegensteht.

Wie oben unter § 7 gezeigt hat, sofern keine Einheits-GmbH & Co. KG vorliegt, die Auflösung der GmbH & Co. KG keine Auswirkung auf die Auflösung der Komplementär-GmbH. Man könnte also überlegen, ob nicht in dem Fall, dass nur die Komplementär-GmbH & Co. KG aufgelöst ist, die Gesellschafts-GmbH & Co. KG jedoch nicht, der Komplementär-Anteil der GmbH & Co. KG auf die Komplementär-GmbH der Komplementär-

291 *Bode*, in: Winter, Beratungspraxis, GmbH & Co. KG, S. 126.

292 Siehe genauer oben unter § 3 E.

GmbH & Co. KG übertragen werden kann. Dann würde selbstverständlich aus der doppelstöckigen GmbH & Co. KG eine „einfache" GmbH & Co. KG.

Ist nur die Gesellschaft-GmbH & Co. KG aufgelöst, die Komplementär-GmbH & Co. KG dagegen nicht, ergibt sich eine zu der in § 7 dargestellte vergleichbare Situation. Hier ist nicht erforderlich, dass die Komplementär-GmbH ebenfalls aufgelöst werden muss. Sie kann also solche alleine (weiter-)bestehen.

Dritter Teil: Vorkommen in der Praxis

§ 8 Wann tritt das Problem in der Regel in der Praxis auf?

Man stellt sich nun zu Recht die Frage, wann und wie die in Teil 2 diskutierte Thematik überhaupt relevant wird bzw. in der Praxis auftritt. Der Umstand, dass die GmbH & Co. KG aufgelöst ist, stellt nur ein Koordinationsproblem bei der Einheits-GmbH & Co. KG dar. Es ist ferner auch in den nachfolgenden Ausführungen wieder von der Prämisse auszugehen, dass die Komplementär-GmbH tatsächlich aufgelöst wird, d.h. die GmbH-Gesellschafter keinen Fortführungsbeschluss fassen und auch keine neue GmbH zur Fortführung der GmbH & Co. KG gesucht bzw. gegründet wird. Daneben ist davon auszugehen, dass eine entsprechende gesellschaftsvertragliche Regelung der Thematik fehlt.

A. Kein Problem, wenn Auflösungsbeschlusses möglich

Grundsätzlich bietet das Gesetz mit der Option, einen Auflösungsbeschluss in der GmbH & Co. KG gemäß §§ 131 Abs. 1 Nr. 2, 161 Abs. 2 HGB zu fassen, die Möglichkeit, durch Beschluss das zu erreichen, was ich mit einem neuen § 177b HGB erzielen möchte: Mit der Auflösung der Komplementär-GmbH auch die GmbH & Co. KG aufzulösen.

I. Ein Beschluss als Lösung

Ein Beschluss ist nichts anderes als ein mehrseitiges Rechtsgeschäft zwischen den Gesellschaftern.[293] Ein Rechtsgeschäft kennzeichnet vor allem, dass es auf einen rechtlichen Erfolg gerichtet ist, der eintritt, weil er gewollt ist.[294] Die Gesellschafter können somit mit übereinstimmendem Willen die Problemkonstellation lösen, dass nur die Komplementär-GmbH, nicht aber die GmbH & Co. KG aufgelöst ist.

II. Zwei Problempunkte

Die Möglichkeit des Beschlusses hält aber zwei Problempunkte bereit: Zum einen muss ein solcher Beschluss gefasst werden. Dazu muss die Gesellschafterversammlung einberufen werden. Es besteht gerade kein Automatismus wie bei dem von mir vorgeschlagenen Lösungsweg, was die Fehleranfälligkeit erhöht. Zum anderen braucht es einen übereinstimmenden Willen, mithin eine entsprechende Beschlussmehrheit. Inwieweit dies tatsächlich kritische Problempunkte darstellt, möchte ich im Folgenden analysieren.

III. Der Auflösungsbeschluss

1. Auflösungsbeschluss als Grundlagengeschäft

Die Auflösung ist ein Grundlagengeschäft.[295] Unter Grundlagengeschäften sind solche zu verstehen, die das Gesellschaftsverhältnis selbst betreffen, also die Änderung des Gesellschaftsvertrages, die Aufnahme neuer Gesell-

293 Früher war die Rechtnatur eines Beschlusses umstritten. Heute ist es einhellige Meinung, dass es sich hierbei um ein mehrseitiges Rechtsgeschäft handelt. Dazu *Casper*, in: Bork/Schäfer, GmbHG, § 47 Rn. 3 m.w.N. auch zum früheren Streit. Die Ausführungen *Caspers* beziehen sich explizit nur auf einen GmbH-Beschluss, lassen sich aber auf andere Gesellschaftsbeschlüsse übertragen.

294 *Ellenberger*, in: Palandt, BGB, Überblick von § 104 Rn. 2.

295 Statt aller *Stürner*, in: Jauernig, BGB, § 709 Rn. 7.

schafter, den Ausschluss von Gesellschaftern und eben auch die Auflösung der Gesellschaft.[296]

2. Zuständigkeit und Mehrheitserfordernis

Zuständig für derartige Grundlagengeschäfte ist die Gesellschafterversammlung der Kommanditgesellschaft, die sich aus der Komplementär-GmbH und allen Kommanditisten besteht.[297] Diese muss ordnungsgemäß einberufen werden. Die Einberufung einer Gesellschafterversammlung kann ein Eingangstor für Fehler sein, sollte aber bei einer GmbH & Co. KG, nicht allzu problematisch sein, da dort keine besonderen Formerfordernisse bestehen[298] und zudem häufig Familienunternehmen mit überschaubarer Gesellschafterzahl diese Gesellschaftsform wählen.[299]

3. Mehrheitserfordernis

In der Gesellschafterversammlung einer Kommanditgesellschaft hat grundsätzlich jeder Gesellschafter eine Stimme,[300] die Komplementär-GmbH sowie jeder Kommanditist. Häufig[301] wird jedoch das Stimmrecht der Komplementär-GmbH durch den Gesellschaftsvertrag ausgeschlossen.[302] Geht man von der gesetzlichen Normalkonstellation aus, muss ein Beschluss der

296 *Finckh*, in: Henssler/Strohn, Gesellschaftsrecht, § 116 HGB Rn. 4; *Stürner*, in: Jauernig, BGB, § 709 Rn. 7.

297 *K. Schmidt*, in: Scholz, GmbHG, Anh. § 45 Rn. 16.

298 Genauer zur Einberufung und zu den Formalia *K. Schmidt*, in: Scholz, GmbHG, Anh. § 45 Rn. 30 ff.

299 *Binz/Sorg*, Die GmbH & Co. KG, § 1 Rn. 32 erläutern, dass die GmbH & Co. KG die „ideale Form einer Personengesellschaft, um die bei Generationswechseln vielfach eintretenden Erschütterungen und Gefahren auf ein Mindestmaß zu reduzieren und damit die Fortführung des Unternehmens zu sichern" (ebda.).

300 *K. Schmidt*, in: Scholz, GmbHG, Anh. § 45 Rn. 39.

301 Dazu, dass bei der „typischen" GmbH & Co. KG das Stimmrecht der Komplementärin ausgeschlossen ist *Binz/Sorg*, Die GmbH & Co. KG, § 4 Rn. 37; *K. Schmidt*, in: Scholz, GmbHG, Anh. § 45 Rn. 40.

302 *K. Schmidt*, in: Scholz, GmbHG, Anh. § 45 Rn. 39 f.

Gesellschafterversammlung einer Kommanditgesellschaft gemäß §§ 119 Abs. 1, 161 Abs. 2 HGB einstimmig gefasst werden.[303]

B. Beschlussmehrheit kein Problem bei einer personen- und beteiligungsidentischen GmbH & Co. KG

Realistisch betrachtet wird es bei der „typischen" personen- und beteiligungsidentischen GmbH & Co. KG kein Problem geben, einen einstimmigen Auflösungsbeschluss für die GmbH & Co. KG herbeizuführen. Der Grund liegt in der Personen- und Beteiligungsidentität. Ihretwegen haben die Gesellschafter die Interessen beider Gesellschaften vor Augen. Soll nun die Komplementär-GmbH definitiv aufgelöst werden, ist – wie oben unter § 6 B. beschrieben –für die Kommanditgesellschaft, der Weg, der den geringsten Arbeitsaufwand erfordert, diese ebenfalls aufzulösen.

Selbst wenn ein Gesellschafter anderer Auffassung ist, wird man aufgrund der Treuepflicht zur Gesellschaft eine entsprechende Verpflichtung zur Zustimmung anzunehmen.[304] Grund ist, dass eine Weigerung der Zustimmung zur Auflösung, die GmbH & Co. KG zu einer rechtsunsicheren Situation führt und belastet folglich die Gesellschaft. Darüber hinaus kann – wie oben unter § 6 B. II. 1. a) aa) dargestellt – die Komplementär-GmbH gar nicht vollbeendigt werden, solange sie noch an einer GmbH & Co. KG beteiligt ist; diese also selber nicht aufgelöst/vollbeendigt ist. Damit ergibt sich auch aus dem Umstand, dass der jeweilige Kommanditgesellschafter auch GmbH-Gesellschafter ist, eine bezogen auf die GmbH bestehende Treuepflicht, nicht deren Auflösung zu erschweren bzw. gar zu verhindern.

---

303 Siehe auch *K. Schmidt,* in: Scholz, GmbHG, Anh. § 45 Rn. 23.

304 Siehe *Casper,* in: GroßKomm GmbHG, § 60 Rn. 169, allerdings die umgekehrte Situation, dass die Komplementär-GmbH fortgeführt werden soll und nun ein Fortsetzungsbeschluss in der Gesellschafterversammlung der Kommanditgesellschaft beschlossen werden soll, behandelnd.

C. Beschlussmehrheit Problem bei einer „atypischen" nicht personen- und beteiligungsidentischen GmbH & Co. KG

Anders ist dies bei einer „atypischen", nicht personen- und beteiligungsidentischen GmbH & Co. KG. Sind die Gesellschafter nicht an beiden Gesellschaften (mit gleichen Anteilen) beteiligt, ist ihr Interesse am Wohlergehen beider Gesellschaften nicht kongruent. Darüber hinaus kann – anders als bei einer „typischen" GmbH & Co. KG – im Fall einer „atypischen" GmbH & Co. KG die Komplementär-GmbH eigenwirtschaftliche Ziele verfolgen kann. Dann stimmen die Interessen der Gesellschafter beider Gesellschaften nicht in allen Punkten überein.

Auch besteht die Möglichkeit, dass verfeindete Familienstämme an der Komplementär-GmbH und der „atypischen" GmbH & Co. KG beteiligt sein können und die Willensbildung (schikanös) blockieren.

§ 9 Lösungsvorschläge

Bislang wurde davon ausgegangen, dass die Komplementär-GmbH unumkehrbar aufgelöst ist. Man kann den Sachverhalt, dass nur die Komplementär-GmbH, nicht aber auch die Kommanditgesellschaft aufgelöst ist, auch anders als durch eine Auflösung der Kommanditgesellschaft lösen und zwar mit einem Ansatz bei der Komplementär-GmbH.[305]

A. Beseitigung des Auflösungsgrundes und Beschluss

Ein Lösungsweg ist, den Auflösungsgrund bei der Komplementär-GmbH zu beseitigen und/oder einen Fortsetzungsbeschluss zu fassen.

B. Ersetzen der Komplementär-GmbH

Ebenso könnte man die aufgelöste Komplementär-GmbH durch eine „neue" Komplementär-GmbH ersetzen. Entweder wird hierzu eine GmbH gegrün-

305 Dieser Ansatz wurde im zweiten Teil dieser Arbeit bewusst ausgeblendet.

det oder man greift auf eine bereits bestehende GmbH zurück.[306] Das Ersetzen der Komplementär-GmbH muss jedoch kurzfristig nach Auflösung der „alten" geschehen, da man sonst in eine Schwebesituation gelangt.

Nach der hier vertretenen Ansicht wird die GmbH & Co. KG automatisch mit Auflösung der Komplementär-GmbH aufgelöst. Deshalb muss, damit die Komplementär-GmbH ersetzt werden kann und die GmbH & Co. KG nicht aufgelöst ist, ein Fortsetzungsbeschluss in der Gesellschafterversammlung der GmbH & Co. KG gefasst werden. Der GmbH & Co. KG sollte zur Suche einer neuen Komplementärin bzw. zur Gründung einer neuen Komplementär-GmbH ein begrenzter Zeitraum zur Verfügung stehen, damit der Schwebezustand nicht zum Dauerzustand wird. Dabei kann meiner Meinung nach auf eine Dreimonatsfrist, wie sie auch in § 27 Abs. 2 und § 139 Abs. 2 HGB zu finden ist, zurückgegriffen werden.[307] Diese Dreimonatsfrist beginnt mit der Beschluss der Fortsetzung zu laufen. Wird in dieser Zeit keine neue Komplementär-GmbH gefunden bzw. gegründet und setzen die Gesellschafter die werbende Tätigkeit am Ende der Dreimonatsfrist fort, findet eine Umwandlung in eine offene Handelsgesellschaft statt.[308] Grundsätzlich ist – wie unter § 6 A. IV. 1. b) aa) (1) (c) – erläutert eine (automatische) Umwandlung einer Kommanditgesellschaft in eine offene Handelsgesellschaft wegen der i.d.R. nicht gewollten Folgen für die (ehemaligen) Kommanditisten abzulehnen. Führen die Gesellschafter, obwohl sie wissen, dass sie eine neue Komplementärin hätten finden müssen und sie bewusst die Auflösungsfolge durch Beschluss gestoppt haben, am Ende der Dreimonatsfrist weiter werbend fort, kann man in diesem Verhalten eine bewusste Entscheidung sehen, unbeschränkt haften zu wollen.

Alternativ kann auch im Gesellschaftsvertrag der Kommanditgesellschaft festgelegt werden,[309] dass, sobald die Komplementär-GmbH aufgelöst ist, innerhalb einer bestimmten Frist (wegen der oben aufgeführten Argumente ist wieder einer Dreimonatsfrist zu befürworten) eine neue Komplementär-GmbH zu suchen ist. In diesem Fall bedarf es keines Fortsetzungsbeschlusses. Auch hier gilt, dass bei Fortführung der werbenden Tätigkeit

306 Siehe auch *Casper*, in: GroßKomm GmbHG, § 60 Rn. 164.

307 So auch *Binz/Sorg*, Die GmbH & Co. KG, § 7 Rn. 9., im Zusammenhang mit den Folgen des § 139 HGB, vgl. auch *Casper*, in: GroßKomm GmbHG, § 60 Rn. 164.

308 So auch *Binz/Sorg*, Die GmbH & Co. KG, § 7 Rn. 9., allerdings im Zusammenhang mit § 139 HGB.

309 So auch *Binz/Sorg*, Die GmbH & Co. KG, § 7 Rn. 8., allerdings im Zusammenhang mit § 139 HGB.

am Ende der festgelegten Frist eine Umwandlung in eine offene Handelsgesellschaft erfolgt.

Vierter Teil: Simultaninsolvenz

§ 10 Begriffsbestimmung und Vorkommen

A. Begriffsbestimmung „Simultaninsolvenz"

Häufiger in der Praxis vorkommen wird dagegen die Auflösungsproblematik rund um die Simultaninsolvenz beider Gesellschaften.[310] Diese bedarf daher einer genaueren Betrachtung. Nach §§ 131 Abs. 1 S. 1 Nr. 3, 161 Abs. 2 HGB führt die Eröffnung des Insolvenzverfahrens über das Vermögen einer Kommanditgesellschaft[311] zu deren Auflösung. § 131 Abs. 3 S. 1 Nr. 2 HGB ordnet an, dass ein Gesellschafter, über dessen Vermögen das Insolvenzverfahren eröffnet wurde, aus der Gesellschaft ausscheidet.

Ist über das Vermögen einer (Komplementär-)GmbH das Insolvenzverfahren eröffnet, ist diese zudem gemäß § 60 Abs. 1 Nr. 4 Hs. 1 GmbHG aufgelöst. Es braucht nicht viel Vorstellungskraft, um die Situation vor Augen zu haben, dass Gesellschaften (GmbH & Co. KG und Komplementär-GmbH) beide gleichzeitig, also simultan insolvent sind. Genauer ausgedrückt: Sowohl über das Vermögen der GmbH & Co. KG als auch über das Vermögen der Komplementär-GmbH kann das Insolvenzverfahren gleichzeitig bzw. in einem engen zeitlichen Zusammenhang eröffnet werden. Denkbar ist auch, dass der Kommanditist/die Kommanditistin bzw. die

310 Dazu, dass dies die „[p]raktisch relevant[e]" Konstellation ist Altmeppen, in: Roth/Altmeppen, GmbHG, § 60 Rn. 121.

311 Dass eine Kommanditgesellschaft wie die GmbH & Co. KG insolvenzfähig ist, ergibt sich aus § 11 Abs. 2 Nr. 1 InsO.

Kommanditisten/die Kommanditistinnen insolvent sind. In der Literatur ist hierfür der Begriff „Simultaninsolvenz“ entwickelt worden.[312]

B. Warum simultane Insolvenz bei der GmbH & Co. KG

Die Ausgangsthese lautet, dass es bei einer GmbH & Co. KG mit einer Komplementär-GmbH, deren einzige Aufgabe es ist, die Vertretung und Geschäftsführung der Kommanditgesellschaft zu übernehmen,[313] es in der Regel zur Simultaninsolvenz beider Gesellschaften, also der Komplementär-GmbH und der GmbH & Co. KG kommt.[314] Die Situation, dass nur die Komplementär-GmbH insolvent ist, ohne dass auch die GmbH & Co. KG insolvent ist, ist kaum denkbar.[315]

C. Warum die Komplementär-GmbH quasi nicht alleine insolvent sein kann

Der Grund dafür, dass in einer solchen Situation üblicherweise die Simultaninsolvenz eintritt, liegt in zwei Umständen: Zum einen beschränken

---

312 *K. Schmidt*, in: Die GmbH in Krise, Sanierung und Insolvenz Rn. 7.775. Grundlegend dazu auch *ders.*, GmbHR 2002, 1209 (1211) sowie *ders.*, ZIP 2008, 2337 (2344 ff.). Siehe auch *Korkmaz*, Die Doppelinsolvenz bei der Kommanditgesellschaft, S. 32 ff., der sich auch mit der Entwicklung und den Mängeln dieser Terminologie beschäftigt hat und deshalb den Begriff „Doppelinsolvenz“ für vorzugswürdig erachtet (S. 104 ff.).

313 Dieses Charakteristikum triff auf jede „typische“ GmbH & Co. KG zu; siehe dazu oben § 3 A. Dieser Umstand kann aber auch bei einer „atypischen“ GmbH & Co. KG vorliegen, die sich in dem Fall dann von der „typischen“ GmbH & Co. KG durch fehlende Personen- und/oder Beteiligungsidentität unterscheidet. Aber auch eine Einpersonen-GmbH kann eine Komplementär-GmbH haben, deren einzige Aufgabe die Vertretung und Geschäftsführung der Einpersonen-GmbH & Co. KG ist.

314 Dazu auch *K. Schmidt*, GmbHR 2002, 1209 (1211 f.).

315 Unklar deshalb der Verweis *Caspers*, dass die Situation, dass nur die GmbH insolvent wird, die Problematik des zweiten Abschnittes hervorruft (*Casper*, in: GroßKomm GmbHG, § 60 Rn. 167). Das kann meiner Meinung nach nur bei einer GmbH & Co. KG mit einer Komplementär-GmbH geschehen, deren einzige Aufgabe nicht nur die Übernahme der Vertretung und Geschäftsführung der GmbH & Co. KG ist Mithin nicht bei einer „typischen“ GmbH & Co. KG, die *Casper* einzig behandelt (*Casper*, in: GroßKomm GmbHG, § 60 Rn. 156).

sich die Handlungen/Tätigkeiten der Komplementär-GmbH bei Vorliegen einer „typischen" GmbH & Co. KG auf Aufgaben, die sich aus ihrer Komplementärstellung ergeben.[316] Sie ist häufig nur eine „Verwaltungsgesellschaft" mit geringem Eigenkapital.[317] Zum anderen bekommt die Komplementär-GmbH über §§ 110, 161 Abs. 2 HGB[318] alle Aufwendungen, die sie den Umständen nach für erforderlich halten durfte sowie Verluste, die ihr in Gesellschaftsangelegenheiten entstanden sind,[319] ersetzt.[320]

Aus diesen beiden Umständen ergibt sich, dass in der Regel über das Vermögen der Komplementär-GmbH einer „typischen" GmbH & Co. KG nicht das Insolvenzverfahren eröffnet werden kann, solange nicht auch die GmbH & Co. KG insolvent ist. § 16 InsO bestimmt, dass zur Eröffnung des Insolvenzverfahrens ein Eröffnungsgrund vorliegen muss. Die Eröffnungsgründe sind in den §§ 17 ff. InsO aufgezählt. Allgemeiner Eröffnungsgrund ist gemäß § 17 Abs. 1 InsO die Zahlungsunfähigkeit. Wenn der Schuldner die Eröffnung des Insolvenzverfahrens beantragt, kann auch bereits gemäß § 18 Abs. 1 InsO die drohende Zahlungsunfähigkeit Eröffnungsgrund sein. Bei einer juristischen Person besteht auch noch die Besonderheit, dass die Überschuldung gemäß § 19 Abs. 1 InsO einen Eröffnungsgrund darstellt.

---

316 Dies als Charakteristikum einer „typischen" GmbH & Co. KG nennend *K. Schmidt*, GmbHR 2002, 1209 (1209).

317 *Albertus/Fischer*, ZInsO 2005, 246 (247). Ebenfalls dort entnommen der Begriff „Verwaltungsgesellschaft" (ebda.).

318 Explizit erwähnend, dass § 110 HGB über § 161 Abs. 2 HGB auch für Gesellschafter einer Kommanditgesellschaft gelte *Finckh*, in: Henssler/Strohn, Gesellschaftsrecht, § 110 HGB Rn. 2.

319 Wichtig ist, dass über §§ 110, 162 Abs. 2 HGB weder eine Vergütung der Geschäftsführungstätigkeit noch ein Ersatz der laufenden Kosten der Komplementär-GmbH möglich ist. Über §§ 110, 162 Abs. 2 HGB bekommt die Komplementär-GmbH nur die Aufwendungen und Verluste ersetzt, die im Rahmen der Geschäftsführungstätigkeit entstehen, *Sirchich von Kis-Sira und Bode*, in: Winter, Beratungspraxis GmbH & Co. KG, S. 437 f. In Zweifel liege laut *BGH* der „Lohn" in der Beteiligung am Gewinn (BGHZ 44, 40 (41)). Auch wenn zumindest bei der „typischen" GmbH & Co. KG die Komplementär-GmbH gar nicht kapitalmäßig am Vermögen der GmbH & Co. KG beteiligt ist und somit auch keinen Anspruch auf Gewinnausschüttung hat, gilt das zuvor Gesagte auch dort, *Sirchich von Kis-Sira und Bode*, in: Winter, Beratungspraxis GmbH & Co. KG, S. 438.

320 *Bergmann*, in: E/B/J/S, HGB, § 131 Rn. 9 ff.; *Finckh*, in: Henssler/Strohn, Gesellschaftsrecht, § 110 HGB Rn. 1; *Langhein*, in: MünchKomm HGB, § 110 Rn. 1; *Lieder*, in: Oetker, HGB, § 110 Rn. 7 ff.; *Roth*, in: Baumbach/Hopt, HGB, § 110 Rn. 1 ff.

So kann die Komplementär-GmbH weder zahlungsunfähig i.S.d. § 17 Abs. 2 S. 1 InsO werden noch kann ihre Zahlungsunfähigkeit nach § 18 Abs. 2 InsO drohen noch kann sie sich überschulden i.S.d. § 19 Abs. 2 S. 1 InsO, solange die GmbH & Co. KG weder zahlungsunfähig ist, noch selbst bedroht ist zahlungsunfähig zu werden. Solange die GmbH & Co. KG nämlich Vermögen hat, kann bzw. muss sie alle Aufwendungen und Verluste der Komplementär-GmbH nach §§ 110, 162 Abs. 2 HGB ausgleichen, da alle Aufwendungen und Verluste, die dieser GmbH entstehen, im Gesellschaftsinteresse der GmbH & Co. KG entstehen, da die Komplementär-GmbH einer „typischen" GmbH & Co. KG nun einmal nichts anderes macht, als im Interesse der GmbH & Co. KG zu agieren.[321] Damit ist festgestellt, dass es quasi unmöglich ist, dass über das Vermögen der Komplementär-GmbH einer „typischen" GmbH & Co. KG das Insolvenzverfahren eröffnet wird, ohne dass es auch über das Vermögen der Kommanditgesellschaft eröffnet wird.

D. Warum die Insolvenz der GmbH & Co. KG i.d.R. die der GmbH bedingt

Umgekehrt bedeutet dieser Mechanismus aber auch, dass dann, wenn die GmbH & Co. KG zahlungsunfähig i.S.d. § 17 Abs. 2 S. 1 InsO ist oder droht zahlungsunfähig zu werden (§ 18 Abs. 2 InsO), für die Komplementär-GmbH eine erhöhte Gefahr besteht, dass diese Umstände auch bei ihr eintreten. Der Grund liegt darin, dass sie gemäß §§ 128 S. 1, 161 Abs. 2 HGB persönlich und unbeschränkt für die Verbindlichkeiten der Gesellschaft haftet.[322] Sie kann, wenn die GmbH & Co. KG zahlungsunfähig ist oder droht zahlungsunfähig zu werden, gerade nicht mehr darauf bauen kann, ihre Aufwendungen und Verluste nach §§ 110, 161 Abs. 2 HGB von der GmbH & Co. KG ersetzt zu bekommen, da diese schlicht und einfach nicht mehr die Mittel dafür hat. Da die Komplementär-GmbH bei einer „typischen" GmbH & Co. KG auch nicht selbst werbend tätig ist, hat sie auch

321 Diese Argumentation so auch zu finden bei *K. Schmidt*, GmbHR 2002, 1209 (1211); *Korkmaz*, Die Doppelinsolvenz bei der Kommanditgesellschaft, S. 38 ff. Für die zweigliedrige Kommanditgesellschaft *Liebs*, ZIP 2002, 1716 (1717).

322 So *Bork/Jacoby*, ZGR 2005, 611 (650). Ohne Begründung behauptend, dass die Komplementär-GmbH insolvent sein wird, wenn die GmbH & Co. KG dies ist *Perwein*, GmbHR 2014, 1300 (1301).

keine eigenen Einnahmequellen, um Aufwendungen und Verluste auszugleichen. Sie bleibt auf ihren Aufwendungen und Verlusten sitzen. Damit bringt wie ein Dominostein die Insolvenz der „typischen“ GmbH & Co. KG auch ihre Komplementärin zu Fall und „macht“ sie insolvent.

E. Warum die Insolvenz der GmbH & Co. KG nicht die Insolvenz der Kommanditisten bedingt

Keine besondere Aufmerksamkeit soll im Rahmen dieser Arbeit der Situation gewidmet werden, dass neben der GmbH & Co. KG und der Komplementär-GmbH ein einziger Kommanditist bzw. nicht alle Kommanditisten insolvent sind. Da die Kommanditisten nur kapitalmäßig an der Kommanditgesellschaft beteiligt sind und weder persönlich noch unbeschränkt mit ihrem Privatvermögen für Verbindlichkeiten der Gesellschaft haften,[323] sind sie finanziell nicht so stark wie ein Komplementär mit der Gesellschaft verflochten. Dass die Gesellschaftsinsolvenz ihre Insolvenz bedingt, ist damit nur schwer vorstellbar. Vielmehr wird die Insolvenz eines Kommanditisten aus externen, gesellschaftsfremden Gründen herrühren. Damit ergibt sich an dieser Stelle kein Koordinationsproblem, sodass die Situation hier unbeachtet bleiben kann.

F. Unterschiede bei der „atypischen“ GmbHG & Co. KG

I. Was ist das „Atypische“?

Im ersten Teil wurden bereits ausführlich die Charakteristika der „atypischen“ GmbH & Co. KG dargestellt,[324] weshalb an dieser Stelle, um Doppelungen gering zu halten, vor allem die Unterschiede zwischen „typischer“ und „atypischer“ GmbH & Co. KG herausgestellt werden sollen, die für die folgende Argumentation von Bedeutung sind.

Charakteristisch für die „atypische“ GmbH & Co. KG, ist, dass Komplementär-GmbH und Kommanditgesellschaft nicht personen- und beteili-

323 Dies natürlich nur in dem Fall, dass die Kommanditisten ihre Einlage vollständig erbracht haben.

324 Siehe die Ausführungen unter § 3 B.

gungsidentisch zusammengesetzt sind. Dies hat vor allem, wie bereits oben gezeigt, bei der Frage der Möglichkeit des Auflösungsbeschlusses Bedeutung.

Für eine Simultaninsolvenz sind die Einnahmequellen der Komplementär-GmbH bedeutend. Bei der „typischen“ GmbH & Co. KG verfolgt die Komplementär-GmbH als einzigen Zweck die Übernahme der Vertretung und der Geschäftsführung der GmbH & Co. KG. Damit hat sie keine eigene Einnahmequelle. Ihre Verluste, die durch die Inanspruchnahme als persönlich haftende Gesellschafterin der GmbH & Co. KG entstehen, können einzig nach §§ 110, 161 Abs. 2 HGB ausgeglichen werden. Bei der „atypischen“ GmbH & Co. KG kann es jedoch auch sein, dass die Komplementär-GmbH neben der Übernahme der Vertretung und Geschäftsführung der GmbH & Co. KG eigenwirtschaftliche Ziele verfolgt und sich daraus eine Einnahmequelle generiert. Daneben kann jedoch das „Atypische“ auch darin bestehen, dass die Komplementär-GmbH nicht nur die Geschäfte der GmbH & Co. KG führt, sondern auch eigene Tätigkeiten verfolgt.[325] Je nachdem, wie hoch diese Einnahmequellen sind, kann es sein, dass selbst wenn die GmbH & Co. KG nicht die aus der Komplementär-Haftung fußenden Verluste der Komplementär-GmbH nach §§ 110, 161 Abs. 2 HGB ausgleichen kann, diese nicht ebenfalls insolvent wird, weil sie eigene Einnahmen als Ausgleich hat.

II. Was ist der Unterschied zur „typischen“ GmbH & Co. KG

Damit ist bei eigenwirtschaftlicher Tätigkeit der Komplementär-GmbH die Wahrscheinlichkeit, dass diese aufgrund der Komplementär-Haftung insolvent wird, geringer als bei der „typischen“ GmbH & Co. KG. Die oben genannte Ausgangsthese lässt sich damit nicht ohne weiteres auf die „atypische“ GmbH & Co. KG übertragen. Vielmehr ist hier einzelfallabhängig zu schauen, worauf die jeweilige Insolvenz beruht. Es kommt nicht immer zwangsläufig zur Simultaninsolvenz, die auf der Komplementärhaftung beruht. Es ist denkbar, dass beide Gesellschaften unabhängig voneinander simultan insolvent sind. Ferner kann – anders als bei der „typischen“ GmbH & Co. KG – die Komplementär-GmbH einer „atypischen“ GmbH & Co. KG,

325 Dazu, dass dies möglich ist *Schulze zur Wiesche/Ottersbach* GmbH & Co. KG, § 1 Rn. 14, S. 31.

wenn sie eigene wirtschaftliche Interessen verfolgt, allein insolvent werden. In einem solchen Fall ist die Komplementär-GmbH gemäß § 60 Abs. 1 Nr. 4 Hs. 1 GmbHG aufgelöst. Es stellt sich dann die unterm Zweiten Teil, § 7 ausführlich diskutierte Frage, ob die Auflösung der Komplementär-GmbH die Auflösung der GmbH & Co. KG nach sich zieht.

§ 11 Simultaninsolvenz-Konstellationen

Bei der Simultaninsolvenz einer GmbH & Co. KG sind vor allem zwei problematische Konstellationen vorstellbar:[326]

- Simultaninsolvenz-Konstellation 1: Nur über das Vermögen der GmbH & Co. KG und über das Vermögen der Komplementär-GmbH wird das Insolvenzverfahren eröffnet. Über das Vermögen eines oder mehrerer Kommanditisten wird das Insolvenzverfahren nicht eröffnet.

326 Die Unterscheidung zweier Problemkonstellationen wird von der Mehrzahl der Autoren vorgenommen. *Korkmaz* spricht statt von Simultaninsolvenz-Konstellation 1 und 2 von „unvollkommener und vollkommener Doppelinsolvenz". Erstere entspricht ungefähr meiner Simultaninsolvenz-Konstellation 1, wobei *Korkmaz* nur auf die zweigliedrige Kommanditgesellschaft allgemein eingeht. Letztere entspricht meiner Simultaninsolvenz-Konstellation 2. Die Erläuterung von „unvollkommener und vollkommener Doppelinsolvenz" findet man bei *Korkmaz*, Die Doppelinsolvenz bei der Kommanditgesellschaft insbesondere auf den S. 139 ff. Hier wurde jedoch bewusst von einer Übernahme der Terminologie abgesehen, da die Adjektive „vollkommen" und „unvollkommen" meiner Ansicht nach zu wertend sind und daher nicht treffend. Es geht bei dieser Systematisierung lediglich darum, die verschiedenen Möglichkeiten der Insolvenz von Gesellschaftern und Gesellschaft darzustellen. Einmal können alle insolvent sein, einmal eben nur einer der Beteiligten oder zwei. Die eine Situation aber als „vollkommen" und die andere als „unvollkommen" zu bezeichnen, passt meiner Ansicht nach nicht. Besser passen meiner Ansicht nach die von *K. Schmidt* gewählten Begriffe der „vertikalen Simultaninsolvenz" (*K. Schmidt*, ZIP 2008, 2337 (2344), die meiner „Simultaninsolvenz-Konstellation 1" entspricht und der „horizontalen Simultaninsolvenz, die meiner „Simultaninsolvenz-Konstellation 2" (*K. Schmidt*, ZIP 2008, 2337 (2345) entspricht. Trotzdem habe ich mich auch gegen eine Übernahme dieser Termini entschieden, da die Zuordnung „vertikal" und „horizontal" auch nicht jedem Leser ohne nähere Erläuterung einleuchtet, sodass man auch ganz allgemein von Konstellation 1 und 2 sprechen kann.

- Simultaninsolvenz-Konstellation 2: Über das Vermögen der GmbH & Co. KG und all ihrer Gesellschafter wird das Insolvenzverfahren eröffnet.

Daneben ist bei der „atypischen" GmbH & Co. KG bzw. einer Einpersonen-GmbH, bei der die Komplementär-GmbH eigenwirtschaftliche Ziele verfolgt, denkbar, dass beide Gesellschaften simultan insolvent werden, die Insolvenz der Komplementär-GmbH aber nicht auf der Komplementär-Haftung beruht; quasi eine Simultaninsolvenz-Konstellation 3/atypische Simultaninsolvenz-Konstellation.

Die Simultaninsolvenz-Konstellationen führen bei jeder der verschiedenen GmbH & Co. KG-Formen zu unterschiedlichen Ergebnissen, weshalb in einem ersten Schritt die Simultaninsolvenz-Konstellation 1 bei der „typischen" GmbH & Co. KG und der Einpersonen-GmbH & Co. KG analysiert werden soll. Anschließend soll die Simultaninsolvenz-Konstellation 2 näher beleuchtet werden. Erst danach sollen die Unterschiede bei einer „atypischen" GmbH & Co. KG bzw. in einer „atypischen" Simultaninsolvenz-Konstellation untersucht werden. Entsprechend des Titels dieser Dissertation sollen im Folgenden nicht insolvenzrechtliche Gesichtspunkte im Vordergrund stehen, sondern die Auflösung und Vollbeendigung der GmbH & Co. KG.

A. Simultaninsolvenz-Konstellation 1

I. Simultaninsolvenz-Konstellation 1 bei der „typischen" GmbHG & Co. KG

1. Darstellung der Situation bei der „typischen" GmbH & Co. KG

Die Simultaninsolvenz-Konstellation 1 bei der „typischen" GmbH & Co. KG soll mit Hilfe folgenden Beispiels veranschaulicht werden:

> Beispiel 1: *Die X-GmbH & Co. KG ist eine „typische" GmbH & Co. KG. Sie besteht aus drei Kommanditisten (A, B, und C) und einer Komplementär-GmbH (Y-GmbH). Einzige Aufgabe der Y-GmbH ist die Übernahme der Vertretung und Geschäftsführung der X-GmbH. A, B und C sind in gleicher Höhe an der X-GmbH & Co. KG und an der Y-GmbH beteiligt. Die Y-GmbH hält keinen Anteil an der X-GmbH & Co. KG.*

Nun wird die X-GmbH & Co. KG zahlungsunfähig. Das Insolvenzverfahren über das Vermögen der X-GmbH & Co. KG wird eröffnet. Die Gläubiger der X-GmbH & Co. KG halten sich daher zunächst weiter an die gemäß §§ 128 S. 1, 161 Abs. 2 HGB für die Verbindlichkeiten der X-GmbH & Co. KG haftende Y-GmbH. Da diese aber keine eigenen Einnahmen hat und wegen der Zahlungsunfähigkeit keine Aufwendungen und Verluste mehr von der X-GmbH & Co. KG nach §§ 110, 161 Abs. 2 HGB ersetzt bekommt, wird sie ebenfalls kurze Zeit später[327] *zahlungsunfähig. Es wird ebenfalls das Insolvenzverfahren über das Vermögen der Y-GmbH eröffnet.*

2. Anwendung der gesetzlichen Vorschriften

a) Die anwendbaren Normen

Geht man davon aus, dass der Gesellschaftsvertrag der X-GmbH & Co. KG für diese Konstellation keine besondere Regelung beinhaltet und wendet man nun strikt die gesetzlichen Vorschriften an,[328] passiert Folgendes:[329] Die GmbH & Co. KG wird gemäß §§ 131 Abs. 1 Nr. 3, 161 Abs. 2 HGB wegen Eröffnung des Insolvenzverfahrens über ihr Vermögen aufgelöst. Die Eröffnung des Insolvenzverfahren über ihr Vermögen hat für die Komplementär-GmbH zweifache Folgen: Erstens wird sie gemäß § 60 Abs. 1 Nr. 4 Hs. 1 GmbHG ebenfalls aufgelöst und zweitens scheidet gemäß §§ 131 Abs. 3 S. 1 Nr. 2, 161 Abs. 2 HGB aus der GmbH & Co. KG aus. Letzterer Umstand hat für die GmbH & Co. KG zur Folge, dass sie aus einem zweifachen Grund aufgelöst wird,[330] nämlich wegen Ausscheidens ihrer einzigen Komplementärin.[331]

327 Es ist auch denkbar, dass über beide Gesellschaften das Insolvenzverfahren am selben Tag eröffnet wird.

328 Für die Anwendung der gesetzlichen Vorschriften (also insbesondere auch für die Anwendung des § 131 Abs. 3 S. 1 Nr. 2 HGB) in der Simultaninsolvenz-Konstellation 1 bei der „typischen" GmbH & Co. KG *Bork/Jacoby*, ZGR 2005, 611 (650 ff.); *Kamanabrou*, in: Oetker, HGB, § 131 Rn. 32; *Lorz*, in: E/B/J/S, HGB, § 131 Rn. 46; *Roth*, in: Baumbach/Hopt, HGB, Anh. nach § 177a Rn. 45a.

329 Es darf selbstverständlich keine abweichende vertragliche Regelung vorliegen.

330 Siehe auch K. Schmidt, GmbHR 2002, 1209 (1213 f.).

331 Siehe dazu die Erläuterungen oben unter § 6 A. IV. 1. b) aa) (1) (c).

b) Folgen der Anwendung der gesetzlichen Vorschriften

Nach dem Ausscheiden der Komplementär-GmbH besteht die GmbH & Co. KG nur noch aus Kommanditisten. Bei einer „typischen" GmbH & Co. KG sind es mindestens zwei Kommanditisten. Da nach herrschender Meinung eine formwechselnde Umwandlung in eine offene Handelsgesellschaft nicht in Betracht kommt, besteht die Gesellschaft nun als GmbH & Co. KG i. L. ohne Komplementär-GmbH fort.[332] Die Kommanditisten haften weiterhin nur beschränkt. Der Umstand, dass ihnen der Komplementär-Anteil angewachsen ist, wirkt sich lediglich auf die Höhe ihres Kapitalanteils aus.[333] Durch das Ausscheiden der Komplementär-GmbH wird die Verzahnung beider Gesellschaften aufgehoben. Die Komplementär-GmbH verliert ferner, da sie mit Insolvenzeröffnung aus der Kommanditgesellschaft ausscheidet, ihre Vertretungs- und Geschäftsführungsbefugnis[334] und wird nun gemäß §§ 146, 149, 161 Abs. 2 HGB[335] von den verbliebenen Gesellschaftern als Liquidatoren gemeinschaftlich vertreten. Außerdem finden zwei getrennte Insolvenzverfahren statt: Eines über das Vermögen der GmbH & Co. KG i. L. und eines über das Vermögen der ausgeschiedenen GmbH. Dass beide Gesellschaften aufgelöst sind und sich im Liquidationsstadium befinden, ist dabei irrelevant und hindert die Insolvenzfähigkeit nicht.[336]

3. Teleologische Reduktion des § 131 Abs. 3 S. 1 Nr. 2 HGB

Wieder ist es *K. Schmidt* der Vorreiter einer Gegenansicht ist. Er möchte den § 131 Abs. 3 S. 1 Nr. 2 HGB generell bei Vorliegen einer Simultaninsol-

332 Warum dies so ist, siehe auch die Erläuterungen oben unter § 6 A. IV. 1. b) aa) (1) (c).

333 *Bork/Jacoby*, ZGR 2005, 611 (618 f.); K. Schmidt, in: MünchKomm HGB, § 131 Rn. 103 f.

334 Vgl. BGHZ 201, 129 (Rn 13) = GmbHR 2014, 1606 (Rn. 13) – nur zur Vertretungsbefugnis; *C. Schäfer*, in: GroßKomm HGB, § 131 Rn. 92 und K. Schmidt, GmbHR 2002, 1209 (1214 f.) – nur zur Geschäftsführungsbefugnis.

335 Auch wenn die Komplementär-GmbH ausscheidet, bleibt die Gesellschaft eine Kommanditgesellschaft i. L., sodass § 161 Abs. 2 HGB mit zu zitieren ist.

336 Für die Kommanditgesellschaft *Bitter*, in: Scholz, GmbHG, Vor § 64 Rn. 187; für die GmbH *ders.*, in: Scholz, GmbHG, Vor § 64 Rn. 4.

venz nicht anwenden. Methodisch möchte er dies mit einer teleologischen Reduktion dieser Norm erreichen.[337]

a) „Allheilmittel"

Ursprüngliches Ziel dieser teleologischen Reduktion von *K. Schmidt* war vor allem ein einheitliches Insolvenzverfahren von GmbH & Co. KG und Komplementär-GmbH zu erreichen.[338] Mittlerweile wird die teleologische Reduktion des § 131 Abs. 3 S. 1 Nr. 2 HGB aber von ihren Vertretern als „Allheilmittel" für sämtliche Ausscheidens- und Auflösungsprobleme, die sich in der Simultaninsolvenz ergeben, angepriesen;[339] was im Folgenden näher zu zeigen sein wird.

b) Folgen einer teleologischen Reduktion des § 131 Abs. 3 S. 1 Nr. 2 HGB

Die offensichtlichste Folge einer teleologischen Reduktion des § 131 Abs. 3 S. 1 Nr. 2 HGB in der Simultaninsolvenz-Konstellation 1 bei der „typischen" GmbH & Co. KG ist, dass die insolvente Komplementär-GmbH nicht aus der Gesellschaft ausscheidet.[340] Da nun der Insolvenzbeschlag über das Vermögen der GmbH besteht, ist es der Insolvenzverwalter der Gesellschafterrechte ausübt und de facto innehat.[341] Durch das Verhindern der Ausscheidensfolge ist eine koordinierte Insolvenzabwicklung von GmbH und Kommanditgesellschaft möglich,[342] wobei hinzugefügt werden muss, dass

337 Zentral dazu *K. Schmidt*, GmbHR 2002, 1209–1217, insbesondere S. 1213 f. Ferner *ders.*, in: MünchKomm HGB, § 131 Rn. 76a; *ders.*, ZIP 2010, 1621 (1626 f.); *ders.*, JZ 2008, 425 (433 f.); *ders.*, ZIP 2008, 2337 (2344 ff.); *ders.*, JZ 2003, 585 (594 f.); *ders.*, GmbHR 2003, 1404 (1404, 1406); Ihm folgend *Binz/Sorg*, Die GmbH & Co. KG, § 12 Rn. 38; *Bitter*, in: Scholz, GmbHG, Vor § 64 Rn. 204 ff.; *Casper*, in: GroßKomm GmbHG, § 60 Rn. 167; *Klöhn*, in: Henssler/Strohn, Gesellschaftsrecht, § 131 Rn. 53; *Kindler*, in: K/K/R/M, § 131 Rn. 23; *C. Schäfer*, in: GroßKomm HGB, § 131 Rn. 92; *Westermann*, FS Röhricht (2005), 655 (671).

338 *K. Schmidt*, GmbHR 2002, 1209–1214.; vgl. auch *Korkmaz*, Die Doppelinsolvenz bei der Kommanditgesellschaft, S. 224 f.

339 Dies hat bereits so *Korkmaz*, Die Doppelinsolvenz bei der Kommanditgesellschaft, S. 224 f. festgestellt. In die Richtung auch *C. Schäfer*, in: GroßKomm HGB, § 131 Rn. 92.

340 Dies indirekt sagend *K. Schmidt*, in: MünchKomm HGB, § 131 Rn. 76.

341 Vgl. BGHZ 201, 129 (Rn. 19) = GmbHR 2014, 871 (Rn. 19).

342 *K. Schmidt*, in: MünchKomm HGB, § 131 Rn. 76; *ders.*, GmbHR 2003, 1404 (1404).

die Koordination nicht in dem Sinne erfolgen kann, dass ein alleiniges Insolvenzverfahren geführt wird. Es muss weiterhin zwischen dem Verfahren der GmbH und dem der Kommanditgesellschaft und zwischen zwei verschiedenen Insolvenzmassen unterschieden werden.[343] Zumindest wird die Verzahnung beider Gesellschaften nicht aufgehoben.[344] In diesem Fall ist die Bestellung ein und derselben Person zum Insolvenzverwalter der GmbH und der Kommanditgesellschaft einfacher begründbar. Die Bestellung eines Insolvenzverwalters richtet sich nach § 56 InsO, wobei § 56 InsO den hier vorliegenden Fall einer solchen zusammenfallenden Insolvenz zweier verzahnten Gesellschaften nicht regelt.[345] Nach § 56 InsO muss das zuständige Insolvenzgericht nach sachlichen Kriterien den Insolvenzverwalter auswählen.[346] Da das übergeordnete Ziel eine Koordination beider Insolvenzverfahren sei, kommt es vergleichbar einer Ermessensreduktion auf Null im Verwaltungsrecht dazu, dass das Insolvenzgericht ein und denselben Insolvenzverwalter für beide Gesellschaften einsetzen wird.[347]

Die Eröffnung des Insolvenzverfahrens über das Vermögen der GmbH & Co. KG führt dazu, dass die Gesellschaft aufgelöst ist. Im Liquidationsstadium leiten die Liquidatoren und nicht mehr die Geschäftsführer die Gesellschaft.[348] Geht man mit der hier unten vertretenen Auffassung davon aus,[349] dass Liquidator der GmbH & Co. KG i. L. der Geschäftsführer der Komplementär-GmbH und nicht gemäß §§ 146 Abs. 1 S. 1, 161 Abs. 2 HGB alle Gesellschafter der Kommanditgesellschaft werden, kann der Geschäftsführer der GmbH als Liquidator der GmbH weiterhin nach außen die Belange der GmbH & Co. KG regeln. Dadurch wird eine gewisse Kontinuität erreicht wird, die Arbeitsaufwand verringert.[350]

---

343 *K. Schmidt*, in: MünchKomm HGB, § 131 Rn. 76; *Casper* spricht insoweit von einer „Koordinierung der beiden, im Übrigen selbstständigen Insolvenzverfahren" (*Casper*, in: GroßKomm GmbHG, § 60 Rn. 167).

344 Siehe auch *K. Schmidt*, GmbHR 2002, 1209 (1214 f.).

345 Siehe auch *K. Schmidt*, GmbHR 2002, 1209 (1214).

346 Ein Überblick dazu welche dies sind, ist z. B. bei *Ries*, in: K. Schmidt, InsO, § 56 Rn. 10 ff. zu finden.

347 Vgl. *K. Schmidt*. GmbHR 2002, 1209 (1214).

348 Siehe die Erläuterungen unten unter § 12.

349 Nähere Erläuterungen unten unter § 12 D. IV.

350 Die Frage, wer Liquidator der GmbH & Co. KG i. L. ist jedoch umstritten. Der Meinungstand und Begründung meiner Ansicht wird unten unter § 12 dargestellt. Wie hier auch *K. Schmidt*, GmbHR 2002, 1209 (1214 f.).

Außerdem können so die Insolvenzpläne gut koordiniert werden und über beide gemeinsam abgestimmt werden.[351]

4. Was ist vorzugswürdig in der Simultaninsolvenz-Konstellation 1 der „typischen" GmbH & Co. KG?

Anders als es sich unten unter II. bei der Einpersonen-GmbH & Co. KG noch zeigen wird, macht es bei der „typischen" GmbH & Co. KG haftungsrechtlich und bzgl. der Frage, ob ein Insolvenzverfahren über das Vermögen der GmbH & Co. KG geführt werden kann, keinen Unterschied, ob § 131 Abs. 3 S. 1 Nr. 2 HGB angewandt oder teleologisch reduziert wird. Scheidet gemäß § 131 Abs. 3 S. 1 Nr. 2, 161 Abs. 2 HGB die Komplementär-GmbH aus der „typischen" GmbH & Co. KG aus, bleibt die Kommanditgesellschaft als GmbH & Co. KG i. L. bestehen und wandelt sich nicht automatisch mit Ausscheiden der einzigen Komplementärin in eine offene Handelsgesellschaft um.[352] Mithin droht den verbleibenden Kommanditisten keine unbeschränkte Haftung. Ein bereits über das Vermögen der GmbH & Co. KG eröffnete Insolvenzverfahren kann, da der Rechtsträger bestehen bleibt, ohne weiteres fortgeführt werden.

a) Fortbestehen der Verzahnung

Einziger Unterschied ist, dass, wendet man § 131 Abs. 3 S. 1 Nr. 2 HGB nicht an, die Komplementär-GmbH in der Kommanditgesellschaft verbleiben würde. Es bleibt dann bei einer Verzahnung auch während der Insolvenz.[353] Gerade dieser Umstand klingt erstrebenswert für die GmbH & Co. KG – Warum soll man eine durchgehend verzahnte Gesellschaft in der Simultaninsolvenz auseinanderreißen, wenn die Verzahnung kein Hindernis für die Insolvenzverfahren darstellt, sondern im Gegenteil – wie *K. Schmidt* gezeigt hat[354] – eine Koordinierung in der Insolvenz erleichtert? Es ist zwar richtig, dass das Insolvenzrecht keine Unternehmensinsolvenz kennt, son-

351 *K. Schmidt*, GmbHR 2002, 1209 (1214).

352 *Casper*, in: GroßKomm GmbHG, § 60 Rn. 159; *C. Schäfer*, in: GroßKomm HGB, § 131 Rn. 45 f.; *K. Schmidt*, in: MünchKomm HGB, § 131 Rn. 46.

353 Vgl. *Bork/Jacoby*, ZGR 2005, 611 (651).

354 *K. Schmidt*, GmbHR 2002, 1209 (1213 ff.).

dern einem Rechtsträger orientiertem System folgt,[355] jedoch ermöglicht das Verbleiben der Komplementär-GmbH, dass ein und derselben Insolvenzverwalten für beide Gesellschaften eingesetzt werden kann.[356] Ferner können die Insolvenzpläne beider Gesellschaften koordiniert und gemeinsam zur Abstimmung gestellt werden, sodass Arbeitsaufwand gespart werde kann.[357] Offiziell bestehen zwar noch zwei Insolvenzverfahren, äußerlich und hinsichtlich des Arbeitsaufwandes sieht es aber so aus, als gebe es nur ein „Unternehmensinsolvenzverfahren".[358]

b) Koordination auch ohne Verzahnung

Es ist korrekt, dass auch wenn man das Insolvenzverfahren der Komplementär-GmbH und der „typischen" GmbH & Co. KG strikt getrennt behandelt und nicht an ein „Unternehmensinsolvenzverfahren" denkt, wegen § 93 InsO eine gewisse Koordination erreicht werden kann.[359] Grund ist, dass ein Insolvenzverwalter für beide Gesellschaften eingesetzt werden kann. Bei dem Insolvenzverwalter der Kommanditgesellschaft müssen nach § 93 InsO sowohl die Ansprüche der Gläubiger gegen die Kommanditgesellschaft als auch gegen die Komplementär-GmbH angemeldet werden. Da die Komplementär-GmbH einer „typischen" GmbH & Co. KG keine „eigenen Gläubiger" besitzt bzw. keine Gläubiger besitzt, die nicht auch Gläubiger der GmbH & Co. KG sind,[360] ist es möglich nur einen Insolvenzverwalter einzusetzen.[361]

355 Dies als Argument gegen einen Verbleib der Komplementär-GmbH in der Kommanditgesellschaft im Falle der Simultaninsolvenz anführend *Bork/Jacoby*, ZGR 2005, 611 (651).

356 Dazu genauer *K. Schmidt*, GmbHR 2002, 1209 (1214).

357 Dazu genauer *K. Schmidt*, GmbHR 2002, 1209 (1216).

358 Begriff entnommen *K. Schmidt*, GmbHR 2002, 1209 (1210).

359 Dies anführend *Bork/Jacoby*, ZGR 2005, 611 (651).

360 Der Grund ist, dass die Komplementär-GmbH einer „typischen" GmbH & Co. KG keine eigenwirtschaftliche Betätigung ausübt. Ihr Tätigkeitsfeld umfasst ausschließlich die Führung der Geschäfte und die Übernahme der Vertretung der „typischen" GmbH & Co. KG. Es ist unmöglich so „eigene Gläubiger" zu bekommen. Dazu auch *K. Schmidt*, GmbHR 2002, 1209 (1214). Darauf ebenfalls eingehend und auch in Aufsatz von *K. Schmidt* verweisend *Bork/Jacoby*, ZGR 2005, 611 (651).

361 Siehe *Bork/Jacoby*, ZGR 2005, 611 (651).

Gegen diese Argumentation ist jedoch einzuwenden, dass dies – umgangssprachlich ausgedrückt – nicht der „springende Punkt" ist. Ob die Komplementär-GmbH nun ausscheidet oder nicht – eine Koordination beider Insolvenzverfahren ist möglich. Deshalb spricht viel dafür, die Verzahnung, die die GmbH & Co. KG nun einmal charakterisiert, bestehen zu lassen, solange sie diese nicht behindert und das macht sie in der Simultaninsolvenz nicht.

c) Koordinierte Abwicklung wegen bedingter Insolvenz

Darüber bedingt – wie unter § 10 – gezeigt bei der „typischen" GmbH & Co. KG die Insolvenz der Kommanditgesellschaft die Insolvenz der Komplementär-GmbH. Vor diesem Hintergrund scheint es nur konsequent, dass, wenn bereits die Insolvenzverfahren aufeinander folgen und sich bedingen, man auch beide Insolvenzverfahren zusammen abwickeln kann.[362]

d) Argumente für ein Ausscheiden

Trotzdem finden sich in der Literatur zahlreiche Argumente für eine Anwendung des § 131 Abs. 3 S. 1 Nr. 2 HGB in der Simultaninsolvenz-Konstellation 1 bei der „typischen" GmbH & Co. KG.

aa) Erleichterte Abwicklung?

So wird angeführt, dass ein Ausscheiden der Komplementär-GmbH aus der GmbH & Co. KG die Abwicklung der GmbH beschleunige, da nun der Komplementär-Anteil, nicht mehr als Vermögen der GmbH gelte.[363] Hier kann quasi wieder die oben genannte Argumentation aufgegriffen werden. Das Argument ist richtig, aber ein Ausscheiden würde die Abwicklung nur unwesentlich erleichtern. Ein Verbleiben wäre nur dann für die Abwicklung problematisch, wenn nicht beide Gesellschaften aufgelöst sind bzw. die GmbH & Co. KG nicht ebenfalls aufgelöst ist.[364] Dies ist hier offensichtlich nicht der Fall, da die GmbH & Co. KG gemäß § 131 Abs. 1 Nr. 2, 161 Abs. 2 HGB aufgelöst ist. Wieder spricht also viel dafür zu sagen, dass die Verzah-

---

362 So auch *C. Schäfer*, in: GroßKomm HGB, § 131 Rn. 92.
363 *Bork/Jacoby*, ZGR 2005, 611 (651).
364 Dies würde bereits sehr ausführlich unter § 6 B. dargestellt.

nung beider Gesellschaften als Charakteristikum auch in der Simultaninsolvenz bestehen bleibe soll, solange sie kein Hindernis darstellt.

bb) Nachteil: Insolvenzverwalter in der Gesellschaft?

Ferner wird als Nachteil des Verbleibes der Komplementär-GmbH in der GmbH & Co. KG angeführt, dass sich in diesem Falle die verbliebenen Gesellschafter der GmbH & Co. KG mit dem Insolvenzverwalter der Komplementär-GmbH in Angelegenheiten, die die Kommanditgesellschaft betreffen, auseinandersetzen müssten.[365] Wird die Komplementär-GmbH insolvent, übernimmt der Insolvenzverwalter die Verwaltungs- und Verfügungsbefugnis über den Gesellschaftsanteil.[366] Dieser übt nun die Gesellschafterrechte der Komplementär-GmbH aus und kann so sensible Informationen, die die Kommanditgesellschaft betreffen, erfahren.[367] Ferner ist die Situation auch eine andere bei der Liquidation der GmbH & Co. KG eine andere, da ohne Ausscheiden der Komplementär-GmbH der Insolvenzverwalter auch hier intervenieren kann.[368]

Diese Möglichkeit der Einflussnahme des Insolvenzverwalters auf die Liquidation der Gesellschaft wird vor allem deshalb als problematisch gesehen, weil der Gesetzgeber gerade mit Einführung des § 131 Abs. 3 HGB verhindern wollte, dass die Gesellschaft bei ihrer Auflösung von einem Gesellschafter beeinflusst werden kann, der selber Probleme hat bzw. wie im Fall der insolventen Komplementär-GmbH von einem Insolvenzverwalter abhängig ist.[369]

Ferner könnte man den Insolvenzverwalter der GmbH in der GmbH & Co. KG vor dem Hintergrund problematisch sehen, dass eine Personengesellschaft wie die Kommanditgesellschaft personalistisch geprägt ist. Die Gesellschafter haben sich ihre Mitgesellschafter ausgesucht, weil sie mit diesen die Gesellschaft gründen und weiterführen wollen. Neue Gesellschafter sollten nicht einfach so dazukommen können. Dieses personalis-

365 BGHZ 75, 178 (181) = NJW 1980, 233 (233); *Bork/Jacoby*, ZGR 2005, 611 (650); vgl. auch *Korkmaz*, Die Doppelinsolvenz bei der Kommanditgesellschaft, S. 232.

366 BGHZ 75, 178 (181) = NJW 1980, 233 (233). Es wird allerdings noch nach altem Recht vom „Konkursverwalter" gesprochen.

367 BGHZ 75, 178 (181) = NJW 1980, 233 (233); vgl. auch *Korkmaz*, Die Doppelinsolvenz bei der Kommanditgesellschaft, S. 232.

368 *Bork/Jacoby*, ZGR 2005, 611 (650).

369 *Bork/Jacoby*, ZGR 2005, 611 (650).

tisch geprägte Bild der Personengesellschaft ist jedoch in den letzten Jahren aufgeweicht. Auch im Rahmen des HRefG erkannte der Gesetzgeber die Abkehr von der „Personenkontinuität" hin zur „Unternehmenskontinuität".[370] Vor diesem Hintergrund kann man nicht mehr zwangsläufig folgern, dass es für die verbliebenen Gesellschafter unzumutbar sein muss, sich mit dem Insolvenzverwalter der Komplementär-GmbH auseinandersetzen zu müssen. Sicherlich ist ein Insolvenzverwalter ein unangenehmerer Partner als ein beliebiger Herr/Frau XY, da er geleitet von der Führung des Insolvenzverfahrens handelt.[371] Ein Argument dafür zu finden, dass ein Ausüben der Gesellschafterrechte durch den Insolvenzverwalter so weitreichende Folgen für Mitgesellschafter und Kommanditgesellschaft hat, dass es unterbunden werden muss, lässt sich nicht finden.

cc) Erleichterte Sanierung?

Außerdem könnte ein Ausscheiden der Komplementär-GmbH die Sanierung der Kommanditgesellschaft erleichtern, da die insolvente GmbH in diesem Fall nicht mehr Gesellschafterin ist.[372] Dem ist jedoch entgegen zu halten, dass ohne Komplementär-GmbH eine GmbH & Co. KG auch nicht ohne weiteres saniert und weitergeführt werden. Dafür sind wiederum weitere Schritte erforderlich, sonst droht eine unbeschränkte Haftung der Kommanditisten. Eine wie bereits mehrfach erwähnte Kommanditgesellschaft i. L. darf nur als absolute Ausnahme für den begrenzten und absehbaren Zeitraum der Liquidation entstehen, weil eine solche Gesellschaft nicht mit dem *numerus clausus* der Gesellschaftsformen vereinbar ist. Eine Insolvenz muss jedoch nicht zwangsläufig in eine Auflösung führen, sodass hier nicht gesichert ist, dass eine solche Kommanditgesellschaft i. L. nur begrenzt besteht. Im Endeffekt wird bei einem solchen Lösungsweg viel Gestaltungsaufwand anfallen. Eine Erleichterung liegt[373] damit nur auf dem ersten Blick vor.

370 Begr. ReG HRefG, BT-Drucks. 13/8444, S. 41.

371 So BGHZ 75 178 (181) = NJW 1980, 233 (233).

372 Dies als Argument gegen einen Verbleib der Komplementär-GmbH in der Kommanditgesellschaft im Falle der Simultaninsolvenz anführend *Bork/Jacoby*, ZGR 2005, 611 (651).

373 *Bork/Jacoby*, ZGR 2005, 611 (651) sprechen davon, dass „eine Sanierung der KG [...] erleichtert [werde]".

dd) Abfindungsanspruch

Daneben wird angeführt, dass bei Ausscheiden der Komplementär-GmbH der Abfindungsanspruch ihren Gläubigern zugutekomme, da er Teil der Insolvenzmasse werde.[374] Auch das ist grundsätzlich richtig. Dieses Argument greift jedoch nicht bei der „typischen" GmbH & Co. KG. Dort hält die GmbH & Co. KG einen Kapitalanteil von 0%, sodass sie auch keinen Abfindungsanspruch erhält.

e) Dogmatische Sichtweise

Aber auch dogmatisch betrachtet, überzeugt eine teleologische Reduktion des § 131 Abs. 3 S. 1 Nr. 2 HGB in der Simultaninsolvenz-Konstellation 1 bei der „typischen" GmbH & Co. KG. Eine teleologische Reduktion verlangt das Vorliegen einer verdeckten Lücke.[375] Sie kommt dann in Betracht, wenn der Wortlaut einer Norm zu weit gefasst ist und nach ihrer Teleologie einer Einschränkung bedarf.[376] Ungleiches soll und darf ungleich behandelt werden.[377]

Grundsätzlich dient § 131 Abs. 3 S. 1 Nr. 3 HGB dazu, die private Sphäre des Gesellschafters von der unternehmerischen Sphäre der Gesellschaft zu trennen.[378] Aufgrund eines gesellschafterbezogenen Umstandes, wie z. B. der plötzliche unerwartete Unfalltod des Komplementärs einer „normalen" Kommanditgesellschaft,[379] soll das wirtschaftlich florierende Unternehmen (die Kommanditgesellschaft), das mehreren Menschen Arbeit gibt und den Lebensunterhalt finanziert, nicht zerstört werden.[380].

In der Simultaninsolvenz-Konstellation 1 bei der „typischen" GmbH & Co. KG ist die Situation jedoch so, dass die Komplementär-GmbH nicht aufgrund eines Umstandes, der in ihrer Sphäre liegt, insolvent wird. Die Situation ist genau umgekehrt. Ihre Insolvenz/„Schädigung" resultiert aus der Insolvenz der „typischen" GmbH & Co. KG. Es kommt gar nicht zu der

374 *Schlitt*, NZG 1998, 580 (584 f.).
375 *Larenz/Canaris*, Methodenlehre der Rechtswissenschaft, S. 210.
376 *Larenz/Canaris*, Methodenlehre der Rechtswissenschaft, S. 210.
377 *Larenz/Canaris*, Methodenlehre der Rechtswissenschaft, S. 210.
378 Begr. RegE HRefG, BT-Drucks. 13/8444, S. 65 f.
379 Gemeint ist eine Kommanditgesellschaft, die nur aus natürlichen Personen als Gesellschafter besteht.
380 Begr. RegE HRefG, BT-Drucks. 13/8444, S. 41 f.

Situation, dass allein aufgrund der Insolvenz der Komplementär-GmbH die GmbH & Co. KG wirtschaftlich geschädigt werden kann. Mithin kann durch die § 131 Abs. 3 S. 1 Nr. 2 HGB gewünschte Trennung der privaten Sphäre des Gesellschafters und der unternehmerischen Sphäre der Gesellschaft nicht erreicht werden. Die Norm passt somit nicht auf die vorliegende Situation. Damit lässt sich auch dogmatisch eine teleologische Reduktion begründen.

f) Zwischenergebnis

In der Simultaninsolvenz-Konstellation 1 bei der „typischen" GmbH & Co. KG ist es damit vorzugswürdig, § 131 Abs. 3 S. 1 Nr. 3 HGB teleologisch zu reduzieren. Die Komplementär-GmbH verbleibt dann trotz ihrer Insolvenz in der GmbH & Co. KG und über beide Gesellschaften werden Insolvenzverfahren geführt, die sich koordinieren lassen.

II. Simultaninsolvenz-Konstellation 1 bei der Einpersonen-GmbH & Co. KG

1. Darstellung der Konstellation bei der Einpersonen-GmbH & Co. KG

Wieder soll die Darstellung der Konstellation mit Hilfe eines Beispiels erfolgen:

> Beispiel 2: *Die Z-GmbH & Co. KG ist eine Einpersonen-GmbH & Co. KG, die aus einer Komplementär-GmbH (G-GmbH) und einem Kommanditisten (K) besteht. Wieder wird über das Vermögen beider Gesellschaften (also der Z-GmbH & Co. KG und der G-GmbH) in einem engen zeitlichen Zusammenhang das Insolvenzverfahren eröffnet.*[381]

381 Zumindest dann, wenn die einzige Aufgabe der Komplementär-GmbH der Einpersonen-GmbH & Co. KG die Übernahme der Vertretung und Geschäftsführung der GmbH & Co. KG ist, zeigt sich dort derselbe Mechanismus wie bei der „typischen" GmbH & Co. KG (unter § 10 beschrieben). In diesem Fall folgt der Insolvenz der GmbH & Co. KG die Insolvenz der Komplementär-GmbH. Hat die Komplementär-GmbH einer Einpersonen-GmbH & Co. KG dagegen eigene wirtschaftliche Interessen, wird sich die Situation so darstellen wie bei der „atypischen" GmbH & Co. KG (unten unter C. beschrieben).

2. Anwendung der gesetzlichen Vorschriften

a) Anwendbare Normen

Wieder wird davon ausgegangen, dass der Gesellschaftsvertrag der Z-GmbH & Co. KG keine besondere Regelung für diese Konstellation vorsieht. Wendet man nun strikt die gesetzlichen Vorschriften an,[382] treten wie bei der „typischen" GmbH & Co. KG die Auflösungsfolge des § 131 Abs. 1 S. 1 Nr. 3 HGB und die Ausscheidensfolge des § 131 Abs. 3 S. 1 Nr. 2 HGB zusammen auf, sodass die Einpersonen-GmbH & Co. KG aus doppelten Grund aufgelöst wird.[383]

b) Folgen der Anwendung der gesetzlichen Vorschriften

Die Anwendung der gesetzlichen Normen hat jedoch bei der Einpersonen-GmbH & Co. KG andere, weitreichendere Auswirkungen. Das Ausscheiden der einzigen Komplementärin hat hier die besondere Folge, dass nur noch ein einziger Gesellschafter, nämlich ein Kommanditist verbleibt. Ihm wächst der Komplementär-Anteil am Gesellschaftsvermögen der Kommanditgesellschaft nach §§ 738 Abs. 1 S. 1 BGB, 105 Abs. 2, 161 Abs. 2 HGB an.[384] Er wird zum Gesamtrechtsnachfolger der Einpersonen-GmbH & Co. KG.[385] Da es aufgrund des *numerus clausus* der Gesellschaftsformen keine Einmann-Personen(handels)gesellschaft gibt[386] und diese wie unter § 6 A. IV. 1. b) aa) (2) (b) beschrieben auch nicht anzuerkennen ist, erlischt

382 Für die Anwendung der gesetzlichen Vorschriften (also insbesondere auch für die Anwendung des § 131 Abs. 3 S. 1 Nr. 2 HGB) in der Simultaninsolvenz-Konstellation 1 bei der „typischen" GmbH & Co. KG plädierend *Bork/Jacoby*, ZGR 2005, 611 (650 ff.); *Kamanabrou*, in: Oetker, HGB, § 131 Rn. 32; *Lorz*, in: E/B/J/S, HGB, § 131 Rn. 46; *Roth*, in: Baumbach/Hopt, HGB, Anh. nach § 177a Rn. 45a.

383 Wir gehen wieder davon aus, dass keine abweichende vertragliche Regelung vorliegt.

384 BGH, NZG 2004, 611 (611); *Kruth*, NZI 2011, 844 (845); *Liebs*, ZIP 2002, 1716 (1716); *C. Schäfer*, in: GroßKomm HGB, § 131 Rn. 107 und zur GbR *ders.*, in: MünchKomm BGB, § 738 Rn. 8.

385 Statt aller *Albertus/Fischer*, ZInsO 2005, 246 (247).

386 OLG Hamm, ZIP 2007, 1233 (1236); *C. Schäfer*, in: GroßKomm HGB, § 131 Rn. 107.

die Einpersonen-GmbH & Co. KG mit Ausscheiden der Einpersonen-Komplementär-GmbH liquidationslos.[387]

3. Folgen der teleologische Reduktion – Dreh- und Angelpunkt der Diskussion

An dieser Stelle sollen nur die spezifischen Folgen einer teleologischen Reduktion bei des § 131 Abs. 3 S. 1 Nr. 2 HGB bei Simultaninsolvenz-Konstellation 1 bei der Einpersonen-GmbH & Co. KG aufgezeigt werden. Eine unmittelbare Folge, die sich aus der Nichtanwendung des § 131 Abs. 3 S. 1 Nr. 2 HGB in der Simultaninsolvenz-Konstellation 1 bei der Einpersonen-GmbH & Co. KG ergibt, ist, dass die Komplementär-GmbH nicht aus der GmbH & Co. KG ausscheidet. Folglich wird der einzige Kommanditist nicht Gesamtrechtsnachfolger und die GmbH & Co. KG erlischt nicht liquidationslos.[388] Die GmbH & Co. KG bleibt mit zwei Gesellschaftern als aufgelöste Gesellschaft bestehen.[389]

a) Was passiert mit dem Insolvenzverfahren über das Vermögen der GmbH & Co. KG?

Man fragt sich somit, was mit dem bereits eröffneten Insolvenzverfahren über das Vermögen der Einpersonen-GmbH & Co. KG passiert, wenn der Rechtsträger „GmbH & Co. KG" liquidationslos erlischt und das zuvor dieser Gesellschaft gehörende Vermögen auf den einzig verbliebenen Gesellschafter übergeht. Man könnte davon ausgehen, dass nun das Insolvenzverfahren über das Vermögen der Einpersonen-GmbH & Co. KG endet und nur noch ein Insolvenzverfahren über das Vermögen des verbliebe-

387 Allg. M. BGH, NZG 2004, 611 (611); OLG Hamm, ZIP 2007, 1233 (1236); *Froehner*, GWR 2017, 58 (58); *Kruth*, NZI 2011, 844 (845); *Liebs*, ZIP 2002, 1716 (1716); *Roth*, in: Baumbach/Hopt, HGB, § 131 Rn. 35.
Für die Anwendung der gesetzlichen Vorschriften (also insbesondere auch für die Anwendung des § 131 Abs. 3 S. 1 Nr. 2 HGB) in der Simultaninsolvenz-Konstellation 1 bei der Einpersonen-„GmbH & Co. KG BGH, BeckRS 2016, 20484 (Rn. 7 f.); dazu *Froehner*, GWR 2017, 58; *Bork/Jacoby*, ZGR 2005, 611 (650 ff.); *Kamanabrou*, in: Oetker, HGB, § 131 Rn. 32; *Lorz*, in: E/B/J/S, HGB, § 131 Rn. 46; *Roth*, in: Baumbach/Hopt, HGB, Anh. § 177a Rn. 45a.

388 Siehe *K. Schmidt*, ZIP GmbHR, 1209 (1214).

389 Sie ist gemäß § 131 Abs. 1 Nr. 3 HGB wegen der Eröffnung des Insolvenzverfahrens über ihr Vermögen aufgelöst.

nen Kommanditisten möglich bleibt.[390] Dies hätte weitreichende Folgen sowohl für den verbliebenen Kommanditisten als auch für die Gläubiger der Einpersonen-GmbH & Co. KG. Der verbliebene Kommanditist sieht sich nun einem Insolvenzverfahren mit all seinen Beschränkungen ausgesetzt. So kommt es z. B. zu einer Verfügungsbeschränkung über sein Vermögen gemäß § 80 InsO. Die Insolvenzgläubiger der GmbH & Co. KG erhalten einen neuen Insolvenzschuldner, den sich nie als (Vertrags-)Partner ausgesucht haben.

b) Haftet der Kommanditist jetzt unbeschränkt?

Daneben stellt sich die Frage, ob dem einzig verbliebenen zum Gesamtrechtsnachfolger gewordenen Gesellschafter eine unbeschränkte Haftung droht. Grundsätzlich haftet ein Gesamtrechtsnachfolger für die Verbindlichkeiten, die sein Rechtsvorgänger begründet hat.[391] Da die Komplementär-GmbH aus der Gesellschaft ausscheidet, die Einpersonen-GmbH & Co. KG liquidationslos erlischt und das Gesellschaftsvermögen im Wege der Gesamtrechtsnachfolge auf den verbliebenen Kommanditisten übergeht,[392] könnte man davon ausgehen, dass dieser auch in der Simultaninsolvenz-Konstellation 1 für die Verbindlichkeiten der Gesellschaft haften muss.[393] Jedenfalls besteht aufgrund des Umstandes, dass die Einpersonen-GmbH & Co. KG wegen ihrer Insolvenz aufgelöst wurde und deshalb nicht mehr weiter werbend tätig ist, nicht die Gefahr, dass neue Verbindlichkeiten begründet werden.[394]

aa) Gefahr einer unbeschränkten Haftung

Die Gefahr der unbeschränkten Haftung, ist für den verbliebenen Gesellschafter sicherlich eine „Horrorvorstellung“[395]. Es erscheint aus zwei Grün-

---

390 *Bitter*, in: Scholz, GmbHG, Vor § 64 Rn. 187, der jedoch ein andere Konstellation als Beispiel wählt. Ohne Erläuterung darauf hinweisend, dass das Insolvenzverfahren wegfällt *Casper*, in: GroßKomm GmbHG, § 60 Rn. 157.

391 BGHZ 113, 132 (134) = NJW 1991, 844 (845); *Kruth*, NZI 2011, 844 (845)

392 Dieser Mechanismus wurde ausführlich unter § 6 A. II. 1. b) aa) (2) (a) erläutert.

393 So *Liebs*, ZIP 2002, 1716 (1716).

394 Siehe auch *Liebs*, ZIP 2002, 1716 (1717).

395 Ausdruck ähnlich nach *Liebs*, ZIP 2002, 1716 (1716), der in diesem Zusammenhang von einer „Horrovision“ spricht.

den ungerechtfertigt, ihn voll haften zu lassen: Zunächst ist dem einzig verbliebenen Kommanditisten diese „Vollhaftung“ ohne eine von ihm ausgehende Handlung bzw. Aktion, sondern dadurch, dass die einzige Komplementärin insolvent geworden und deshalb ausgeschieden ist, also aufgrund eines in der „Person“ eines anderen Gesellschafters eingetretenen Umstandes, zugefallen.[396] Des Weiteren hat der Kommanditist sich einmal bewusst für die Kommanditistenstellung und damit für eine beschränkte Haftung mit all ihren Konsequenzen wie dem Ausschluss von der Geschäftsführung gemäß § 164 S. 1 Hs. 1 HGB entschieden,[397] sodass man davon ausgehen kann, dass eine solche unbeschränkte Haftung nicht seinem Willen entspricht.[398] Es fragt sich somit, ob diese unbeschränkte Haftung des übrig gebliebenen Kommanditisten bei Anwendung des § 131 Abs. 3 S. 1 Nr. 2 HGB in der Simultaninsolvenz-Konstellation 1 verhindert werden kann, wobei geschaut werden muss, woraus sich eine beschränkte Haftung des übrig geblieben Gesellschafters der Einpersonen-GmbH & Co. KG herleiten lässt.

bb) Grundsatz und Ausnahmen der Haftung des Gesamtrechtsnachfolgers im Erbrecht

Grundsätzlich ordnet § 1967 BGB an, dass ein Erbe als Gesamtrechtsnachfolger für sämtliche Schulden (private und geschäftliche Schulden) des Erblassers unbeschränkt mit seinem gesamten Vermögen haftet. Das „gesamte Vermögen“ umfasst sowohl das geerbte Vermögen als auch das sonstiges Vermögen, das der Erbe unabhängig von der Erbschaft hat.[399] Eine Ausnahme von dieser unbeschränkten Haftung des Gesamtrechtsnachfolgers normieren §§ 1975 ff. BGB. Danach kann die Haftung des Gesamtrechts-

396 Der *BGH* spricht in dem Zusammenhang, dass dem einzig verbliebenen Kommanditisten im Wege des Erbfalles eine unbeschränkte Haftung zugefallen ist, von einer „Rechtsstellung [, die dem Erben] ohne seinen Willen zugefallen ist“ (BGHZ 113, 132 (135) = NJW 1991, 844 (845)). Zudem ist an dieser Stelle anzumerken, dass im Falle des § 140 Abs. 1 S. 2 HGB eine Haftungsbeschränkung des Rechtsnachfolgers mit dem Grund abgelehnt wird, dass der Rechtsnachfolger die zur Haftung führenden Umstände selbst beeinflusst habe. Vgl. dazu die Literatur zu § 140 HGB.

397 *Kruth*, NZI 2011, 844 (845 f.) spricht insoweit davon, dass dieser Umstand „[m]it den gesetzlichen Haftungsbeschränkungen schwer in Einklang zu bringen [sei]“.

398 Grob in diese Richtung auch argumentierend *C. Schäfer*, in: GroßKomm HGB, § 131 Rn. 113.

399 *Lohmann*, in: BeckOK BGB, § 1967 Rn. 1.

nachfolgers auf den Nachlass beschränkt werden, wenn eine Nachlassverwaltung angeordnet oder das Nachlassinsolvenzverfahren eröffnet ist.[400] Ist der Nachlass zu gering, um damit die Verfahrenskosten dieser Institute zu begleichen, kann der Erbe, um nicht persönlich haften zu müssen,[401] die Dürftigkeitsrede nach § 1990 BGB erheben.[402]

cc) Strengere Haftung im Handelsrecht

Eine quasi „Rückausnahme",[403] im Sinne einer strengeren Haftung, gibt es dazu im Handelsrecht mit § 27 HGB. So haftet ein Erbe eines Handelsgeschäfts,[404] wenn er das Handelsgeschäft unter der bisherigen Firma fortführt, unbeschränkt. Der Erbe kann diese unbeschränkte Haftung nur dadurch umgehen, dass er das Geschäft innerhalb von drei Monaten, nachdem er von der Erbschaft Kenntnis erlangt hat, einstellt (§ 27 Abs. 2 HGB).[405]

400 Ebenfalls auf die folgenden Ausnahme eingehend BGHZ 113, 132 (134) = NJW 1991, 844, (845).

401 Damit kann er auch eine Beschränkung der Haftung auf den Nachlass erreichen BGH, MDR 1961, 491 (491).

402 *Lohmann*, in: BeckOK BGB, § 1990 Rn. 1. Selbstverständlich kann der Erbe auch die Erbschaft nach § 1975 BGB ausschlagen und so verhindern, dass er für Schulden des Erblassers persönlich haftet. Die Ausschlagung wurde jedoch in meinen Erläuterungen bewusst außen vor gelassen, weil ich die Haftung und die Möglichkeiten einer Haftungsbeschränkung des Gesamtrechtsnachfolgers im Erbrecht aufzeigen wollte, um im Folgenden zu untersuchen, ob diese Mechanismen für den einzig verbliebenen Kommanditisten einer Einpersonen-GmbH & Co. KG im Falle der Simultaninsolvenz-Konstellation 1 fruchtbar gemacht werden können.

403 Rückausnahme wird in Anführungszeichen gesetzt, da keine klassische Rückausnahme vorliegt, sondern eher eine strengere Haftung.

404 Wieder wird zur Verdeutlichung des Haftungsmechanismus davon ausgegangen, dass der Erbe nicht ausschlägt. Schlägt ein Erbe aus, wird das Handelsgeschäft gar nicht Teil des Nachlasses.

405 Einstellung i.S.d. § 27 Abs. 2 HGB meint völlige Geschäftsaufgabe oder die Veräußerung ohne Firma (umstr.). Umstritten ist hier auch die Frage, ob eine nachträgliche Firmenänderung eine Einstellung i.S.d. § 27 Abs. 2 HGB darstellt. Bzgl. weitergehender Erläuterungen, für die im Rahmen dieser Arbeit kein Raum ist, ist auf das Schrifttum des § 27 HGB zu verweisen.

dd) Heranziehung des § 27 Abs. 2 HGB analog

Diesen Gedanken des § 27 Abs. 2 HGB könnte man auf den verbliebenen Gesamtrechtsnachfolger-Kommanditisten übertragen und so erreichen, dass er analog § 27 Abs. 2 HGB, wenn er innerhalb von drei Monaten nach Kenntniserlangung seiner Gesamtrechtsnachfolge das Handelsgeschäft einstellt, nur noch mit dem ihm zugefallenen Vermögen der Einpersonen-GmbH & Co. KG haftet. Dass die Norm direkt nicht anwendbar ist, ergibt sich bereits aus dem Umstand, dass der verbliebene Kommanditist kein Handelsgeschäft geerbt hat, sondern er zum Gesamtrechtsnachfolger eines Handelsgeschäftes aufgrund eines gesellschaftsrechtlichen Vorganges – des Zusammenfallens aller Gesellschaftsanteile in seiner Person – geworden ist.[406] Für das Bejahen einer Analogie müssen auch hier eine planwidrige Regelungslücke und eine vergleichbare Interessenlage vorliegen.[407]

(1) Vorliegen einer planwidrigen Regelungslücke

Es finden sich keinerlei Vorschriften zum liquidationslosen Erlöschen von Gesellschaften durch das Ausscheiden des vorletzten Gesellschafters.[408] Vielmehr hat der Gesetzgeber die Behandlung dieser Thematik in die Hände der Rechtsprechung und Literatur gegeben.[409] Dementsprechend fehlen auch Regelungen zur Haftung eines verbliebenen Gesellschafters bei einem derartigen Sachverhalt. Eine planwidrige Regelungslücke kann damit ohne weiteres bejaht werden.[410]

(2) Vorliegen einer vergleichbaren Interessenlage

Größeren Argumentationsbedarf gibt es hingegen bei der Frage nach einer vergleichbaren Interessenlage. Zu prüfen ist, ob die Interessenlage eines Erben, der ein Handelsgeschäft als Gesamtrechtsnachfolger erbt und

---

406 In die Richtung auch BGHZ 113, 132 (134 f.) = NJW 1991, 844, (845), wobei dem Fall ein anderer Sachverhalt zugrunde lag.

407 Die Voraussetzungen einer Analogie wurden bereits unter § 2 B. I. 1. und 2. näher erläutert.

408 Ebenso OLG Hamm, NZI 2004, 584 (587); *Albertus/Fischer*, ZInsO 2005, 246 (249).

409 OLG Hamm, ZIP 2007, 1233 (1238).

410 So auch *Albertus/Fischer*, ZInsO 2005, 246 (249).

nun als Einzelkaufmann unbeschränkt haftet, mit der Interessenlage eines verbliebenen Kommanditisten einer Einpersonen-GmbH & Co. KG, der zum Gesamtrechtsnachfolger der GmbH & Co. KG wird, weil die Komplementär-GmbH aufgrund Insolvenz aus der Kommanditgesellschaft ausgeschieden ist, vergleichbar ist.

Erbt ein Gesellschafter einen Gesellschaftsanteil und wird somit zum Gesamtrechtsnachfolger des Unternehmens, geschieht dies aufgrund eines Umstandes, den er nicht beeinflussen kann. Selbstverständlich kann er die Erbschaft ausschlagen, jedoch kann er den Umstand, dass der Erblasser ihm das Handelsgeschäft vermachen möchte, nicht beeinflussen. Dem Erben fällt der Gesellschaftsanteil – wie der *BGH* es treffende formuliert hat – „ohne seinen Willen" zu.[411]

Ebenso ist es beim einzig verbliebenen Kommanditisten einer Einpersonen-GmbH & Co. KG in der Simultaninsolvenz-Konstellation 1. Er wird zum Gesamtrechtsnachfolger des Unternehmens aufgrund der Insolvenz der Komplementär-GmbH, mithin wegen eines Umstandes, der nicht von ihm beeinflussbar ist. Lediglich die Kommanditgesellschaft hat in dem Fall, dass die einzige Aufgabe der Komplementär-GmbH die Übernahme der Vertretung und Geschäftsführung ist, Einfluss auf die Solvenz der Komplementär-GmbH. Im Übrigen stellt dies einen gesellschafterbezogener Umstand dar, der in der Sphäre des Gesellschafters selbst, nicht aber der Mitgesellschafter liegt.[412]

Der Erbe eines Handelsgeschäftes und der verbliebene Kommanditisten einer Einpersonen-GmbH & Co. KG haben nach Ausscheiden der Komplementär-GmbH zudem gemeinsam, dass sie mit der Gesamtrechtsnachfolge und damit auch mit der Haftung ein „Vermögen" erhalten. Beim Erben ist dies der Nachlass, beim Kommanditisten das Gesellschaftsvermögen. Dies hat auch der *BGH* kürzlich so gesehen und ohne nähere Begründung diese Situation als eine Situation eingeordnet, die, „strukturell [...] mit der mit einem Erbfall verbundenen Universalsukzession vergleichbar ist"[413]

411 BGHZ 113, 131 (135) = NJW 1991, 844 (845). Siehe auch Fn. 87.

412 Die Intention des Gesetzgebers war es gerade in § 131 Abs. 3 HGB gesellschafterbezogene Umstände zu regeln und durch die Ausscheidensfolge zu erreichen, dass gesellschafterbezogene/private Umstände nicht mit unternehmensbezogenen Umständen gemischt werden (Begr. RegE HRefG, BT-Drucks. 13/8444, S. 65 f.).

413 BGH, ZIP 2018, 1826 (Rn. 11).

Zudem ergibt sich aus dem Umstand, dass sowohl beim Ausscheiden des vorletzten Gesellschafter als auch im Erbfall Vermögen im Wege der Gesamtrechtsnachfolge übergeht, bei beiden Sachverhalten mit dem übergegangenem Vermögen ein Anknüpfungspunkt für eine Haftungsbeschränkung.[414]

Es entspricht damit nur dem Gerechtigkeitsgefühl, einer Person, die etwas ohne ihren Willen erlangt hat, das darüber hinaus die Konsequenz der persönlichen Haftung mit sich trägt, die Möglichkeit zu geben, dieses abzulehnen. Diese Ablehnungsmöglichkeit besteht darin, dass eine Haftungsbeschränkung auf „das Erlangte“ (der Nachlass bzw. das Gesellschaftsvermögen der Einpersonen-GmbH & Co. KG) erfolgt. Sie erfolgt beide Male durch Einstellung des Handelsgeschäftes.[415] Damit ist auch eine vergleichbare Interessenlage zu bejahen.[416]

(3) Unbeschränkte Haftung kein Argument für die Nichtanwendung

Wie gezeigt lässt sich eine unbeschränkte Haftung analog § 27 Abs. 2 HGB verhindern.[417] Weiter kann man überlegen, ob nicht auch durch eine Weiterführung des Insolvenzverfahrens allein eine Haftungsbegrenzung erzielen kann werden kann.[418]

ee) Weiterführung des Insolvenzverfahrens der Einpersonen-GmbH & Co. KG

Eine Anwendung des § 131 Abs. 3 S. 1 Nr. 2 HGB in der Simultaninsolvenz-Konstellation 1 bei der Einpersonen-GmbH & Co. KG wird jedoch von einigen Autoren vor allem deshalb abgelehnt, weil der Eintritt der Gesamt-

414 So ähnlich *Albertus/Fischer*, ZInsO 2005, 246 (249).

415 So auch *Albertus/Fischer*, ZInsO 2005, 246 (249).

416 Ebenfalls bejahend, dass der übrig gebliebene Kommanditist, der Gesamtrechtsnachfolger einer Gesellschaft wird, nur mit dem Gesellschaftsvermögen haftet BGHZ 113, 132 (138) = NJW 1991, 844 (846); ohne nähere Begründung, sondern auf BGHZ 113, 132 (138) verweisend BGH, NZG 2004, 611 (611); sich bzgl. der Begründung auf BGHZ 113, 131 f. beziehend *Albertus/Fischer*, ZInsO 2005, 246 (249).

417 Ebenfalls BGH, NZG 2004, 611 (611); OLG Hamm, ZIP 2007, 1233 (1238); *Albertus/Fischer*, ZInsO 2005, 246 (249); *Bork/Jacoby*, ZGR 2005, 311 (330).

418 Zum Verhältnis einer Haftungsbeschränkung durch § 27 Abs. 2 HGB und durch ein Partikularinsolvenzverfahren unten § 11 A. II. 3 g) gg).

rechtsnachfolge beim verbleibenden Gesellschafter einem Insolvenzverfahren über das Vermögen der Einpersonen-GmbH & Co. KG im Wege stehe.[419] Es wird sogar davon ausgegangen, dass nun nur noch ein Insolvenzverfahrens über das Vermögen des verbliebenen Kommanditisten geführt werden könne.[420]

(1) Insolvenzbeschlag als Lösung

(a) *Liebs'* Idee

So geht *Liebs* davon aus, dass der Insolvenzbeschlag einer Anwendung des § 131 Abs. 3 S. 1 Nr. 2 HGB bei einer zweigliedrigen Kommanditgesellschaft im Wege stehe.[421] Zur Folge hätte seine Ansicht, dass die Einpersonen-GmbH & Co. KG nicht liquidationslos erlischt und damit ein Insolvenzverfahren über ihr Vermögen zu Ende geführt werden kann. Er argumentiert, dass die Verfügungsbeschränkungen der §§ 21 Abs. 2 Nr. 2, 24, 81, 82 InsO bewirken würden, dass keine Gesamtrechtsnachfolge beim Kommanditisten eintreten könne.[422] Er zieht dabei einen Vergleich zur Situation des § 20 Abs. 1 Nr. 1 UmwG.[423] § 20 Abs. 1 Nr. 1 UmwG normiert die Gesamtrechtsnachfolge bei Verschmelzungen.[424] Verschmilzt eine Aktiengesellschaft, über deren Vermögen das Insolvenzverfahren eröffnet wurde und damit auch der Insolvenzbeschlag besteht, mit einer anderen, so verhindern die o. g. Verfügungsbeschränkungen, dass eine Gesamtrechtsnachfolge eintritt.[425]

Der Vergleich hinkt jedoch, da er nicht die Situation der Simultaninsolvenz-Konstellation 1 bei der Einpersonen-GmbH & Co. KG darstellt. Dort ist es so, dass die Komplementär-GmbH insolvent ist und über ihr Vermö-

419 So *Liebs,* ZIP 2002, 1716 (1717 f.).

420 AG Potsdam, ZIP 2001, 346 (347) geht davon aus, dass das Insolvenzverfahren über das Vermögen der Gesellschaft „mit dem Zeitpunkt der Vereinigung beider Gesellschaftsanteile" (ebda.) unzulässig geworden ist. Dieser Fall des AG Potsdam behandelte eine Gesellschaft bürgerlichen Rechts und keine Kommanditgesellschaft, was jedoch inhaltlich keinen Unterschied macht.

421 *Liebs,* ZIP 2002, 1716 (1718).

422 *Liebs,* ZIP 2002, 1716 (1718).

423 *Liebs,* ZIP 2002, 1716 (1718).

424 Statt aller *Heidinger,* in: Henssler/Strohn, Gesellschaftsrecht, § 20 UmwG Rn. 4.

425 *Liebs,* ZIP 2002, 1716 (1718).

gen der Insolvenzbeschlag besteht. Würde sie nun nach §§ 131 Abs. 3 S. 1 Nr. 2, 161 Abs. 2 HGB aus der GmbH & Co. KG ausscheiden, kommt es zur bereits erläuterten Anwachsung des Komplementär-Anteils beim einzig verbliebenen Kommanditisten nach §§ 161 Abs. 2, 105 Abs. 2 HGB, 738 S. 1 BGB. Dieser Komplementär-Anteil stellt zumindest dann, wenn mehr als 0% beträgt, Vermögen der Komplementär-GmbH dar,[426] sodass hierüber der Insolvenzbeschlag eingreifen müsste. Die Anwachsung des Komplementär-Anteils beim verbliebenen Kommanditisten führt jedoch nicht zur Gesamtrechtsnachfolge des Kommanditisten. Diese erfolgt aus gesellschaftsrechtlichen und nicht aus insolvenzrechtlichen Gründen: Da die Komplementär-GmbH nach §§ 131 Abs. 3 S. 1 Nr. 2, 161 Abs. 2 HGB aus der GmbH & Co. KG ausscheidet, verbleibt nur noch ein Gesellschafter. Die GmbH & Co. KG erlischt liquidationslos und der verbliebene Kommanditist wird Gesamtrechtsnachfolger der GmbH & Co. KG und nicht der Komplementär-GmbH. Erst Recht wird der verbliebene Kommanditist nicht Gesamtrechtsnachfolger der GmbH, weil ihm deren Komplementär-Anteil anwächst.[427]

Nichtsdestotrotz ist Liebs' Ansatz nicht vollkommen zu verwerfen. Geht man davon aus, dass der Insolvenzbeschlag verhindert, dass eine Anwachsung des Komplementär-Anteils, den die Komplementär-GmbH hält, beim Kommanditisten erfolgen kann, weil in diesem Fall (dann, wenn der Komplementär-Anteil höher als 0% ist) Vermögensteile laufender Insolvenzverfahren übertragen werden würden, kann es nicht zum Ausscheiden der Komplementär-GmbH aus der GmbH & Co. KG nach §§ 131 Abs. 3 S. 1 Nr. 2, 161 Abs. 2 HGB kommen. Folglich tritt auch keine Gesamtrechtsnachfolge des Kommanditisten in das Vermögen der Einpersonen-GmbH & Co. KG ein. In der Konsequenz kann das Insolvenzverfahren über das Vermögen der Einpersonen-GmbH & Co. KG ohne weiteres (weiter) geführt werden.

(b) Schwachpunkte von *Liebs'* Ansatz

Schwachpunkte dieses Insolvenzbeschlagsansatzes sind jedoch, dass er erstens nur dann funktioniert, wenn der Komplementär-Anteil höher als 0%

426 Dies wurde bereits ausführlich unter § 6 B. II. 1. a) aa) erläutert.

427 So ungefähr auch (weniger ausführlich) *K. Schmidt*, GmbHR 2002, 1209 (1214, Fn. 49.)

beträgt. Andernfalls wird auch keine Vermögen übertragen. Regelfall bei einer GmbH & Co KG ist jedoch, dass die Komplementär-GmbH einen Komplementär-Anteil mit 0% hält.[428] Damit wird dieser Umstand für eine GmbH & Co. KG nicht häufig relevant. Zweitens funktioniert dieser Argumentationsstrang nur bei einer Einpersonen GmbH & Co. KG bzw. bei einer zweigliedrigen GmbH & Co. KG. Für die „typische" GmbH & Co. KG kann er nicht fruchtbar gemacht werden.[429] Im Rahmen dieser Arbeit soll jedoch eine umfassende Lösung erarbeitet werden.

(2) § 11 Abs. 3 InsO als *lex specialis*

Gundlach/Frenzel/N. Schmidt gehen davon aus, dass § 11 Abs. 3 InsO als *lex specialis* § 131 Abs. 3 S. 1 Nr. 2 HGB verdränge, sodass dieser nicht zur Anwendung komme.[430] Nach § 11 Abs. 3 InsO ist auch nach Auflösung ein Insolvenzverfahren über das Vermögen einer Gesellschaft ohne Rechtspersönlichkeit möglich, solange keine Verteilung des Vermögens stattgefunden hat. Danach könne erst recht ein Insolvenzverfahren, das vor Auflösung über das Vermögen einer Gesellschaft ohne Rechtspersönlichkeit eröffnet worden sei, nach deren Auflösung fortgeführt werden.[431] Entscheidend ist jedoch, dass *Gundlach/Frenzel/N. Schmidt*, die Norm so verstehen, dass ein Insolvenzverfahren über das Gesellschaftsvermögen einer Gesellschaft ohne Rechtspersönlichkeit erst dann nicht mehr in Betracht komme, wenn das gesamte Vermögen verteilt sei.[432] Sie verstehen § 11 Abs. 3 InsO als eine Norm über die „passive Parteifähigkeit" im Insolvenzverfahren, die so lange andauere, wie das Insolvenzverfahren dauere.[433] Die insolvenzrechtliche Abwicklung gebe damit den Beendigungszeitpunkt vor und nicht gesellschaftliche Regelungen, weshalb diese verdrängt werden.[434]

§ 11 Abs. 3 InsO kann nur dann mit § 131 Abs. 3 S. 1 Nr. 2 HGB in einem Spezialverhältnis stehen, wenn beide Normen deckungsgleiche Inhalte regeln. § 131 Abs. 3 S. 1 Nr. 2 HGB regelt das Ausscheiden des insolventen Gesellschafters. Er führt bei einer zweigliedrigen Gesellschaft zur liquidati-

428 Siehe *K. Schmidt*, GmbHR 2002, 1209 (1214).
429 *K. Schmidt*, GmbHR 2002, 1209 (1214).
430 *Gundlach/Frenzel/N. Schmidt*, DStR 2004, 1658 (1661).
431 *Gundlach/Frenzel/N. Schmidt*, DStR 2004, 1658 (1660).
432 *Gundlach/Frenzel/N. Schmidt*, DStR 2004, 1658 (1661).
433 *Gundlach/Frenzel/N. Schmidt*, DStR 2004, 1658 (1661).
434 *Gundlach/Frenzel/N. Schmidt*, DStR 2004, 1658 (1661).

onslosen Vollbeendigung. Ob § 11 Abs. 3 InsO auch die Beendigung regelt, soll mit Hilfe der klassischen juristischen Auslegungsmethoden untersucht werden.

(a) Wortlaut

Nach dem Wortlaut des § 11 Abs. 3 InsO kann ein Insolvenzverfahren auch nach Auflösung einer Gesellschaft ohne Rechtspersönlichkeit eröffnet werden, solange das Vermögen der Gesellschaft nicht vollständig verteilt wurde. Wie bereits oben erläutert ist Ziel einer Liquidation (die sich an die Auflösung anschließt), dass das Gesellschaftsvermögen verteilt wird, da die Gesellschaft zur Vollbeendigung vermögenslos sein muss. Nach ihrem Wortlaut klärt die Norm, dass ein Insolvenzverfahren auch nach Auflösung einer Gesellschaft möglich ist. Dass aber eine Vollbeendigung erst dann möglich sein soll, wenn das Insolvenzverfahren abgeschlossen ist, lässt sich dem Wortlaut nicht entnehmen. Zumal er von „Eröffnung des Insolvenzverfahrens“ und nicht von Beendigung spricht.

(b) Systematische Auslegung

Dafür spricht auch die Systematik des § 11 Abs. 3 InsO. Absatz 1 erläutert, dass jede natürliche und juristische Person insolvenzfähig ist. Absatz 2 erklärt – anders als es noch zur Zeiten der Konkursordnung war – auch die Gesellschaft ohne Rechtspersönlichkeit für insolvenzfähig und geht in Nr. 2 auf das Nachlassinsolvenzverfahren ein. Absatz 3 reiht sich in den Sinne ein, dass er nun auch erläutert, dass eine Gesellschaft ohne Rechtspersönlichkeit, die aufgelöst ist, insolvenzfähig. Bei der in Absatz 1 genannten Gruppe der juristischen Person ist nämlich die Auflösung kein Problem, da auch eine aufgelöste juristische Person eine juristische Person bleibt. Es bedarf daher keines weiteren Absatzes zur Erläuterung. Dass es einen Oberbegriff speziell für die Rechtsnatur einer aufgelösten Gesellschaft ohne Rechtspersönlichkeit gibt, ist nicht ersichtlich.

Ferner sprechen auch die Überschrift des § 11 InsO (Zulässigkeit des Insolvenzverfahrens) und des Abschnittes (Eröffnungsvoraussetzungen und Eröffnungsverfahren) dafür, dass § 11 Abs. 3 InsO lediglich klären soll, dass bei Auflösung einer Gesellschaft ohne Rechtspersönlichkeit ein Insolvenzverfahren möglich ist.

(c) Historische Auslegung

Historische betrachtet ist hinsichtlich § 11 InsO zu erwähnen, dass dieser mit der Insolvenzordnung entstanden ist.[435] Dieser diente vor allem dazu eine Regelung darüber zu treffen, „welche Rechtsträger und Vermögensmassen Gegenstand eines Insolvenzverfahrens sein können.“[436] Zur Klärung des Verhältnisses der Beendigung kann die historische Auslegung daher nicht weiterhelfen.

(d) Teleologische Auslegung

Die Gesetzesbegründung äußert sich näher direkt nur zu einer Passage des § 13 Abs. 3 InsO (heute § 11 Abs. 3 InsO), die die Gütergemeinschaft betrifft und heute nicht mehr in § 11 Abs. 3 InsO zu finden ist. Nach § 13 Abs. 3 InsO RegE,[437] der überwiegend und nicht vollkommen dem heutigen § 11 Abs. 3 InsO entspricht, war die Eröffnung des Insolvenzverfahrens „[n]ach Auflösung einer juristischen Person oder einer Gesellschaft ohne Rechtspersönlichkeit sowie nach Beendigung einer Gütergemeinschaft, deren Gesamtgut gemeinschaftlich verwaltet wurde, […] zulässig, solange die Verteilung des Vermögens nicht vollzogen ist“.[438] In der Begründung wird dazu ausgeführt, dass in Absatz 3 klargestellt werde, „da[ss]die Eröffnung eines Verfahrens auch noch nach Beendigung der Gütergemeinschaft bis zu deren Auseinandersetzung möglich ist.“[439] Danach ist jedenfalls nicht ersichtlich, dass dieser Absatz vorgeben soll, wann die Auseinandersetzung oder Beendigung eintritt. Er hat eine klarstellende Funktion bezüglich der Zulässigkeit der Eröffnung eines Insolvenzverfahrens

(e) Zwischenergebnis

Eine Auslegung ergibt damit, dass § 11 Abs. 3 InsO nicht die Frage der Beendigung regelt, Folglich kann die Norm auch nicht spezieller als § 131 Abs. 3 S. 1 Nr. 2 HGB sein, der in einer zweigliedrigen Kommanditgesell-

435 Damals noch § 13 InsO.
436 Begr. RegE InsO, BT-Drucks. 12/2443, S. 112.
437 Begr. RegE InsO, BT-Drucks. 12/2443, S. 11.
438 Begr. RegE InsO, BT-Drucks. 12/2443, S. 11.
439 Begr. RegE InsO, BT-Drucks. 12/2443, S. 113.

schaft deren Vollbeendigung zur Folge hat. Der Ansatz von *Gundlach/ Frenzel/N. Schmidt* ist daher abzulehnen.

(3) *Korkmaz'* Ansatz

Korkmaz hat die Frage aufgeworfen, ob § 131 Abs. 3 S. 1 Nr. 2 HGB nicht im Wege einer ergänzenden Vertragsauslegung bei einer zweigliedrigen Kommanditgesellschaft[440] in der Simultaninsolvenz-Konstellation 1[441] abbedungen werden kann.[442] Dieser Ansatz ist nicht neu, sondern wurde bereits vom BFH als Lösungsmöglichkeit herangezogen.[443]

(a) Bezugspunkt einer abweichenden Regelung

Dabei ist er zunächst darauf eingegangen, was genau Gegenstand einer abweichenden Vereinbarung sein könne. § 131 Abs. 3 S. 1 Hs. 1 HGB ordnet an, dass „[f]olgende Gründe [...] mangels abweichender vertraglicher Bestimmung zum Ausscheiden einer Gesellschafters [führen]“[444] und gibt damit den Gesellschaftern die Möglichkeit, über Ausscheidensgründe zu verfügen. Da § 131 Abs. 3 HGB jedoch zwei Sätze enthält (Satz 1 benennt die verschiedenen Ausscheidensgründe, Satz 2 beinhaltet eine Aussage zum Ausscheidenszeitpunkt[445]), fragt *Korkmaz* zunächst, ob § 131 Abs. 3 S. 1 Hs. 1 HGB nicht so verstanden werden könne, dass als „Minus“ zur Abbedingung der Ausscheidensfolge eine Vereinbarung über den Ausscheidenszeitpunkt getroffen werden könne, mit der Folge, dass im Falle der Simul-

440 *Korkmaz* hat sich im Rahmen seiner Dissertation vor allem mit der zweigliedrigen Kommanditgesellschaft auseinandergesetzt (*ders.*, Die Doppelinsolvenz bei der Kommanditgesellschaft, S. 25).

441 Auch *Korkmaz* hat zwischen zwei Konstellation getrennt. Er hat jedoch das, was bei mir die „Simultaninsolvenz-Konstellation 1“ ist „unvollkommener Doppelinsolvenz“ und das, was bei mir die „Simultaninsolvenz-Konstellation 2“ „vollkommene Doppelinsolvenz“ genannt.

442 *Korkmaz*, Die Doppelinsolvenz bei der Kommanditgesellschaft, S. 226 ff.

443 Siehe dazu auch *Bitter*, in: Scholz, GmbHG, Vor § 64 Rn. 205. Dieser Ansatz wurde bereits vom *BFH* vertreten, dazu BFHE 215, 183 (186 f.) = DStR 2006, 2168 (2169 f.).

444 Wortlaut § 131 Abs. 3 S. 1 HS. 1 BGB.

445 Nach § 131 Abs. 3 S. 2 HGB scheidet der jeweilige Gesellschafter mit dem Eintritt des betreffenden Ereignisses aus; im Falle einer Kündigung jedoch nicht vor Ablauf der Kündigungsfrist.

taninsolvenz[446] der insolvente Gesellschafter nicht im Zeitpunkt des Eröffnungsbeschlusses über das Insolvenzverfahren über sein Vermögen ausscheide.[447] Voraussetzung eines solchen a-maiore-ad-minus-Schlusses ist jedoch, dass § 131 Abs. 3 S. 1 Hs. 1 HGB so verstanden werden kann, dass die Ausscheidensfolge an sich abbedungen werden kann und mithin der jeweilige Gesellschafter in der Gesellschaft verbleibt.[448] *Korkmaz* lehnt letztendlich unter Zuhilfenahme der klassischen Auslegungsmethoden eine solche Möglichkeit insbesondere wegen der systematischen Stellung der Anordnung,[449] aber vor allem jedoch wegen des Klarstellungszwecks des § 131 Abs. 3 S. 2 HGB ab.[450] Damit bleibt nach *Korkmaz* Bezugspunkt einer abweichenden Regelung nur § 131 Abs. 3 S. 1 HGB.[451]

(b) Was kann bei § 131 Abs. 3 S. 1 HGB abbedungen werden?

Hinsichtlich § 131 Abs. 3 S. 1 HGB ist jedoch umstritten ist, ob die Ausscheidungsregelung so weit abbedungen werden kann, dass der betreffende Gesellschafter nicht ausscheidet und in der Gesellschaft verbleibt[452] oder dass sie nur durch eine Auflösung der Gesellschaft ersetzt werden kann.[453] Letztere Ansicht ist herrschende Meinung.[454] Als Gründe werden vor allem genannt, dass es den übrigen Gesellschaftern nicht zumutbar sei, die Gesell-

446 *Korkmaz* spricht immer von „Doppelinsolvenz". Warum *Korkmaz*' Begriffsstreitereien meiner Meinung nach nicht zielführend sind § 11 Fn. 17.

447 *Korkmaz,* Die Doppelinsolvenz bei der Kommanditgesellschaft, S. 227.

448 *Korkmaz,* Die Doppelinsolvenz bei der Kommanditgesellschaft, S. 227.

449 *Korkmaz,* Die Doppelinsolvenz bei der Kommanditgesellschaft, S. 227 ff., insbesondere S. 228 f.

450 *Korkmaz,* Die Doppelinsolvenz bei der Kommanditgesellschaft, S. 230 f.

451 *Korkmaz,* Die Doppelinsolvenz bei der Kommanditgesellschaft, S. 231.

452 Im Falle der Simultaninsolvenz würde dies bedeuten, dass der insolvente Gesellschafter in der wegen Insolvenz nach §§ 131 Abs. 1 Nr. 3, 161 Abs. 2 HGB aufgelösten Kommanditgesellschaft verbleibt. Die Aussage *Korkmaz*', dass es um den Verbleib in einer werbenden Gesellschaft gehe (*Korkmaz,* Die Doppelinsolvenz bei der Kommanditgesellschaft, S. 231) passt daher auf den Fall den Fall der Simultaninsolvenz nicht. An anderer Stelle geht er aber davon aus, dass es um den Verbleib in einer aufgelösten, nicht mehr werbend tätigen Kommanditgesellschaft gehe; so auf S. 234 unten und S. 239 oben.

453 *Korkmaz,* Die Doppelinsolvenz bei der Kommanditgesellschaft, S. 231 f.

454 Angenommen von *Kamanabrou,* in: Oetker, HGB, § 131 Rn. 29; *Lehmann-Richter,* in: BeckOK HGB, § 131 Rn. 61; *C. Schäfer,* in: GroßKomm HGB, § 131 Rn. 89; *Schlitt,* NZG 1998, 580 (584). A. A. (annehmend, dass vereinbart werden kann,

schaft mit dem Insolvenzverwalter fortzuführen.[455] *Korkmaz* zieht zur Klärung dieser Frage die klassischen juristischen Auslegungsmethoden heran.[456] Seiner Untersuchung nach halten sich die Argumente für und gegen die Möglichkeit, die Gesellschaft mit dem insolventen Gesellschafter fortzuführen, die Waage.[457] Wegen des Schutzes der Privatautonomie geht *Korkmaz* letztendlich davon aus, dass es für die Fortsetzung der Gesellschaft mit dem insolventen Gesellschafter einer Fortsetzungsklausel bedarf[458] und dass die gesetzliche Ausscheidensfolge nur durch die Auflösung ersetzt werden kann.[459]

(c) Methodisch ergänzende Vertragsauslegung

Methodisch möchte *Korkmaz* die Situation mit einer ergänzenden Vertragsauslegung angehen, da diese vor der Heranziehung dispositiven Rechts vorrangig sei.[460] Voraussetzung einer solchen ist grundsätzlich eine Lücke im Gesetz, eine Lücke im Vertrag und dass die Vertragsparteien die jeweilige Vereinbarung nach Treu und Glauben und mit Blick auf die Verkehrssitte ebenfalls getroffen hätten, wenn sie ihnen bewusst gewesen wäre.[461] Dass eine gesetzliche Lücke vorliege, nimmt *Korkmaz* ohne dies zu thematisieren an.[462] Dem ist zuzustimmen und wird unten unter (4) (a) näher erläutert. Ebenso liege eine Lücke vor, wenn die gesetzliche Regelung in den Gesellschaftsvertrag übernommen werde[463] oder eine Fortsetzungsklausel vereinbart worden sei, solange nicht speziell geregelt sei, was in den Fällen passiert, in denen nur noch ein Gesellschafter verbleibe.[464]

---

dass der betreffende Gesellschafter gar nicht ausscheidet) *Roth*, in: Baumbach/Hopt, HGB, § 131 Rn. 83; *Voigt*, NZG 2007, 695 (696).

455 BGHZ 75, 178 (181) = NJW 1980, 233 (233); siehe auch *Korkmaz*, Die Doppelinsolvenz bei der Kommanditgesellschaft, S. 232.

456 *Korkmaz*, Die Doppelinsolvenz bei der Kommanditgesellschaft, S. 233 ff.

457 *Korkmaz*, Die Doppelinsolvenz bei der Kommanditgesellschaft, S. 239.

458 *Korkmaz*, Die Doppelinsolvenz bei der Kommanditgesellschaft, S. 239.

459 *Korkmaz*, Die Doppelinsolvenz bei der Kommanditgesellschaft, ausdrücklich nur auf S. 258. Zuvor bleibt er vage.

460 *Korkmaz*, Die Doppelinsolvenz bei der Kommanditgesellschaft, S. 240.

461 *Kramer*, Juristische Methodenlehre, S. 158 f.; *Larenz/Canaris*, Methodenlehre der Rechtswissenschaft, S. 121 f.

462 *Korkmaz*, Die Doppelinsolvenz bei der Kommanditgesellschaft, S. 240.

463 *Korkmaz*, Die Doppelinsolvenz bei der Kommanditgesellschaft, S. 240.

464 *Korkmaz*, Die Doppelinsolvenz bei der Kommanditgesellschaft, S. 242.

Problematischer sei die Frage, ob die Auflösung der Gesellschaft im Falle der Simultaninsolvenz-Konstellation 1 dem hypothetischen Parteiwillen entspreche.[465]

Ausschlaggebend ist für ihn, dass in der Simultaninsolvenz die Gesellschaft bereits wegen der Eröffnung des Insolvenzverfahrens über ihr Vermögen aufgelöst sei.[466] Aus diesem Grund komme es nach seiner Ansicht zu einer Verlagerung der Interessenlage der Gesellschafter.[467] Die vom Gesetzgeber mit § 131 Abs. 3 HGB intendierte Unternehmenskontinuität könne gar nicht mehr erreicht werden.[468]

Außerdem sieht er die Gefahr, dass bei Ausscheiden der Komplementär-GmbH dem Kommanditisten „Verpflichtungen"[469] drohen, was weder im Interesse des Kommanditisten noch im Interesse der Gesellschaft liege.[470] Folglich kommt er zum Schluss, dass eine Auflösung der Kommanditgesellschaft dem hypothetischen Interesse der Gesellschafter entspreche.[471]

Anschließend untersucht er noch, ob Schranken der ergänzenden Vertragsauslegung vorliegt; verneint das Vorliegen solcher aber.[472]

(d) Bewertung

Die Möglichkeit einer ergänzenden Vertragsauslegung läuft parallel zur Frage einer teleologischen Reduktion des § 131 Abs. 3 S. 1 Nr. 2 HGB. Beide Ansatzpunkte setzen voraus, dass eine gesetzliche Lücke besteht und keine spezielle vertragliche Regelung existiert.

Man kann davon ausgehen, dass immer dann, wenn die Norm teleologisch reduziert werden kann, weil ihr Zweck nicht auf die jeweilige Situation passt, es auch dem hypothetischen Willen der Gesellschafter entspricht, eine anderweitige Regel als die dispositive, gesetzliche Regelung zu treffen.

465 *Korkmaz,* Die Doppelinsolvenz bei der Kommanditgesellschaft, S. 243 ff.
466 *Korkmaz,* Die Doppelinsolvenz bei der Kommanditgesellschaft, S. 243.
467 *Korkmaz,* Die Doppelinsolvenz bei der Kommanditgesellschaft, S. 243.
468 *Korkmaz,* Die Doppelinsolvenz bei der Kommanditgesellschaft, S. 243.
469 *Korkmaz,* Die Doppelinsolvenz bei der Kommanditgesellschaft, S. 245.
470 *Korkmaz,* Die Doppelinsolvenz bei der Kommanditgesellschaft, S. 245 f.
471 *Korkmaz,* Die Doppelinsolvenz bei der Kommanditgesellschaft, S. 251.
472 *Korkmaz,* Die Doppelinsolvenz bei der Kommanditgesellschaft, S. 251 ff.

Daher kann an dieser Stelle eine abschließende Bewertung offen gelassen werden und auf unten verwiesen werden.[473]

(4) Partikularinsolvenzverfahren

Ein weiterer Ansatz ist, dass man ein Partikularinsolvenzverfahren über das Vermögen der (ehemaligen) Einpersonen-GmbH & Co. KG führen könne. So erreiche man, dass ein bereits begonnenes Insolvenzverfahren über das Vermögen der Einpersonen-GmbH & Co. KG nicht ins Leere gehe.[474] Wieder gibt es im Erbrecht/Insolvenzrecht eine ähnliche Situation, die als Ansatzpunkt genommen werde kann. Stirbt ein Erblasser während eines laufenden Insolvenzverfahrens, so verwandelt sich das Insolvenzverfahren nach Übergang des Vermögens auf den Gesamtrechtsnachfolger in ein Nachlassinsolvenzverfahren (§§ 11 Abs. 2 Nr. 2, 315 ff. InsO).[475] Ein Nachlassinsolvenzverfahren ist ein Sonderinsolvenzverfahren über den Nachlass.[476]

Gemäß § 1975 BGB führt die Eröffnung eines Nachlassinsolvenzverfahrens zudem zu einer Haftungsbeschränkung auf den Nachlass.

Zu prüfen ist, ob die Vorschriften über das Nachlassinsolvenzverfahren (§ 11 Abs. 2 Nr. 2 und insbesondere die §§ 315 ff. InsO) analog auf die hier sich im Rahmen der Simultaninsolvenz-Konstellation 1 bei der Einpersonen-GmbH & Co. KG ergebende Situation angewandt werden können. So könnte erreicht werden, dass nach der Gesamtrechtsnachfolge beim verbliebenen Kommanditisten automatisch ein Sonderinsolvenzverfahren über das übergegangene Vermögen erfolgt.[477] Ferner könnte analog § 1975

473 *K. Schmidt*, in: MünchKomm HGB, § 131 Rn. 55 deutet zumindest an, dass, wenn Vertragsklauseln fehlen, eine ergänzende Vertragsauslegung helfen könne, um ein Ausscheiden zu verhindern.

474 Vor allem sind hier als Vertreter *Albertus/Fischer*, ZInsO 2005, 246 (248 ff.) zu nennen. Siehe aber auch LG Dresden, ZIP 2005, 955 (956 f.); *Bork/Jacoby*, ZGR 2005, 611 (630 f.); *Kamanabrou*, in: Oetker, HGB, § 131 Rn. 32. Ohne nähere Erläuterung wohl auch von der Möglichkeit eines Partikularinsolvenzverfahrens ausgehend *Lorz*, in: E/B/J/S, § 131 Rn. 46.

475 BGHZ 157, 350 (354) = NJW 2004, 1444 (1445) (in diesem Fall starb der Erblasser kurz nach Eintrag des Insolvenzantrags); *Siegmann*, in: MünchKomm InsO, Vorb. §§ 315–331, Rn. 3.

476 *Siegmann*, in: MünchKomm InsO, Vorb. §§ 315–331, Rn. 1.

477 Dazu, dass Ergebnis ein Insolvenzverfahren nur über die „angewachsene Vermögensmasse" sein soll *Kruth*, NZI 2011, 844 (847).

BGB eine Haftungsbeschränkung auf das Gesellschaftsvermögen erreicht werden[478] und damit zwei Fliegen mit einer Klappe (Weiterführung des Insolvenzverfahrens sowie Haftungsbeschränkung für den Kommanditisten) geschlagen werden. Voraussetzung dafür ist wieder, dass eine planwidrige Regelungslücke sowie eine vergleichbare Interessenlage gegeben sind.[479]

(a) Vorliegen einer planwidrigen Regelungslücke

An dieser Stelle lässt sich die planwidrige Regelungslücke mit einem Verweis auf die Ausführungen unter § 6 B. I. 1. bejahen. Ebenso wenig wie der Gesetzgeber die Haftung der verbliebenen Gesellschafters im Falle des liquidationslosen Erlöschens einer Gesellschaft bedacht hat, hat er die Frage, was in einem solchen Fall mit einem bereits eröffneten Insolvenzverfahren über das Vermögen der Gesellschaft geschieht, bedacht.[480] Auch finden sich in der Insolvenzordnung keine Regeln zu der Frage, was mit einem Insolvenzverfahren passiert, wenn der Rechtsträger/die Person über deren Vermögen das Insolvenzverfahren eröffnet worden ist, erlischt oder stirbt.[481]

(b) Vergleichbare Interessenlage

Die Interessenlage des Kommanditisten, der Gesamtrechtsnachfolger der GmbH & Co. KG wird, über deren Vermögen bereits vor Vollbeendigung das Insolvenzverfahren eröffnet worden ist, muss der eines Erben, der seine Haftung durch ein Nachlassinsolvenzverfahren auf den Nachlass beschränken kann (§ 1967 BGB),[482] vergleichbar sein.[483]

---

478 *Korkmaz*, Die Doppelinsolvenz bei der Kommanditgesellschaft, S. 221.

479 Ausführlich zu den Voraussetzungen einer Analogie siehe oben § 2 B. I. 1. und 2.

480 Siehe auch OLG Hamm, ZIP 2007, 1233 (1238); *Albertus/Fischer*, ZInsO 2005, 246 (249).

481 *Siegmann*, in: MünchKomm InsO, Vorb. §§ 315–331, Rn. 2 erläutert lediglich, dass die Situation, dass eine Person nach Eröffnung des Insolvenzverfahrens über ihr Vermögen, während des Eröffnungsverfahrens oder in der Wohlverhaltensperiode stirbt, nicht gesetzlich geregelt sei.

482 *K. Schmidt*, in: ders., InsO, Vor § 315 Rn. 1.

483 Siehe auch *Albertus/Fischer*, ZInsO 2005, 246 (249).

Wie bereits oben erläutert (§ 6 B. I. 2. b) aa)) ist der Zweck der Bestimmungen maßgeblich für das Vorliegen einer vergleichbaren Interessenlage.

Sinn und Zweck eines Nachlassinsolvenzverfahrens ist es, bei einem zahlungsunfähigen oder überschuldeten Nachlass[484] eine gleichmäßige Verteilung der Insolvenzmasse an die Gläubiger zu erzielen und so zu einer bestmöglichen Befriedigung der Gläubiger zu gelangen.[485] Zur Insolvenzmasse gehört dabei nur der Nachlass.[486] Wie bei einem Regelinsolvenzverfahren findet eine geordnete Verwertung durch den Nachlassinsolvenzverwalter statt, die insbesondere dadurch gekennzeichnet ist, dass den Gläubigern die Einzelzwangsvollstreckung in den Nachlass unmöglich gemacht wird, um einen „Wettlauf der Gläubiger" zu unterbinden.[487] Gehört zum Nachlass ein Unternehmen,[488] ist es auch Ziel des Nachlassinsolvenzverfahrens, dieses zu sanieren und zu erhalten.[489]

Genau dieses Ergebnis benötigt der verbliebene Kommanditist einer Einpersonen-GmbH & Co. KG deren Komplementärin wegen Insolvenz ausgeschieden ist. Das Insolvenzverfahren, das bereits über das Vermögen der Einpersonen-GmbH & Co. KG eröffnet wurde, als diese noch existent war,

---

484 Gemäß § 320 InsO wird das Nachlassinsolvenzverfahren bei Zahlungsunfähigkeit und Überschuldung eröffnet. „Zahlungsunfähigkeit" wird dabei wie bei § 17 InsO verstanden. Lediglich das Wort „Schuldner" ist durch „Nachlass" auszutauschen (*K. Schmidt*, in: ders., InsO, § 320 Rn. 5). Bezüglich des Überschuldungsbegriffes wird bestritten, dass der Überschuldungsbegriff des § 19 InsO auch hier gelte (näheres zum Meinungsstand und den verschiedenen Ansichten bei *K. Schmidt*, in: ders., InsO, § 320 Rn. 4).

485 *K. Schmidt*, in: ders., InsO, Vor § 315 Rn. 1; *Siegmann*, in: MünchKomm InsO, Vorb. §§ 315–331, Rn. 1.

486 Statt aller *Lüer*, in: Uhlenbruck, InsO, § 315 Rn. 7.

487 *Albertus/Fischer*, ZInsO 2005, 246 (249). Näher dazu, was unter einem „Wettlauf der Gläubiger" zu verstehen ist bei *Deutscher Bundestag, Wissenschaftliche Dienste*, Aktueller Begriff, Insolvenz von Unternehmen, S. 1, abrufbar unter https://www.bundestag.de/blob/190572/c844e1457439988584430bd4ca479008/insolvenz_von_unternehmen-data.pdf (zuletzt aufgerufen am 04.11.2018).

488 Dazu, dass ein vererbtes Unternehmen zum Nachlass gehört *Marotzke*, in: HK-InsO, 4. Aufl. 2006, § 315 Rn. 4.

489 Allgemein zu diesem Ziel des Insolvenzverfahrens *Deutscher Bundestag, Wissenschaftliche Dienste*, Aktueller Begriff, Insolvenz von Unternehmen, S. 1, abrufbar unter https://www.bundestag.de/blob/190572/c844e1457439988584430bd4ca479008/insolvenz_von_unternehmen-data.pdf (zuletzt aufgerufen am 04.11.2018).

soll im Sinne einer bestmöglichen Befriedigung geordnet weitergeführt werden. Ein Partikularinsolvenzverfahren wie das Nachlassinsolvenzverfahren eines ist, ermöglicht jedoch eine Beschränkung der Insolvenzmasse auf das Gesellschaftsvermögen, sodass über das sonstige Vermögen des Kommanditisten kein Insolvenzverfahren geführt wird. Zudem bedeutet die Möglichkeit der Führung eines Partikularinsolvenzverfahrens auch die Möglichkeit einer Sanierung oder übertragenden Sanierung[490] der GmbH & Co. KG. Diese hätte jedoch für den „Kommanditisten" eine Haftung zur Folge, sodass fraglich ist, ob dieses Ziel angestrebt wird. Zusammenfassend lässt sich damit eine vergleichbare Interessenlage bejahen.[491] Sinn und Zweck eines Partikularinsolvenzverfahrens lassen sich auf die Situation der Simultaninsolvenz-Konstellation 1 bei der Einpersonen-GmbH & Co. KG übertragen.[492] Die Möglichkeit einer Analogie zu den §§ 11 Abs. 2 Nr. 2, 315 ff. InsO ist damit zu bejahen.

ff) Zwischenergebnis

Über das Vermögen der Einpersonen-GmbH & Co. KG kann nach deren Vollbeendigung analog §§ 11 Abs. 2 Nr. 2, 315 ff. BGB ein Partikularinsolvenzverfahren geführt werden. Damit ist eine Nichtanwendung des § 131 Abs. 3 S. 1 Nr. 2 HGB zumindest nicht dadurch zu rechtfertigen, dass andernfalls kein Insolvenzverfahren über das Gesellschaftsvermögen geführt werden kann.[493]

Außerdem führt die Eröffnung des Partikularinsolvenzverfahrens analog § 1975 BGB dazu, dass der verbliebene Kommanditist nur noch mit dem Gesellschaftsvermögen haftet.[494]

490 Unter einer „übertragenden Sanierung" versteht man, dass ein Unternehmen zur Entlastung von den Verbindlichkeiten auf einen neuen Träger übertragen wird (*Zipperer*, in: Uhlenbruck, InsO, § 159 Rn. 47).

491 So auch OLG Hamm, ZIP 2007 1233 (1238).

492 Siehe auch OLG Hamm, ZIP 2007 1233 (1238); *Albertus/Fischer*, ZInsO 2005, 246 (249).

493 So auch OLG Hamm, ZIP 2007, 1233 (1237 f.).

494 Siehe auch *Korkmaz*, Die Doppelinsolvenz bei der Kommanditgesellschaft, S. 221.

gg) Verhältnis von § 27 Abs. 2 HGB analog und einer Haftungsbeschränkung nach § 1975 BGB analog wegen Eröffnung des Partikularinsolvenzverfahren analog §§ 315 ff. InsO

Abschließend stellt sich die weitere Frage, wie das Verhältnis von § 27 Abs. 2 HGB analog und einer Haftungsbeschränkung analog § 1975 BGB wegen Eröffnung des Partikularinsolvenzverfahrens analog §§ 315 ff. InsO über das Gesellschaftsvermögen zu beurteilen ist. Die Literatur verhält sich diesbezüglich nicht eindeutig.[495] Beide Haftungsbeschränkungen sind von ihrem Inhalt deckungsgleich. Sie schließen sich auch nicht aus. Es spricht also nichts dagegen sie zusammen anzuwenden. Einen eigenen Anwendungsbereich hat § 27 Abs. 2 HGB analog dann, wenn die Eröffnung des Insolvenzverfahrens über das Vermögen der GmbH & Co. KG mangels Masse abgelehnt wurde, das Insolvenzverfahren über das Vermögen der Komplementär-GmbH jedoch eröffnet wurde und man annimmt, dass die Komplementär-GmbH nach §§ 131 Abs. 3 S. 1 Nr. 2, 161 Abs. 2 HGB aus der Kommanditgesellschaft ausscheidet.[496] In diesem Fall kann ersichtlich kein Partikularinsolvenzverfahren über das Vermögen der Kommanditgesellschaft geführt werden.

4. Was ist vorzugswürdig in der Simultaninsolvenz-Konstellation 1 der Einpersonen-GmbH & Co. KG?

Damit ist festzuhalten, dass hinsichtlich der Haftung des Kommanditisten kein Unterschied besteht, wenn § 131 Abs. 3 S. 1 Nr. 2 HGB anwendet oder teleologisch reduziert wird. Dies gilt auch hinsichtlich der (Weiter-)Führung eins Insolvenzverfahrens über das Vermögen der Einpersonen-GmbH & Co. KG.

Hinsichtlich der übrigen Vor- und Nachteile einer Anwendung des § 131 Abs. 3 S. 1 Nr. 2 HGB bzw. einer teleologischen Reduktion kann auf die ent-

495 So *K. Schmidt*, in: ders., Die GmbH in Krise, Sanierung und Insolvenz Rn. 7.761, der hier ein „bzw." zur Darstellung des Verhältnisses verwendet. Wobei man diesem zugutehalten muss, dass er diese Ansicht auch nicht vertritt und damit auch nicht zu Klärung von Detailfragen gezwungen ist.

496 Dies so annehmend der *BGH* im Urteil vom 15.03.2004 – II ZR 247/01, abgedruckt bei BGH, NZG 2004, 611 (611).

sprechenden Ausführungen zur „typischen" GmbH & Co. KG verwiesen werden. Allerdings lassen sich diese Argumente nur dann auf die Einpersonen-GmbH & Co. KG übertragen, wenn die Insolvenz der Komplementär-GmbH auf ihrer Komplementärhaftung beruht. Letzteres ist bei der Einpersonen-GmbH & Co. KG anders als bei der „typischen" GmbH & Co. KG nicht zwingend, da ebenfalls nicht zwingend ist, dass einziger Zweck der Komplementär-GmbH einer Einpersonen-GmbH & Co. KG die Führung der Geschäfte und die Übernahme der Vertretung der GmbH & Co. KG ist.

Ist es allerdings so, dass die Insolvenz der Komplementär-GmbH auf der Insolvenz der Einpersonen-GmbH & Co. KG bzw. auf der Komplementärhaftung beruht, ist die oben geführte Argumentation ohne weiteres zu übernehmen und auch bei einer Einpersonen-GmbH & Co. KG für eine teleologische Reduktion des § 131 Abs. 3 S. 1 Nr. 2 HGB zu plädieren. In diesem Fall ergeben sich keine Unterschiede zur „typischen" GmbH & Co. KG.

Wie in der anderen Situation zu verfahren ist, soll unten unter C. geklärt werden.

B. Simultaninsolvenz-Konstellation 2

Charakteristisch für diese Konstellation ist, dass alle Gesellschafter und die Gesellschaft insolvent sind.

I. Simultaninsolvenz-Konstellation 2 bei der GmbH & Co. KG

1. Darstellung

Als Beispiel zur Veranschaulichung dieser Konstellation dient ein Fall, über den das OLG Hamm am 03.07.2003 per Beschluss entschieden hat.[497] Es lag eine zweigliedrige GmbH & Co. KG vor. Der Sachverhalt stellte sich stark vereinfacht wie folgt dar:

> Beispiel 3: *Die S-GmbH & Co. KG besteht aus der persönlich haftenden K Verwaltungsgesellschaft mbH und einer Kommanditistin, der H-GmbH & Co. KG.*

497 OLG Hamm, GmbHR 2003, 1361, S. dazu auch *K. Schmidt*, GmbHR 2003, 1404 ff.

Am selben Tag wird über das Vermögen aller drei Gesellschaften das Insolvenzverfahren eröffnet.

2. Lösung des *OLG Hamm*

Das *OLG Hamm* ging davon aus, dass „[n]ach dem eindeutigen Wortlaut“[498] des § 131 Abs. 3 S. 1 Nr. 2 HGB die Komplementär-GmbH aus der GmbH & Co. KG ausgeschieden sei.[499] Es ließ jedoch offen, ob die GmbH & Co. KG unmittelbar aufgrund des Ausscheidens ihrer einzigen Komplementärin aufgelöst worden sei oder ob „in Anlehnung an § 131 Abs. 3 S. 1 Nr. 1 HGB erst deren Vollbeendigung zur Auflösung [...] führ[e]“,[500] da dies nach seiner Ansicht im konkreten Fall irrelevant gewesen sei.[501] Das *OLG Hamm* lehnte in ein liquidationsloses Erlöschen der GmbH & Co. KG ab, auch wenn man davon ausginge, dass die GmbH & Co. KG durch das Ausscheiden ihrer Komplementär-GmbH aufgelöst werde.[502] Insbesondere könne man keinen erst-Recht-Schluss in dem Sinne ziehen, dass, wenn man ein liquidationsloses Erlöschen der GmbH & Co. KG bei Ausscheiden eines Gesellschafters bejahe, dies erst Recht beim Ausscheiden zweier bzw. aller Gesellschafter bejahen müssen.[503] Das *OLG Hamm* begründete seine eindeutige Absage an ein liquidationsloses Erlöschen der GmbH & Co. KG damit, dass nach dem Ausscheiden sowohl der Komplementärin als auch des Kommanditisten kein Gesellschafter mehr vorhanden sei, der die Ausgeschiedenen abfinden könne.[504] Bei der Beantwortung der Frage, wie nun das liquidationslose Erlöschen (dogmatisch) verhindert werden soll, bleibt das *OLG Hamm* vage, zumal es – wie oben bereits erläutert – zu Beginn seiner Beschlussbegründung festhält, dass die Komplementärin „[n]ach dem eindeutigen Wortlaut [des § 131 Abs. 3 S. 1 Nr. 2 HGB]“[505] ausgeschie-

498 OLG Hamm, GmbHR 2003, 1361 (1362).
499 OLG Hamm, GmbHR 2003, 1361 (1362).
500 OLG Hamm, GmbHR 2003, 1361 (1362).
501 OLG Hamm, GmbHR 2003, 1361 (1362).
502 OLG Hamm, GmbHR 2003, 1361 (1362).
503 OLG Hamm, GmbHR 2003, 1361 (1362).
504 OLG Hamm, GmbHR 2003, 1361 (1362).
505 OLG Hamm, GmbHR 2003, 1361 (1362).

den sei.[506] Das Gericht erläutert lediglich, dass die GmbH & Co. KG nach § 131 Abs. 1 S. 1 Nr. 3 HGB aufgelöst sei. Auf deren Auflösung folge das Insolvenzverfahren, sodass dieser Teil der Insolvenzmasse werde und im Interesse der Gläubiger verwertet werden könne.[507]

3. Stellungnahme

Dem *OLG Hamm* ist zuzustimmen. Sind alle Gesellschafter der GmbH & Co. KG und die GmbH & Co. KG selbst insolvent, darf es nicht dazu kommen, dass alle Gesellschafter aus der GmbH & Co. KG ausscheiden und diese liquidationslos erlischt.[508]

Wenn alle Gesellschafter der GmbH & Co. KG insolvent sind und gemäß §§ 131 Abs. 3 S. 1 Nr. 2, 161 Abs. 2 HGB aus der Gesellschaft ausscheiden, bleibt kein Gesellschafter mehr übrig, der erstens die Ausgeschiedenen abfinden könnte und zweitens Gesamtrechtsnachfolger des Gesellschaftsvermögens werden könnte.[509] Die Gesellschaft würde folglich liquidationslos erlöschen und das Gesellschaftsvermögen würde – wie *K. Schmidt* es zutreffend formuliert hat – „herrenlos".[510]

Als „verselbstständigte Vermögensmasse mit eigener Rechtspersönlichkeit"[511] kann Vermögen zwar in Form einer Stiftung bestehen.[512] Zu deren Gründung ist jedoch nach dem Wortlaut des § 80 Abs. 1 BGB eine Anerkennung durch die zuständige Behörde erforderlich. Diese stellt einen Verwaltungsakt dar.[513] Es besteht damit kein Automatismus dahingehend, dass wenn Herrenlosigkeit einer Vermögensmasse droht, eine Stiftung entsteht, so-

---

506 Ebenso auf diese Ungenauigkeit bei der Begründung hinweisend *K. Schmidt*, GmbHR 2003, 1404 (1405 f.).

507 OLG Hamm, GmbHR 2003, 1361 (1362).

508 Ebenso FG Neustadt, ZIP 2018, 1830 (1831), wobei dem Fall eine §§ 131 Abs. 3 S. 1 Nr. 2, 161 Abs. 2 HGB entsprechende gesellschaftsvertragliche zugrunde lag; *Albertus/Fischer*, ZInsO 2005, 246 (250); *Bork/Jacoby*, ZGR 2005, 611 (650 ff.); *Kamanabrou*, in: Oetker, HGB, § 131 Rn. 32; *Lorz*, in: E/B/J/S, HGB, § 131 Rn. 46.

509 Dies auch feststellend FG Neustadt, ZIP 2018, 1830 (1831).

510 *K. Schmidt*, in: MünchKomm HGB, § 131 Rn. 76a.

511 *Saenger*, Gesellschaftsrecht, S. 243.

512 Darauf ebenfalls eingehend FG Neustadt, ZIP 2018, 1830 (1831).

513 Statt aller Saenger, Gesellschaftsrecht, S. 252.

dass der Verweis auf eine Stiftung keine für die Simultaninsolvenz-Konstellation 2 rechtssichere Lösung darstellt.

Dies ist aus Sicht der Gläubiger der GmbH & Co. KG sehr unbefriedigend, da ihre Chance, ihre Forderungen ausgeglichen zu bekommen, endgültig zerschlagen wird.

Ein solcher Zustand passt ferner nicht in unser Rechtssystem. Das liquidationslose Erlöschen einer GmbH & Co. KG kann mit dem plötzlichen Tod[514] einer natürlichen Person verglichen werden. Erlischt die Gesellschaft liquidationslos, ist sie sofort aus dem (Rechts-)Leben verschwunden. Sie kann kein Vermögen (weder positiv noch negativ) mehr haben, nicht mehr Vertragspartei sein und kann keine vertraglichen Pflichten mehr erfüllen. Bei einer verstorbenen natürlichen Person ist dies genauso. Dort besteht jedoch ein kleiner, aber entscheidender Unterschied: Sie hat Erben. Alle natürlichen Personen haben mindestens einen Erben und zwar den Staat. Zunächst einmal ist zu prüfen, ob der Erblasser jemanden zu seinem/seinen Erben eingesetzt hat oder ob sich kraft gesetzlicher Nachfolge Erben feststellen lassen. Sind diese nicht sofort ersichtlich, hat ein Nachlassgericht gemäß § 1964 BGB die Pflicht, die Erben zu ermitteln und gemäß § 1960 BGB die Pflicht, den Nachlass zunächst einmal in seine Obhut zunehmen. Erst wenn sich nach gewisser Zeit kein Erbe ermitteln lässt, wird der Fiskus gesetzlicher Erbe (§§ 1936, 1964 BGB).

Ein Erbe kann grundsätzlich gemäß § 1942 Abs. 2 BGB das Erbe ausschlagen mit der Folge, dass er das Erbe nicht erhält und dass dieses auf den nächsten Berechtigten übergeht. Schlagen alle Erben in der Kette aus, bleibt so der Staat als letzter Erbe übrig. Dieser kann – wie § 1942 Abs. 2 BGB festlegt – die Erbschaft nicht ausschlagen. Hintergrund dieser Regelung ist, dass es keinen herrenlosen Nachlass geben soll und eine Nachlassabwicklung im Interesse der Nachlassgläubiger immer durchgeführt werden soll.[515] Damit die Staatskasse und der Steuerzahler jedoch nicht zu stark mit einer „gesetzlichen Zwangserbschaft“[516] belastet werden, kann der Staat durch Eröffnung eines Nachlassinsolvenzverfahrens, der Erhebung der Ein-

514 Plötzlicher Tod deshalb, da ohne Liquidation keine „Vorbereitung“ auf das Erlöschen erfolgt. Wie beim plötzlichen Tod, bei dem man auch nicht vorher beginnt Vertragsbeziehungen oder ähnliches mit Blick auf ein baldiges Ableben zu beenden.

515 *Leipold*, Erbrecht Rn. 230.

516 *Leipold*, Erbrecht Rn. 230 spricht von „gesetzliche[m] Zwangserbe“.

rede der Dürftigkeit des Nachlasses oder der Einleitung einer Nachlassverwaltung erreichen, dass die Haftung auf das Nachlassvermögen beschränkt wird (§§ 1975, 1990, 1991 BGB).[517]

Wenn folglich eine natürliche Person, die stirbt, überschuldet ist und aus diesem Grund alle Erben die Erbschaft ausschlagen, wird ihr Vermögen trotzdem nicht herrenlos, sondern es kommt zu einer Staatserbschaft.[518] Die Gläubiger der insolventen und verstorbenen Person können sich mit ihren Forderungen an den Staat wenden, auch wenn sie gegebenenfalls wegen einer möglichen Beschränkung der Haftung auf den Nachlass nicht vollkommen befriedigt werden.

Übertragen auf die Simultaninsolvenz-Konstellation 2 bei einer GmbH & Co. KG bedeutet dies, dass zu verhindern ist, dass die Gesellschaft liquidationslos und ohne Rechtsnachfolger erlischt. Es darf nicht zum herrenlosen Vermögen kommen, da unsere Rechtsordnung einen solchen Umstand nicht kennt.

Ferner stellt ein herrenloses Vermögen eine Benachteiligung der Gläubiger dar, da in jedem Fall die Chance, dass sie auch nur einen Teil ihrer Forderungen ersetzt bekommen, zerschlagen wird. Es kommt gar nicht zu einem Insolvenzverfahren.

Abhilfe verschafft hier am einfachsten wieder eine teleologische Reduktion des § 131 Abs. 3 S. 1 Nr. 2 HGB mit der Folge, dass kein Gesellschafter aus der GmbH & Co. KG ausscheidet. In einem solchen Fall lebt die GmbH & Co. KG als Liquidationsgesellschaft fort und über ihr Vermögen kann das Insolvenzverfahren mit all seinen bereits mehrfach aufgezählten Vorteilen für Gläubiger und Schuldner fortgeführt werden. Damit stellt in der Simultaninsolvenz-Konstellation 2 die teleologische Reduktion des § 131 Abs. 3 S. 1 Nr. 2 HGB die interessengerechtes Lösung dar.[519]

---

517 *Leipold*, Erbrecht Rn. 232.

518 *Leipold*, Erbrecht Rn. 231.

519 In der Simultaninsolvenz-Konstellation 2 plädieren selbst die Autoren, die in der Simultaninsolvenz-Konstellation 1 eine teleologische Reduktion abgelehnt haben, für eine teleologische Reduktion; so *Bork/Jacoby*, ZGR 2005, 611 (652); *Kamanabrou*, in: Oetker, HGB, § 131 Rn. 32; *Lorz*, in: E/B/J/S, HGB, § 131 Rn. 46.

C. „Atypische" Simultaninsolvenz-Konstellation

I. Wann und wie kommt es zu einer Situation

Ist die Komplementär-GmbH dagegen auch selbst werbend tätig und hat eigene Einnahmequellen, muss ihre Insolvenz nicht zwangsläufig auf der Insolvenz der GmbH & Co. KG folgen. Es kann zu einer gleichzeitigen Insolvenz von GmbH & Co. KG und Komplementär-GmbH kommen, ohne dass die Insolvenz der einen Gesellschaft auf der Insolvenz der anderen beruht. Eine solche Situation kann bei der „atypischen" GmbH & Co. KG und bei der Einpersonen-GmbH & Co. KG auftreten; nie jedoch bei der „typischen" GmbH & KG.[520]

II. Umgang mit einer atypischen Simultaninsolvenz-Konstellation

1. Ausgangslage

Wieder stellt sich die Frage, ob bei der Sachlage § 131 Abs. 3 S. 1 Nr. 2 HGB zur Anwendung kommen oder teleologisch reduziert werden soll. In einem solchen Fall lässt sich eine teleologische Reduktion des § 131 Abs. 3 S. 1 Nr. 2 HGB weder damit begründen, dass eine koordinierte Insolvenz wegen bedingter Insolvenz erfolgen soll noch damit, dass der Zweck des § 131 Abs. 3 HGB nicht passe, da die Insolvenz der Komplementär-GmbH gar nicht aufgrund eines Umstandes in der Sphäre der Komplementär-GmbH eingetreten sei.[521]

2. Nicht zwangsläufig Erleichterung

Eine teleologisch Reduktion des § 131 Abs. 3 S. 1 Nr. 2 HGB bedeutet in einer „atypischen" Simultaninsolvenz-Konstellation nicht zwangsläufig eine

520 Warum das so ist, wurde bereits mehrfach ausführlich erläutert. Es ist oben auf § 10 zu verweisen.

521 Dies sind die zwei Hauptargumente für eine teleologische Reduktion des § 131 Abs. 3 S. 1 Nr. 2 HGB in der Simultaninsolvenz-Konstellation 1 bei der „typischen" GmbH & Co. KG.

Erleichterung. In der Simultaninsolvenz-Konstellation 1 bei der „typischen" GmbH & Co. KG können aufgrund der Nichtanwendung des § 131 Abs. 3 S. 1 Nr. 2 HGB die Insolvenzverfahren beider Gesellschaften koordiniert werden können und dieselbe Person als Insolvenzverwalter für beide Gesellschaften eingesetzt werden. Das ist einen Vorteil und die Möglichkeit Arbeitsaufwand zu sparen, da beide Gesellschaften denselben Gläubigerkreis haben.[522]

Bei einer GmbH & Co. KG mit eigenwirtschaftlich agierender Komplementär-GmbH muss dies aber nicht so sein. Beide Gesellschaften können einen unterschiedlichen Gläubigerkreis haben, sodass die Einsetzung einer Person als Insolvenzverwalter einen enormen Arbeitsaufwand bedeuten kann, weil der Insolvenzverwalter nun wirklich zwei getrennte Insolvenzverfahren mit unterschiedlichen Inhalten, Gläubigern etc. begleiten muss. Ebenfalls ist es nicht ausgeschlossen, dass es zu Interessenkonflikten kommen kann, wenn die Gläubiger divergieren.[523]

3. Besonderheiten bei der Einpersonen-GmbH & Co. KG

Bei der Einpersonen-GmbH & Co. KG (mit eigenwirtschaftlich agierender Komplementär-GmbH) gibt es jedoch ein spezielles Argument, das für ein Zusammenhängen beider Insolvenzverfahren, damit für eine Koordination und eine teleologischen Reduktion des § 131 Abs. 3 S. 1 Nr. 2 HGB spricht: Der einzige Gesellschafter der GmbH, der auch Geschäftsführer der GmbH ist, ist zugleich einziger Kommanditist der Einpersonen-GmbH & Co. KG. D. h., diese Person wird die Interessen beider Gesellschaften im Blick haben, weil sie hinter beiden Gesellschaften steht. In dem Sinne spricht viel dafür, dass der einzige Gesellschafter der Komplementär-GmbH und zugleich der einzige Kommanditist der Einpersonen-GmbH & Co. KG an einem koordinierten Insolvenzverfahren interessiert ist. Letzteres wird durch eine teleologische Reduktion des § 131 Abs. 3 S. 1 Nr. 2 HGB erleichtert, auch wenn dafür – wie oben erläutert – nicht zwangsläufig eine teleologische Reduktion vonnöten ist, es sei denn, es liegt eine Einpersonen-GmbH & Co. KG vor, da ansonsten durch Ausscheiden des vorletzten Gesellschafters die Gesellschaft liquidationslos erlischt.

522 *K. Schmidt*, GmbHR 2002, 1209 (1214).
523 Vgl. *K. Schmidt*, GmbHR 2002, 1209 (1214).

4. Dogmatische Begründung

Führt man sich einmal vor Augen aufgrund welcher dogmatischen Gesichtspunkte oben für eine teleologische Reduktion plädiert wurde, muss festgestellt werden, dass dies auf diese Konstellation nicht übertragbar ist. Im Gegenteil, man könnte sogar annehmen, dass der Zweck des § 131 Abs. 3 S. 1 Nr. 2 HGB hier greifen könnte. Immerhin kann die Insolvenz der GmbH hier in ihrer „privaten" Sphäre liegen und die GmbH & Co. KG infizieren. Jedoch ist es bei einer Simultaninsolvenz so, dass die GmbH & Co. KG selbst, aus welchem Grund auch immer, insolvent und aufgelöst ist. Der Zweck des § 131 Abs. 3 HGB passt demnach auch hier nicht. Nur eine intakte Gesellschaft kann durch ein Ausscheiden gerettet werden. Eine Gesellschaft, die ohnehin aufgelöst ist, wird nicht dadurch werbend, dass ein Gesellschafter ausscheidet. Zudem ist die Ausscheidensfolge wie bereits oben erläutert, für die GmbH & Co. KG generell problematisch, weil diese nur eine Komplementärin besitzt. Scheidet diese aus, kann die GmbH & Co. KG als solches nicht mehr fortbestehen und die Gesellschaft wird aufgelöst.

Damit ist festzuhalten, dass auch in dieser Konstellation der Zweck des § 131 Abs. 3 HGB nicht passt.

5. Schutz vor Unsicherheit

Auch wenn es sicherlich nicht eines der überzeugendsten Argumente ist, weil ihm eine dogmatische Grundlage fehlt, spricht einiges dafür im Sinne der Rechtssicherheit auch in dieser Konstellation eine teleologische Reduktion des § 131 Abs. 3 S. 1 Nr. 2 HGB zu fordern.[524] Hintergrund ist, dass – wie gezeigt – in jeder anderen Simultaninsolvenz-Konstellation § 131 Abs. 3 S. 1 Nr. 2 HGB teleologisch zu reduzieren ist. Würde man in dieser einen Konstellation eine teleologische Reduktion verneinen, wäre immer aufwendig überprüfen, ob die Insolvenz der Komplementär-GmbH auf der Insolvenz der GmbH & Co. KG beruht oder nicht. Nur im ersten Fall ist

---

524 Etwa in die Richtung *C. Schäfer*, in: GroßKomm HGB, § 131 Rn. 92, wobei ersichtlich nicht den Fall vor Augen hat, dass bei einer Einpersonen-GmbH & Co. KG die Insolvenz der Komplementärin nicht auf der Komplementär-Haftung beruht.

wie zuvor ausführlich erläutert § 131 Abs. 3 S. 1 Nr. 2 HGB dann teleologisch zu reduzieren. Das ist erstens fehleranfällig und zweitens mitunter auch nicht 100%-ig sicher nachweisbar. Es kann also zu Konstellationen kommen, in denen nicht klar ist, was zu tun ist. Dass dies nicht sein darf, gerade in einer Insolvenz-Konstellation, in der nicht nur Gesellschafter und Gesellschaft involviert sind, sondern Dritte in Form von Gläubigern betroffen sind, überzeugt. Die Rechtssicherheit spricht daher auch in diesem Fall für eine teleologische Reduktion des § 131 Abs. 3 S. 1 Nr. 2 HGB zu plädieren.

6. Zwischenergebnis

Es ist damit festzuhalten, dass auch bei einer atypischen Simultaninsolvenz § 131 Abs. 3 S. 1 Nr. 2 HGB teleologisch reduziert werden sollte. Hier sprechen jedoch weniger dogmatische Gesichtspunkte für dieses Ergebnis als das Bedürfnis nach Rechtssicherheit.

D. Plädoyer für eine vertragliche Regelung

Da wie den obigen Ausführungen zu entnehmen ist, aktuell Unsicherheit herrscht, wie mit einer Simultaninsolvenz bei der GmbH & Co. KG zu verfahren ist und der *BGH* sich für ein Ausscheiden der Komplementär-GmbH entschieden hat,[525] ist es ratsam, solange noch kein Meinungswechsel stattgefunden hat, im Gesellschaftsvertrag der Kommanditgesellschaft zu vereinbaren, dass eine insolvente Komplementär-GmbH nicht aus einer ebenfalls insolventen GmbH & Co. KG ausscheiden soll.[526]

525 Hier sind vor allem das Urteil des BGH vom 08.05.2014 – I ZR 217/12 (BGHZ 201, 129 (Rn. 19) = GmbHR 2014, 420 (Rn. 19)), das eine Kommanditgesellschaft betraf, bei der nach Ausscheiden der Komplementär-GmbH noch zwei weitere Gesellschafter verbleiben sind und der Beschluss des BGH vom 09.11.2016 – XII ZR 11/16 (BGH, BeckRS 2016, 20484 (Rn. 7)), der eine zweigliedrige Gesellschaft betraf, zu nennen.

526 Diesen Rat ebenfalls erteilend *Perwein*, GmbHR 2014, 1300 (1303); *K. Schmidt*, in: ders., Die GmbH in Krise, Sanierung und Insolvenz Rn. 7.761.

Folgende Klauseln könnte genommen werden:[527]

> Zur Regelung der Simultaninsolvenz-Konstellation 1: *Ist das Insolvenzverfahren sowohl über das Vermögen der (einzigen)528 Komplementär-GmbH als auch über das Vermögen der GmbH & Co. KG eröffnet, scheidet die Komplementär-GmbH nicht aus der Gesellschaft aus.*

Ergänzend könnte noch festgehalten werden, dass beide Gesellschaften aufgelöst sind. Dies ergibt sich aber auch aus § 60 Abs. 1 Nr. 4 Hs. 1 GmbHG und § 131 Abs. 1 Nr. 3 HGB.

> Zur Regelung der Simultaninsolvenz-Konstellation 2: *Ist das Insolvenzverfahren sowohl über das Vermögen aller Gesellschafter als auch über das Vermögen der GmbH & Co. KG eröffnet, scheidet kein Gesellschafter aus der Gesellschaft aus.*

E. Weitere Konstellation

Eine weitere Konstellation, auf die der Vollständigkeit halber an dieser Stelle noch kurz eingegangen werden soll, liegt vor, wenn die Eröffnung des Insolvenzverfahrens über das Vermögen der Komplementär-GmbH mangels Masse abgelehnt wird. Dabei soll von einer alleinigen Insolvenz der Komplementär-GmbH ausgegangen werden, da ansonsten eine Simultaninsolvenz vorliegt.[529]

Die Situation, dass nur über das Vermögen der Komplementär-GmbH das Insolvenzverfahren mangels Masse abgelehnt wird, wird jedoch sehr

527 Ebenfalls ist ein Formulierungsvorschlag bei *K. Schmidt*, ZIP 2008, 2337 (2342) zu finden.

528 Das Wort „einzigen" steht hier in Klammern, weil – wie die obigen Ausführungen gezeigt haben – die Simultaninsolvenz besonders dann problematisch ist, wenn eine „typische" GmbH & Co. KG oder eine Einpersonen-GmbH & Co. KG vorliegen; mithin dann, wenn die GmbH & Co. KG nur eine Komplementär-GmbH hat. In einem Gesellschaftsvertrag wird jedoch vorher herausgestellt werden, dass die GmbH & Co. KG nur eine Komplementär-GmbH besitzt, sodass der Hinweis an dieser Stelle im Gesellschaftsvertrag, dass es um die Insolvenz der einzigen Komplementär-GmbH geht, nicht nötig sein wird.

529 So auch *K. Schmidt*, in: MünchKomm HGB, § 131 Rn. 74.

selten vorkommen.[530] Der Grund ist, dass eine Komplementär-GmbHG, die einen Komplementär-Anteil an einer nicht vermögens- oder masselosen Kommanditgesellschaft hält, nicht masselos sein kann.[531] Die Komplementär-GmbH muss daher einen Kapitalanteil von 0% halten, da dieser offensichtlich keine Masse darstellen kann.[532] Dies ist bei der „typischen" GmbH & Co. KG i.d.R. der Fall. Wie jedoch unter § 10 gezeigt wurde, kann eine Komplementär-GmbH einer „typischen" GmbH & Co. KG nicht insolvent werden, ohne dass auch die GmbH & Co. KG insolvent ist. Möglich ist damit nur, dass diese Situation eintritt, wenn keine „typische" GmbH & Co. KG vorliegt, die Komplementär-GmbH an der GmbH & Co. KG trotzdem einen Kapitalanteil von 0% hält und sie trotz des Umstandes, dass sie die Geschäfte der Komplementär-GmbH führt sowie diese vertritt und damit einen Anspruch aus §§ 110, 161 Abs. 2 HGB hat, masselos insolvent geworden ist.[533]

Liegt eine solche Situation vor, ist die Komplementär-GmbH gemäß § 60 Abs. 1 Nr. 5 GmbHG aufgelöst. § 131 Abs. 3 S. 1 Nr. 2 HGB (i.V.m. § 161 Abs. 2 HGB) regelt nur den Fall, dass eine Kommanditgesellschaft aufzulösen ist, wenn über das Vermögen eines Gesellschafters das Insolvenzverfahren eröffnet wurde und § 131 Abs. 2 S. 1 Nr. 1 HGB (i.V.m. § 161 Abs. 2 HGB) normiert nur den umgekehrten Fall, dass die Eröffnung des Insolvenzverfahrens über das Vermögen der GmbH & Co. KG abgelehnt wurde. Die herrschende Meinung möchte daher die Komplementär-GmbH auch nicht ausscheiden lassen[534] und verweist auf das Kündigungsrecht aus § 135 HGB.[535]

K. Schmidt möchte dagegen § 131 Abs. 3 S. 1 Nr. 2 HGB anwenden, da ein „massive[r] Fall der Gesellschafterinsolvenz"[536] vorliege. Wenn § 131 Abs. 3 S. 1 Nr. 2 HGB die Eröffnung des Insolvenzverfahrens über das Vermögen

530 So auch *K. Schmidt*, in: MünchKomm HGB, § 131 Rn. 74.

531 Und die GmbH & Co. KG darf gerade nicht für diese Konstellation vermögens- oder masselos sein, da ansonsten eine Simultaninsolvenz vorliegt.

532 Siehe *K. Schmidt*, Gesellschaftsrecht, S. 1453. *K. Schmidt*, in: MünchKomm HGB, § 131 Rn. 74 nennt als Beispiel die „reine GmbH-Insolvenz der Komplementär-GmbH" (ebda.).

533 Weniger ausführlich *K. Schmidt*, in: MünchKomm HGB, § 131 Rn. 74.

534 *Heidel*, in: ders./Schall, HGB, § 131 Rn. 33; *Kamanabrou*, in: Oetker, HGB, § 131 Rn. 30; *Lorz*, in: E/B/J/S, HGB, § 131 Rn. 48; *Roth*, in: Baumbach/Hopt, HGB, § 131 Rn. 22. Der Hinweis, dass dies die herrschende Meinung ist, erfolgt bei *K. Schmidt*, in: MünchKomm HGB, § 131 Rn. 74.

535 *Lorz*, in: E/B/J/S, HGB, § 131 Rn. 48.

536 *K. Schmidt*, in: MünchKomm HGB, § 131 Rn. 74.

eines Gesellschafters erfasse, dann doch erst Recht diesen Fall der „massiven [...] Gesellschafterinsolvenz“[537], der Nichteröffnung des Insolvenzverfahrens mangels Masse.[538]

Casper löst dagegen den Fall, dass nur die GmbH nach § 60 Abs. 1 Nr. 5 GmbHG aufgelöst ist, die Komplementär-GmbH dagegen nicht aufgelöst ist, wieder über eine Analogie zu § 131 Abs. 2 S. 1 Nr. 1 HGB.[539]

Diesen Lösungsweg halte ich für konsequent, da eine zu den in § 6 behandelten Fällen vergleichbare Situation vorliegt: Nur die Komplementär-GmbH ist aufgelöst, nicht aber auch die GmbH & Co. KG. Es ist jedoch zu beachten, dass die Komplementär-GmbH keinen Kapitalanteil hält. Somit stellt ihr Anteil an der Gesellschaft kein Vermögen dar, sodass sich zumindest eines der Verzahnungsprobleme nicht zeigen wird.[540]

Entsprechend der Ergebnisse aus § 6 B. dieser Arbeit ist die Kommanditgesellschaft in einem solchen Fall aber nicht wie *Casper* meint nicht analog § 131 Abs. 2 S. 1 Nr. 1 HGB i.V.m. § 161 Abs. 2 HGB aufzulösen, sondern aufgrund eines ungeschriebenen Auflösungstatbestandes.[541]

537 *K. Schmidt*, in: MünchKomm HGB, § 131 Rn. 74.
538 *K. Schmidt*, in: MünchKomm HGB, § 131 Rn. 74.
539 *Casper*, in: GroßKomm GmbHG, § 60 Rn. 163.
540 Zu diesem Verzahnungsproblem § 6 B. II. 1 a).
541 Die gleiche Situation zeigt sich, wenn die GmbH nach § 60 Abs. 1 Nr. 7 GmbHG aufgelöst ist. Hier ist derselbe Lösungsweg wie in diesem Abschnitt beschrieben zu wählen.

Fünfter Teil: Liquidation der GmbH & Co. KG

§ 12 Liquidator der GmbH & Co. KG

A. Allgemeines

Abschließend soll sich noch der Liquidation der GmbH & Co. KG gewidmet werden. Dabei soll die oben in Teil 2 diskutierte Konstellation, dass sowohl die Komplementär-GmbH als auch die GmbH & Co. KG aufgelöst sind, bis zur Vollbeendigung zu Ende gedacht werden, da sich in dieser Konstellation Probleme zeigen, die ihren Grund in der Verzahnung beider Gesellschaften haben.[542] Das Ziel dieser Arbeit ist, die verzahnungsspezifischen Besonderheiten bei Auflösung und Liquidation einer GmbH & Co. KG zu untersuchen.

Die Liquidation beider verzahnter Gesellschaften gestaltet sich genau wie die Auflösung problematisch, weil hier ebenfalls eine gesetzliche Koordination beider Gesellschaften fehlt. Die zwei wichtigsten Fragen, die sich hinsichtlich der Liquidation einer GmbH & Co. KG stellen, sind:

1. Wer ist Liquidator eine GmbH & Co. KG und
2. Ist auch bei einer GmbH & Co. KG wie bei einer aufgelösten GmbH ein Sperrjahr einzuhalten?

542 Die vorliegenden Überlegungen gelten sowohl für die „typische“ GmbH & Co. KG als auch die „atypische“ GmbH & Co. KG, die Einpersonen- GmbH & Co. KG und die Einheits-GmbH & Co. KG, da sich das Bedürfnis der Koordination der Liquidation daraus ergibt, dass die Kommanditgesellschaft mit Auflösung der einzigen Komplementär-GmbH ebenfalls aufzulösen ist. Anders ist die Situation, wenn nur die GmbH & Co. KG und nicht auch Komplementär-GmbH aufgelöst ist. Auf Besonderheiten wird gesondert eingegangen.

Widmet man sich der Frage, wer Liquidator der GmbH & Co. KG ist, steht man vor demselben Problem wie bei der Frage nach den Auflösungsgründen. Wie diese ist auch das Liquidatorenamt gesetzlich nur getrennt für eine GmbH und für eine Kommanditgesellschaft geregelt.

B. Getrennte Regelungen

§ 66 Abs. 1 GmbHG legt fest, dass die „geborenen" Liquidatoren[543] einer GmbH die Geschäftsführer sind. § 146 Abs. 1 S. 1 HGB, der über § 161 Abs. 2 HGB auf die Kommanditgesellschaft Anwendung findet, normiert, dass alle Gesellschafter „geborene" Liquidatoren der Kommanditgesellschaft sind. Damit werden in der Liquidation nach dem gesetzlichen Leitbild auch die Kommanditisten, die bei der werbenden Gesellschaft von der Geschäftsführung und Vertretung ausgeschlossen sind, zu Leitungsorganen der Gesellschaft i. L.[544] Die Liquidatoren der Kommanditgesellschaft haben in diesem Fall Gesamtvertretungsmacht (§§ 149, 150 HGB).[545] Eine Koordination der Ämter ist damit gesetzlich nicht vorgesehen.

C. Unterschiedliche Regime

Neben dem Umstand, dass eine Koordination fehlt, ist problematisch, dass eine GmbH und eine Kommanditgesellschaft hinsichtlich der Verteilung des Liquidatorenamtes unterschiedliche Regime verfolgen.[546] Eine GmbH kann organschaftlich auch durch einen Fremdgeschäftsführer vertreten werden kann, d.h., dass Geschäftsführer der GmbH auch ein Nichtgesellschafter sein kann.[547] Zur Folge hat dies, da gemäß § 66 Abs. 1 GmbHG der Geschäftsführer der GmbH der „geborene" Liquidator der GmbH i. L. ist, dass auch ein Nichtgesellschafter Liquidator der GmbH i. L. sein kann.

543 Mit „geborenen Liquidatoren" ist gemeint, dass diese nach dem gesetzlichen Leitbild, wenn eine (anderweitige) vertragliche Regelung fehlt, Liquidatoren werden.

544 *Roth*, in: Baumbach/Hopt, HGB, § 146 Rn. 2; *K. Schmidt*, in: ders., GmbH in Krise, Sanierung und Insolvenz Rn. 3.21.

545 Statt aller auch *Saenger*, Gesellschaftsrecht, Rn. 329.

546 Dies so zuvor feststellend *K. Schmidt*, GmbHR 1980, 261 (264).

547 *Fastrich*, in: Baumbach/Hueck, GmbH, § 6 Rn. 8.

Dagegen werden bei der personalistisch organisierten Kommanditgesellschaft gemäß §§ 146 Abs. 1 S. 1, 161 Abs. 2 HGB alle Gesellschafter Liquidatoren der Kommanditgesellschaft[548] wie auch nach dem gesetzlichen Leitbild, wenn eine anderweitige gesellschaftsvertragliche Regelung fehlt, gemäß §§ 114 Abs. 1, 125 Abs. 1 HGB alle Gesellschafter geschäftsführungs- und vertretungsbefugt sind.

D. Ungünstige Situation

Dafür, dass eine solche getrennte Bestimmung des Liquidatorenamtes ungünstig ist, sprechen mehrere Argumente.

I. Verbindlichkeit der GmbH & Co. KG betrifft die Komplementär-GmbH

Zunächst einmal spricht gegen die Trennung des Liquidatorenamtes, dass wegen der Verzahnung beider Gesellschaften das Vorankommen der Liquidation der GmbH & Co. KG entscheidend für die Vollbeendigung der Komplementär-GmbH ist.[549] Ohne Vollbeendigung der GmbH & Co. KG kann die Komplementär-GmbH nicht vollbeendet werden.[550] Aus §§ 149 Hs. 1, 161 Abs. 2 HGB und § 70 GmbHG ergibt sich, dass sowohl bei einer Kommanditgesellschaft i. L. als auch bei einer GmbH i. L. alle Rechtsverhältnisse abgewickelt werden müssen und zwar – wie sich im Zusammenspiel mit §§ 155 Abs. 1, 161 Abs. 2 HGB und § 72 GmbHG ergibt – vor einer Verteilung des Vermögens an die Gesellschafter.[551] Jede Verbindlichkeit für die die GmbH & Co. KG nach §§ 124 Abs. 1, 161 Abs. 2 HGB haftet, haftet bekanntlich auch die Komplementär-GmbH nach §§ 128 S. 1, 161 Abs. 2 HGB. Folglich ist die Abwicklung der Rechtsverhältnisse der Komplementär-GmbH frühestens[552] mit Abwicklung der Rechtsverhältnisse der GmbH

548 Dies so erläuternd *K. Schmidt*, GmbHR 1980, 261 (264).
549 *K. Schmidt*, GmbHR 1980, 261 (264).
550 So auch *K. Schmidt*, GmbHR 1980, 261 (264).
551 Dazu auch *K. Schmidt*, GmbHR 1980, 261 (264).
552 Bei einer „typischen" GmbH & Co. KG, bei der die Komplementär-GmbH keine eigenen Rechtsverhältnisse eingeht, ist dies mit Beendigung der Rechtsverhältnisse der GmbH & Co. KG geschehen. Wird die GmbH selbst noch zusätzlich ei-

& Co. KG abgeschlossen.[553] Die Abwicklung der Rechtsverhältnisse der GmbH & Co. KG ist eindeutig Aufgabe des Liquidators der GmbH & Co. KG. Sie tangieren aber – wie erläutert – stark die Komplementär-GmbH, sodass eine Koordination beider Liquidationen durch die Einsetzung einer Person als Liquidator zweier Gesellschaften, sinnvoll erscheint.

Auch vor dem Hintergrund, dass wenn zuerst nur die Komplementär-GmbH aufgelöst ist, die Auflösung der GmbH & Co. KG auf der Auflösung der GmbH beruht, scheint es sinnvoll, die Liquidation zu verzahnen und dadurch zu koordinieren, dass nur ein Liquidator für beide Gesellschaften agiert.

II. Mehr Arbeitsaufwand

Darüber hinaus wird der Arbeits- und Informationsaufwand durch die fehlende Koordination des Liquidatorenamtes erhöht. Der Liquidator/die Liquidatoren der Komplementär-GmbH müssen mit den Liquidatoren der Kommanditgesellschaft kommunizieren und sich absprechen. Ist nur ein Liquidator für die Liquidation beider verzahnten Gesellschaften zuständig entfallen Informationswege. Dadurch sinkt auch die Fehleranfälligkeit, da bei jeder Informationsweitergabe Fehler unterlaufen können.

III. Regelung des § 146 Abs. 1 S. 1 HGB nicht praktikabel

Hinzu kommt auch, dass die Regelung des § 146 Abs. 1 S. 1 HGB, die sämtliche Gesellschafter zu Liquidatoren erklärt und die Regelung des § 150 Abs. 1 HGB, der Gesamtvertretungsmacht anordnet, nicht praktikabel sind. Offensichtlich ist dies für eine Publikumsgesellschaft. Wie sollen mehrere hundert Gesellschafter plötzlich als Gesamtvertreter das Liquidatorenamt übernehmen können? In diesem Fall führt kein Weg an einer Nichtanwendung dieser Norm vorbei.[554]

---

genwirtschaftlich tätig, müsse diese Rechtsverhältnisse ebenfalls abgewickelt werden.

553 Siehe auch dazu *K. Schmidt*, GmbHR 1980, 261 (264).

554 Die Regelung für die Massen-Anlage-KG als „evident unpassend" bezeichnend *K. Schmidt*, GmbHR 1980, 261 (264).

Auch bereits bei einer GmbH & Co. KG, die aus einer Komplementär-GmbH und drei Kommanditisten besteht, ist eine Übernahme des Liquidatorenamtes durch vier Gesellschafter, wobei de facto für die GmbH als Gesellschafterin deren Geschäftsführer handelt, kompliziert und kann zur Lähmung der Vorgänge führen. Zu viele Köche verderben nun einmal bekanntlich den Brei. Für die werbende Kommanditgesellschaft ist auch grundsätzlich, sofern keine abweichende Regelung vereinbart[555] wurde, Einzelgeschäftsführungsbefugnis und Einzelvertretungsmacht festgeschrieben (§§ 115 Abs. 1 Hs. 1, 125 Abs. 1, 2 HGB im Umkehrschluss).

Außerdem kann es sein, dass die Übernahme des Liquidatorenamtes für die Kommanditisten eine Herausforderung oder einen Umstand darstellt, den sie gar nicht wollen. Immerhin haben sie sich zuvor bewusst für die Kommanditistenstellung entschieden, die von Gesetzes wegen (§ 170 HGB) von der „normalen" Vertretung ausgeht. Die Liquidatoren einer Kommanditgesellschaft müssen gemäß §§ 149 Hs. 1, 161 Abs. 2 HGB die laufenden Geschäfte der Gesellschaft beenden, Forderungen einziehen, übriges Vermögen in Geld umsetzen und die Gläubiger befriedigen. Das sind mitunter Aufgaben, die Gesellschafter, die bislang nicht mit solchen Tätigkeiten betraut waren, überfordern können. Letztendlich kann es dazu kommen, dass die Liquidation verlangsamt wird.

IV. Vorzugswürdiger: Der Liquidator der GmbH als „Gesamtliquidator"

Es empfiehlt sich daher, nicht alle Gesellschafter zu Liquidatoren der Kommanditgesellschaft zu ernennen. Dabei scheint es praktikabel, den Liquidator der Komplementär-GmbH zum „Gesamtliquidator", also nicht nur zum Liquidator der Komplementär-GmbH, sondern auch zum Liquidator der Kommanditgesellschaft zu einzusetzen.

Dies hat den Vorteil, dass man mit den Geschäftsführern der GmbH, der gemäß § 66 Abs. 1 GmbHG der „geborenen" Liquidator der Komplementär-GmbH ist, eine Personen zum Liquidator bestimmt, die mit der Leitung der Gesellschaft vertraut sind. Dies gilt nicht nur für die Leitung der GmbH, sondern auch für die der Kommanditgesellschaft. Der Geschäftsführer der GmbH war aufgrund des Umstandes, dass die Komplementär-GmbH die Geschäftsführungs- und Vertretungsbefugnis einer GmbH &

555 Siehe § 115 Abs. 2 HGB und § 125 Abs. 2 S. 1 HGB (i.V.m. § 161 Abs. 2 HGB).

Co. KG von Gesetzes wegen innehat (§ 164 Hs. 1 HGB im Umkehrschluss, § 170 HGB im Umkehrschluss), bereits zuvor die Person, die nach außen für die GmbH & Co. KG gehandelt hat.

V. Gründe, die dagegen sprechen

Eine Folge der Einsetzung des Liquidators der Komplementär-GmbH zum Liquidator der GmbH & Co. KG ist, dass dadurch quasi eine Fremdgeschäftsführung in der Personengesellschaft im Falle der Liquidation etabliert wird. Ein solcher Umstand ist vor dem Hintergrund, dass die GmbH & Co. KG selbst, dadurch, dass ihre Vertretung und Geschäftsführung de facto vom Geschäftsführer der Komplementär-GmbH übernommen wird, jedoch hinnehmbar. Schon dort wird der Grundsatz der Selbstorganschaft also aufgeweicht. Die GmbH & Co. KG ist, da nicht nur natürliche Personen Gesellschafter der Personengesellschaft sind, eine besondere Art der Personengesellschaft, in der personengesellschaftliche Charakteristika schon in ihrer Zusammensetzung aufgeweicht werden.

Ferner ist es auch nach der aktuellen gesetzlichen Lage bedenkenlos möglich, im Gesellschaftsvertrag einen Nichtgesellschafter zum Liquidator zu ernennen.[556]

VI. Insbesondere bei der „atypischen" GmbH & Co. KG

Dies gilt auch für die Einpersonen-GmbH & Co. KG und die Einheits-GmbH & Co. KG. Auch bei diesen Erscheinungsformen ist es so, dass de facto der Geschäftsführer der GmbH auch der Geschäftsführer der Kommanditgesellschaft ist und einzig nach außen in Erscheinung tritt.

Bei der „atypischen" GmbH & Co. KG spricht ein zusätzliches Argument dafür, den GmbH-Geschäftsführer als Liquidator einzusetzen. Die Komplementär-GmbH einer „atypischen" GmbH & Co. KG kann auch eigenwirtschaftlich tätig sein und damit eigene, nicht von den Verbindlichkeiten der Kommanditgesellschaft abhängige Verbindlichkeiten begründen. Befinden sich nun beide Gesellschaften im Liquidationsstadium und setzt man den Geschäftsführer der GmbH zum Liquidator beider Gesellschaf-

556 *Roth*, in: Baumbach/Hopt, HGB, § 146 Rn. 4; *Saenger*, Gesellschaftsrecht Rn. 329.

ten ein, greift man auf eine Person zurück, die mit den wirtschaftlichen Tätigkeiten beider Gesellschaften vertraut ist und damit diese am besten abwickeln kann.

VII. Rechtsmethodische Lösung

1. *De lege lata*

Aktuell kann man diese Lösung nur dadurch erreichen, dass eine entsprechende vertragliche Regelung getroffen wird.[557] *De lege lata* ist die gesetzliche Anordnung eindeutig. Eine Analogie kann hier nicht helfen, da es an einer Norm fehlt, die einen vergleichbaren Sachverhalt regelt. Auch nützt es nicht, eine der beiden Normen teleologisch zu reduzieren, da dann offen bleibt, wie eine Koordination erfolgen soll.

Denkbar ist z. B. folgende Formulierung einer vertraglichen Regelung:

> *Die Liquidation der GmbH & Co. KG erfolgt durch den Geschäftsführer/die Geschäftsführer der Komplementär-GmbH.*[558]

Damit wird quasi die Regelung des § 66 Abs. 1 GmbHG aufgegriffen und nur um den Teil erweitert, dass die betreffenden Personen Liquidatoren einer GmbH & Co. KG werden.

2. *De lege ferenda*

De lege ferenda wäre es erstrebenswert dies gesetzlich direkt zu regeln. Es stellt sich wieder die Frage, ob hier ein Spezifikum einer Kommanditgesellschaft ohne natürliche Person als persönlich haftenden Gesellschafter geregelt wird, sodass eine Regelung in den §§ 161 ff. HGB erfolgen muss oder ob das Problem genauso bei einer offenen Handelsgesellschaft auftre-

557 In diese Richtung auch *K. Schmidt*, in: ders., GmbH in Krise, Sanierung und Insolvenz Rn. 3.21.

558 Siehe auch der sehr ähnliche Formulierungsvorschlag von *K. Schmidt*, GmbHR 1980, 261 (264).

ten kann, bei der kein persönlich haftender Gesellschafter eine natürliche Person ist.

a) Umfang der Regelung

Ohne dies weitergehend vertiefen zu wollen, da sich diese Arbeit mit der Auflösung und Liquidation bei der GmbH & Co. KG beschäftigt, plädiere ich dafür bei der offenen Handelsgesellschaft die Ausscheidensrechtsfolge beizubehalten.[559] Es soll dort eine Gesellschafter-Gesellschaft mit ihrer Auflösung ausscheiden und nicht die Auflösung der Gesellschafter-Gesellschaft zur Auflösung der Gesellschaft führen.[560] Dort kann ein Ausscheiden eines Gesellschafters tatsächlich die Unternehmenskontinuität erhalten und wo dieses nicht gewünscht ist, kann eine entsprechende vertragliche Regelung getroffen werden.[561] Es wird sich damit diese hier spezielle Situation,

559 Siehe dazu auch unten Fn. 20.

560 Wie dies rechtsdogmatisch erreicht werden kann, soll und kann nicht Gegenstand dieser Arbeit sein. Offensichtlich ist, dass es nur ein ungeschriebener Ausscheidenstatbestand sein kann. Der *numerus clausus* der Ausscheidensgründe kann dem meiner Meinung nach nicht entgegenstehen, da der Gesetzgeber solch komplizierte Konstruktionen mit einem oder mehreren nicht natürlichen Personen als Gesellschafter nicht vor Augen hatte.

561 Die Ausscheidensrechtsfolge ist in der Vergangenheit mehrfach auf Kritik gestoßen. So z. B. bei *K. Schmidt,* JZ 2003, 585 (593 f.). Ich halte sie aber für den besten in der Praxis funktionierenden Weg für eine offene Handelsgesellschaft, was jedoch an dieser Stelle, da sich die Arbeit mit der Auflösung und Liquidation bei der GmbH & Co. KG beschäftigt nicht tiefgehend behandelt werden kann. Es macht keinen Sinn, nur, weil in der Person eines persönlich haftenden Gesellschafters ein Umstand eintritt, der die Gesellschaft an sich gar nicht betrifft, eine Gesellschaft aufzulösen und so einen Unternehmenswert zu zerstören und möglicherweise einer Vielzahl von Arbeitnehmern die Existenzgrundlage zu nehmen. In der offenen Handelsgesellschaft scheidet bekanntlich nicht der einzig persönlich haftende Gesellschaft aus, da sie nur aus persönlich haftenden Gesellschaftern besteht. Eine Auflösung der Gesellschaft ist dort wegen der Zerstörung des Unternehmenswertes impraktikabel. Zu fordern, dass gesetzlich angeordnet werden soll, dass die Gesellschaft mit einem anderen Gesellschafter (z. B. im Falle eines Ausscheidens nach § 131 Abs. 3 S. 1 Nr. 1 HGB mit den Erben des betreffenden Gesellschafters) fortzuführen, ist realitätsfern und ist für die Praxis unverantwortlich. Man darf niemanden vom Gesetzes wegen, auch wenn die Personenkontinuität der Personengesellschaft aufgeweicht wurde (dazu Begr. RegE HRefG BT-Drucks. 13/8444, S. 41 f.) einen Gesellschafter aufzwingen. Auch kann es sein, dass der Erbe gar nicht in die Gesellschaft eintreten möchte oder im ex-

dass die Gesellschafter-Gesellschaft und die Gesellschaft aufgelöst kaum zeigen werden.

Der Umstand, dass eine Regelung, die sämtliche Gesellschafter, auch diejenigen, die bei der werbenden Gesellschaft von Vertretung und Geschäftsführung ausgeschlossen waren, zu Liquidatoren mit Gesamtvertretungsmacht erklärt, nicht praktikabel ist, passt sowohl für eine offene Handelsgesellschaft, bei der gesetzlich zwar alle Gesellschafter vertretungs- und geschäftsführungsbefugt sind, jedoch grundsätzlich alleine handeln können, als auch für eine Kommanditgesellschaft und ist erst recht keine Besonderheit der GmbH & Co. KG.

Es ist damit eine Regelung zu formulieren, die § 146 Abs. 1 S. 1 HGB und § 150 HGB ersetzen kann und sowohl für eine offene Handelsgesellschaft als auch über § 161 Abs. 2 HGB für eine Kommanditgesellschaft gelten kann.

b) Formulierungsvorschlag

Folgende Formulierung wäre denkbar:

§ 146 HGB-E Bestellung der Liquidatoren

(1) Die Liquidation erfolgt, sofern nicht durch Beschluss der Gesellschafter oder durch den Gesellschaftsvertrag etwas anderes bestimmt ist, durch die Geschäftsführer der Gesellschaft.

(2) [1]Auf Antrag eines Beteiligten kann aus wichtigen Gründen die Ernennung von Liquidatoren durch das Gericht erfolgen, in dessen Bezirke die Gesellschaft ihren Sitz hat; das Gericht kann in einem solchen Falle Personen zu Liquidatoren ernennen, die nicht zu den Gesellschaftern gehören. [2]Als Beteiligter gilt außer den Gesellschaftern im Falle des § 135 auch der Gläubiger, durch den die Kündigung erfolgt ist. [3]Im Falle des § 145 Abs. 3 sind die Liquidatoren auf Antrag eines Beteiligten durch das Gericht zu ernennen.

---

tremsten Fall völlig ungeeignet ist, in die Gesellschaft einzutreten. Es ist damit unverantwortlich ein automatisches Eintreten gesetzlich festzulegen, sodass, wenn man die Gesellschaft nicht auflösen möchte nur ein Ausscheiden bleibt. Das ist sicherlich kein vollumfänglich perfekter Weg, aber wägt man bei der offenen Handelsgesellschaft die Folgen einer Auflösung der Gesellschaft mit denen eines Ausscheidens eines Gesellschafters ab, sind letztere deutlich geringer.

(3) Ist über das Vermögen eines Gesellschafters das Insolvenzverfahren eröffnet und ist ein Insolvenzverwalter bestellt, so tritt dieser an die Stelle des Gesellschafters.

§ 150 HGB-E Mehrzahl von Liquidatoren

(1) Zur Vornahme der zur Liquidation gehörenden Handlungen ist jeder Liquidator ermächtigt, wenn nicht der Gesellschaftsvertrag etwas anderes bestimmt.
(2) Ist der Gesellschaft gegenüber eine Willenserklärung abzugeben, so findet die Vorschrift des § 125 Abs. 2 HGB entsprechende Anwendung.

c) Erläuterung

Durch die beiden Vorschriften werden die zwei von mir kritisierten Punkte behoben. Indem nun der Geschäftsführer der Gesellschaft auch deren Liquidator wird, wird sowohl verhindert, dass sämtlichen Gesellschaftern das Liquidatorenamt zufällt als auch dafür gesorgt, dass das Liquidatorenamt in die Hände von Personen fällt, die mit der Leitung der Gesellschaft vertraut sind.

Durch die Normierung von Einzelvertretungsmacht wird das Prinzip aus §§ 115 Abs. 1 und § 125 Abs. 1 HGB, die für die werbende Gesellschaft gilt aufgegriffen und die lähmende Gesamtvertretung unterbunden.

d) Subsumtion

Subsumiert man nun die im Rahmen dieser Arbeit relevante Konstellation, dass sich sowohl die Komplementär-GmbH als auch die GmbH & Co. KG im Liquidationsstadium befinden, unter diese Norm, wird die Komplementär-GmbH i. L. Liquidatorin der GmbH & Co. KG. Da die GmbH i. L. nur durch ihren Liquidator handeln kann, wird de facto der ehemalige Geschäftsführer der GmbH, der nach § 60 Abs. 1 GmbHG der „geborene" Liquidator der GmbH ist, der Liquidator der GmbH & Co. KG.

Damit tritt genau die von mir als vorzugswürdig beschriebene Situation ein.

§ 13 Einhaltung eines Sperrjahres bei der GmbH & Co KG?

Für eine GmbH legt § 73 Abs. 1 GmbHG fest, dass ein Sperrjahr einzuhalten ist. Diese Vorschrift ist unabdingbar und kann weder durch die Gesellschafterversammlung noch durch Gesellschaftsvertrag verändert werden.[562]

Es fragt sich somit, ob auch bei der Liquidation einer GmbH & Co. KG, wenn sich sowohl die Komplementär-GmbH als auch die Kommanditgesellschaft im Liquidationsstadium befinden, ein Sperrjahr einzuhalten ist. Dies ist vor dem Hintergrund fraglich, dass das HGB kein Sperrjahr kennt.[563] Befindet sich nur die Kommanditgesellschaft im Liquidationsstadium, wird die Einhaltung eines Sperrjahres nicht ersichtlich diskutiert. Im Gegenteil, § 155 Abs. 2 S. 1 HGB erlaubt sogar das während der Liquidation entbehrliche Geld vorläufig zu verteilen.[564]

Dass ein Ungleichlauf der Abwicklung beider Gesellschaften zu Problemen führt, hat sich bereits an mehreren Stellen der Arbeit gezeigt, sodass aus diesem Grund die Situation hier näher untersucht werden soll.

A. Sperrjahr

Eine GmbH kann erst dann vollständig liquidiert werden, wenn die Pflichten der §§ 70–73 GmbHG erfüllt wurden, worunter auch der Ablauf eines Sperrjahres fällt.[565] Wie der Name bereits andeutet muss mit der Anmeldung und Eintragung der Löschung der GmbH ins Handelsregister mindestens ein Jahr gewartet werden.[566] Diese Jahresfrist beginnt mit der Auf-

562 *Kleindiek*, in: Lutter/Hommelhoff, GmbHG, § 73 Rn. 1; *K. Schmidt*, in: Scholz, GmbHG, § 73 Rn. 4; siehe auch *Altmeppen*, in: Roth/Altmeppen, GmbHG, § 73 Rn. 10, der erläutert, dass selbst dann nicht eine Verteilung des Vermögens vor Ablauf des Sperrjahres stattfinden dürfe, „wenn sich sämtliche Gesellschafter einverstanden erklärten".

563 *Lüke*, in: Hesselmann/Tillmann/Mueller-Thuns, Handbuch GmbH & Co. KG, § 9 Rn. 9.72; *Roth*, in: Roth/Altmeppen, GmbHG, § 73 Rn. 35.

564 So ähnlich auch *Lüke*, in: Hesselmann/Tillmann/Mueller-Thuns, Handbuch GmbH & Co. KG, § 9 Rn. 9.72; *Roth*, in: ders./Altmeppen, GmbHG, § 73 Rn. 35;

565 OLG Hamm, GmbHR 2017, 930 (930).

566 Zur Eintragung der Löschung *Altmeppen*, in: Roth/Altmeppen, GmbHG, § 73 Rn. 13.

forderung an die Gläubiger, die in Form der Bekanntmachung der Auflösung in den Gesellschaftsblättern erfolgt (§§ 65 Abs. 2, 73 Abs. 1 GmbHG).

Im Zeitpunkt der Eintragung der Löschung in das Handelsregister muss nach der herrschenden Lehre vom Doppeltatbestand, die GmbH auch tatsächlich vermögenslos sein.[567] Diese Vermögenslosigkeit ist gegebenenfalls durch Vermögensverteilung zu erreichen, deren Ablauf in § 72 GmbHG normiert ist.[568] Eine solche Vermögensverteilung darf jedoch grundsätzlich nur dann erfolgen, wenn die Gesellschaft Schulden bekannter Schuldner getilgt oder sichergestellt hat (§ 73 Abs. 1 GmbHG). Bei Schulden von Gläubigern, die sich nicht melden oder aus nicht ausführbaren oder streitigen Schulden, ist eine Sicherheit zu leisten (§ 73 Abs. 2 GmbHG). § 73 Abs. 1 GmbHG enthält damit auch ein Ausschüttungsverbot.[569] Genau wie bei §§ 30, 31 GmbHG sind von der Leistungssperre nicht reguläre Gläubigeransprüche der Gesellschafter betroffen, sondern die verdeckte Gewinnausschüttung.[570] Das Ausschüttungsverbot des § 73 GmbHG ist jedoch strenger als das der §§ 30, 31 GmbHG, da es absolut gilt und nicht abhängig von einer Unterbilanz ist.[571] Mit der absoluten Geltung ist gemeint, dass auch dann nicht ausgeschüttet werden darf, wenn ausreichend Rücklagen bestehen und/oder alle (bekannten) Gläubiger einer Ausschüttung zustimmen,[572] sondern nur dann, wenn die Voraussetzungen des § 73 GmbHG erfüllt sind.[573]

Es beginnt bereits mit Eintreten des Auflösungstatbestandes und damit eher als das Sperrjahr.[574]

567 Zur herrschenden Lehre vom Doppeltatbestand § 6 B. I. 2. b) aa) (1) mit Fn. 164.

568 § 73 GmbHG ergänzt insoweit § 72 GmbHG, *Altmeppen*, in: Roth/Altmeppen, GmbHG, § 73 Rn. 1; *Haas*, in: Baumbach/Hueck, GmbHG, § 73 Rn. 1; *H.-F. Müller*, in: MünchKomm GmbHG, § 73 Rn. 1; *K. Schmidt*, in: Scholz, GmbHG, § 73 Rn. 1.

569 *Kleindiek*, in: Lutter/Hommelhoff, GmbHG, § 73 Rn. 1; *Roth*, GmbHR 2017, 901 (902); *K. Schmidt*, in: Scholz, GmbHG, § 73 Rn. 1.

570 *Kleindiek*, in: Lutter/Hommelhoff, GmbHG, § 73 Rn. 2.

571 *Kleindiek*, in: Lutter/Hommelhoff. GmbHG, § 73 Rn. 1; *K. Schmidt*, in: Scholz, GmbHG, § 73 Rn. 1.

572 *Kleindiek*, in: Lutter/Hommelhoff, GmbHG, § 73 Rn. 1; nur auf das Einverständnis aller Gläubiger eingehend *Altmeppen*, in: Roth/Altmeppen, GmbHG, § 73 Rn. 10.

573 *K. Schmidt*, in: Scholz, GmbHG, § 73 Rn. 1.

574 *Kleindiek*, in: Lutter/Hommelhoff, GmbHG, § 73 Rn. 4; *Roth*, GmbHR 2017, 901 (902); *K. Schmidt*, in: Scholz, GmbHG, § 73 Rn. 1.

B. Sinn und Zweck eines Sperrjahres

I. Hintergrund der Sperrjahres bei der GmbH

Der Sinn und Zweck des Sperrjahres bei der GmbH ist der Schutz der Gläubiger in der Liquidation.[575] Bekannte Gläubiger sollen ihre Forderung ersetzt bekommen und unbekannte Gläubiger sollen eine Chance erhalten, ihre Forderungen ersetzt zu bekommen, indem eine Verteilung an die Gesellschafter nicht sofort erfolgen darf.[576] Damit erklärt sich auch, warum selbst nicht dann Vermögen verteilt werden darf, wenn alle Gläubiger zustimmen. Unbekannte Gläubiger können gerade nicht zustimmen, werden aber durch § 73 Abs. 1 GmbHG ebenso geschützt wie bekannte Gläubiger.[577] Aufgrund dieses Zwecks soll auch nach herrschender Meinung ausnahmsweise dann kein Sperrjahr einzuhalten sein, wenn die GmbH vermögenslos ist.[578] Denn in diesem Fall ist kein Vermögen mehr vorhanden, dass vorrangig an Gläubiger zu verteilen wäre.[579]

II. Warum es bei der Kommanditgesellschaft kein Sperrjahr gibt

1. Fallbeispiel

Im Recht der Personen(handels)gesellschaften ist ein Sperrjahr nicht vorgesehen, weil die dort geregelte Haftung die Gläubiger der Gesellschaft ausreichend schützt. Dies soll an folgendem Beispiel einer „normalen" Kommanditgesellschaft[580] erläutert werden:

---

575 *Altmeppen,* in: Roth/Altmeppen, GmbHG, § 73 Rn. 1; *Büteröwe,* in: Henssler/Strohn, Gesellschaftsrecht, § 73 GmbHG Rn. 1; *Haas,* in: Baumbach/Hueck, GmbHG, § 73 Rn. 1; *Kleindiek,* in: Lutter/Hommelhoff, GmbHG, § 73 Rn. 1; *Lüke,* in: Hesselmann/Tillmann/Mueller-Thuns, Handbuch GmbH & Co. KG, § 9 Rn. 9.72.

576 OLG Hamm, GmbHR 2017, 930 (930); *Roth,* GmbHR 2017, 901 (902).

577 *Kleindiek,* in: Lutter/Hommelhoff, GmbHG, § 73 Rn. 1.

578 OLG Hamm, GmbHR 2017 930 (930) m.w.N. Das Gericht weist ferner darauf hin, dass dies die herrschende Meinung ist.

579 *Roth,* GmbHR 2017, 901 (902).

580 Gemeint ist eine Kommanditgesellschaft, die nur aus natürlichen Personen als Gesellschafter besteht.

> *Die K-KG bestehend aus dem Komplementär A und den fünf Kommanditisten B, C, D, E, F wurde zum Zweck des Baus eines Bürogebäudes von den späteren Eigentümern gegründet. Die K-KG soll bei Bauende aufgelöst und liquidiert werden. Dies geschieht auch. Die Schulden bekannter Schuldner werden beglichen und jedem Gesellschafter wird entsprechend seiner Kapitalanteilsquote Geld vier Monate nach Eintritt des Auflösungstatbestandes ausgezahlt. Die K-KG wird vollbeendet und im Handelsregister gelöscht. Drei Monate später meldet sich der bisher unbekannte Gläubiger G mit einer Forderung i.H.v. 16 000 Euro. Durch die Löschung der Kommanditgesellschaft im Handelsregister ist sie zwar als Haftungssubjekt weggefallen, jedoch kann G immer noch gegen den (ehemaligen) Komplementär A nach §§ 128 S. 1, 159 Abs. 1, 161 Abs. 2 HGB vorgehen.*

Der Umstand, dass die Vermögensverteilung kurzzeitig nach Eintritt des Auflösungstatbestandes erfolgte, hat ihm nicht die letzte Haftungsmasse geraubt.

Dies lässt sich so auf eine Gesellschaft bürgerlichen Rechts und eine offene Handelsgesellschaft übertragen.

Angenommen die gleiche Konstellation läge bei einer GmbH anstatt der K-KG vor, so wäre das Ergebnis anders. Würde sich hier G sieben Monate nach Eintritt des Auflösungstatbestandes melden, (und es wäre kein Sperrjahr einzuhalten)stünde ihm kein Haftungssubjekt mehr zur Verfügung. Die GmbH ist gelöscht und wegen des Trennungsprinzips[581] ist kein Durchgriff auf die Gesellschafter möglich.

2. Quintessenz

Weil nach Vollbeendigung und Löschung den Gläubigern einer GmbH anders als den Gläubigern einer Personen(handels)gesellschaft keine Möglichkeit mehr offen steht, ihre Forderungen beglichen zu bekommen, muss ein Ausgleich erfolgen. Dies geschieht dadurch, dass man ihnen ein Jahr seit Bekanntmachung der Auflösung Zeit gibt, sich bei der GmbH zu melden und ab Eintritt des Auflösungstatbestandes eine Auszahlungssperre verhängt. Sie können nicht wie die Gläubiger einer Personen(handels)ge-

581 Statt aller *Windbichler*, Gesellschaftsrecht, § 2 Rn. 7; § 3 Rn. 1.

sellschaft können jedoch bis zur Verjährung ihres Anspruches sich immer an den persönlich haftenden Gesellschafter wenden (§ 159 HGB).[582]

III. Lösung für die GmbH & Co. KG

Es stellt sich nun die Frage, wem die GmbH & Co. KG, wenn sich sowohl die Komplementär-GmbH als auch die Kommanditgesellschaft im Liquidationsstadium befinden aus Sicht des Gläubigerschutzes mehr ähnelt – einer Kapitalgesellschaft wie der GmbH oder einer „klassischen" Personenhandelsgesellschaft. Ersteres ist meiner Meinung nach der Fall. Eine gleiche Schutzbedürftigkeit von Gläubigern einer GmbH i. L. und einer GmbH & Co. KG i. L. ergibt sich vor allem in einer Situation, in der ein Ungleichlauf der Abwicklung besteht. Angenommen die Komplementär-GmbH befindet sich noch im Sperrjahr, während die GmbH & Co. KG, da das HGB kein Sperrjahr erfordert, schon vollbeendet ist. Kommt nun zur Komplementär-GmbH i. L. ein bislang nicht in Erscheinung getretener Schuldner, kann sich die Komplementär-GmbH i. L. nicht mehr das Geld bei der GmbH & Co. KG gemäß §§ 110, 161 Abs. 2 HGB wiederholen.[583]

Bei Vorliegen einer „typischen" GmbH & Co. KG kommt hinzu, dass ihre Komplementär-GmbH nie eigene Gewinne erwirtschaftet. Sie hat zu diesem Zeitpunkt auch nur noch eine begrenzte Haftungsmasse. Sie haftet nur noch mit dem vorhandenen Vermögen. Der (bislang unbekannte) Gläubiger hat nicht den Vorteil wie ein Schuldner einer „normalen" Personenhandelsgesellschaft,[584] dass er noch einen persönlich haftenden Schuldner hat, an den er sich wenden kann. Die Chancen, seine Forderung ersetzt zu bekommen, hängen damit vom Zeitpunkt seiner Meldung ab. Nur, wenn er sich vor Vollbeendigung der GmbH & Co. KG meldet, hat er bessere

582 So in diesem Sinne auch weniger ausführlich *Roth*, GmbHR 2017, 901 (903).

583 Wichtig ist, dass über §§ 110, 161 Abs. 2 HGB weder eine Vergütung der Geschäftsführungstätigkeit noch ein Ersatz der laufenden Kosten der Komplementär-GmbH möglich ist. Über §§ 110, 161 Abs. 2 HGB bekommt die Komplementär-GmbH nur die Aufwendungen und Verluste ersetzt werden, die im Rahmen der Geschäftsführungstätigkeit entstehen, *Sirchich von Kis-Sira und Bode*, in: Winter, Beratungspraxis GmbH & Co. KG, K 32, K 33, S. 437 f.

584 Gemeint ist eine Personenhandelsgesellschaft, die nur aus natürlichen Personen als Gesellschafter besteht.

Chancen.[585] Damit ähnelt die Situation bei der GmbH & Co. KG mehr der einer Kapitalgesellschaft, sodass sich hier aus Gläubigerschutzgesichtspunkten die für eine Analogie des § 73 GmbHG notwendige vergleichbare Interessenlage ergibt. Die planwidrige Reglungslücke gründet aus dem bereits mehrfach erwähnten Umstand, dass der Gesetzgeber die GmbH & Co. KG schlicht nicht im Gesetz geregelt hat, sich aber Situationen ergeben, in der Probleme auftreten, die spezifisch für eine Kommanditgesellschaft ohne natürliche Person als persönlich haftenden Gesellschafter sind.[586]

Damit ist analog § 73 Abs. 1 GmbHG ein Sperrjahr bei der GmbH & Co. KG einzuhalten, wenn sowohl die Komplementär-GmbH als auch die Kommanditgesellschaft aufgelöst sind.[587]

C. Analoge Anwendung des § 73 GmbHG

Eine analoge Anwendung des § 73 GmbHG auf die GmbH & Co. KG bringt jedoch Folge-Probleme mit sich. § 73 Abs. 1 GmbHG a. E. knüpft den Beginn des Sperrjahres an die Aufforderung der Gläubiger nach § 65 Abs. 2 GmbHG, die in den Gesellschaftsblättern zu erfolgen hat, an.

Es stellt sich somit die Frage, ob auch dieser Teil des § 73 GmbHG entsprechend für die GmbH & Co. KG angewandt werden muss. Problematisch ist, dass grundsätzlich eine Kommanditgesellschaft betreffende Informationen nicht in den Gesellschaftsblättern erfolgen, sondern für Personenhandelsgesellschaften das Handelsregister gilt.

---

585 Siehe auch *Roth*, GmbHR 2017, 901 (903).

586 Dazu, dass im Rahmen des HRefG die GmbH & Co. KG nicht gesetzlich normiert werden sollte auch die Gesetzbegründung Begr. RegE, HRefG, BT-Drucks. 13/8444, S. 66 speziell zu den Ausscheidens-und Auflösungsgründen. Zwar wurde danach bewusst von einer Regelung abgesehen, jedoch ergibt sich die Planwidrigkeit daraus, dass eine Lösung des Konfliktes dem Schrifttum und der Rechtsprechung überlassen wurde (ebda.).

587 Ebenso *Henze/Notz*, in: E/B/J/S, HGB, Anh. nach § 177a Rn. 293; *Kindler*, in: K/K/R/M, HGB, § 155 Rn. 2; *Lüke*, in: Hesselmann/Tillmann/Mueller-Thuns, Handbuch GmbH & Co. KG, § 9 Rn. 9.72; *Roth*, GmbHR 2017, 901 (903 f.); *K. Schmidt*, in: Scholz, GmbHG, § 73 Rn. 38 ff.

I. Sinn und Zweck der Bekanntmachung

Um zu entscheiden, ob eine Bekanntmachung auch Anknüpfungspunkt für den Beginn der Sperrjahres einer GmbH & Co. KG sein soll, ist zunächst der Sinn und Zweck einer Bekanntmachung der Auflösung und der Gläubigeraufforderung in den Gesellschaftsblättern bzw. im Bundesanzeiger zu untersuchen.

Die Gesellschaftsblätter sind das Informationsmedium der Gläubiger. Hier können sie alle relevanten Informationen erfahren und durch eine Veröffentlichung in den Gesellschaftsblättern wird verhindert, dass gewisse Informationen, die die Gläubiger betreffen unter den Tisch gekehrt werden. Mithin dient eine Veröffentlichung einer Information in den Gesellschaftsblättern dem Schutz der Gläubiger.[588]

Zudem bewirkt eine Veröffentlichung der Auflösung und der Gläubigeraufforderung Rechtssicherheit. Es ist nun eindeutig für jeden feststellbar, wann das Sperrjahr beginnt und endet.

Die Anknüpfung des Beginns des Sperrjahres an eine Veröffentlichung bietet jedoch auch die Gefahr, dass durch schlichtes Unterlassen der Veröffentlichung, das noch nicht einmal schuldhaft geschehen muss, das Sperrjahr nie zu laufen beginnt und damit die Beendigung der Liquidation hinausgezögert wird.[589]

Nichtsdestotrotz sprechen auch der Gläubigerschutz als Sinn und Zweck des Sperrjahres[590] dafür, das Sperrjahr rechtssicher und für die Gläubiger ersichtlich beginnen und enden zu lassen. Ihnen soll die Möglichkeit gegeben werden, sich innerhalb eines Jahres mit ihren Forderung zu melden, sodass sie wissen müssen, wann diese Jahr beginnt und endet.

II. Bekanntmachung der Auflösung und der Gläubigeraufforderung

Der offensichtlichste Ansatzpunkt ist nun, zu entscheiden, dass auch die Auflösung der GmbH & Co. KG und die Bekanntmachung der Gläubigeraufforderung analog § 73 Abs. 1 GmbHG und analog § 65 Abs. 2 GmbHG in den Gesellschaftsblättern zu erfolgen hat. Eine solche Analogie erscheint

588 So auch *Roth*, GmbHR 2017, 901 (905).
589 So auch *Roth*, GmbHR 2017, 901 (905).
590 Dazu oben unter § 13 B.

jedoch wie ein vollkommener Fremdkörper im bisherigen System, da alle eine Personengesellschaft betreffenden Informationen im Handelsregister erfolgen. Es ist damit auch fraglich, ob die Gläubiger überhaupt auf die Idee kommen, eine solche Information in den Gesellschaftsblättern zu suchen.

III. Bekanntmachung im Handelsregister als Bezugspunkt

Deshalb könnte man überlegen, ob man nicht als Anknüpfungspunkt für den Beginn des Sperrjahres die Bekanntmachung der Auflösung der Kommanditgesellschaft im Handelsregister nehmen sollte (§§ 143 Abs. 1 S. 1, 161 Abs. 2 HGB). Diese eignet sich genauso sicher zur Bestimmung des Beginns des Sperrjahres wie die Veröffentlichung in den Gesellschaftsblättern, da beide Institute den Gläubigern gleichermaßen zugänglich sind.[591] Dass nicht zusätzlich noch die Gläubigeraufforderung im Handelsregister eingetragen werden muss, ist meiner Meinung nach irrelevant, da sich aus der Analogie zu § 73 Abs. 1 GmbHG ergibt, dass mit Auflösung das Sperrjahr beginnt und die Gläubiger sich nun bei der Gesellschaft melden müssen. Ein Mehrwert für die Gläubiger erfolgt dadurch nicht, sodass auch Gläubigergesichtspunkte die Veröffentlichung der Gläubigeraufforderung nicht zwingend voraussetzen.[592]

IV. Bekanntmachung der Auflösung und der Gläubigeraufforderung

Ebenso kann man wie *K. Schmidt* überlegen, ob das Sperrjahr der GmbH & Co. KG nicht mit der Bekanntmachung der Auflösung und der Gläubigeraufforderung der Komplementär-GmbH in den Gesellschaftsblättern beginnt.[593] Schließlich wissen die Gläubiger einer GmbH & Co. KG, dass ihr Vertragspartner einer verzahnte Gesellschaft ist und wie oben im Teil 2 erläutert resultiert die Auflösung und der Eintritt der GmbH & Co. KG in das Liquidationsstadium auch aus der Auflösung der Komplementär-GmbH.

---

591 *Roth*, GmbHR 2017, 901 (905).

592 So auch *Roth*, GmbHR 2017, 901 (905).

593 *K. Schmidt*, in: Scholz, GmbHG, § 65 Rn. 28.

V. Stellungnahme

Es ist nicht ersichtlich, dass entweder die Veröffentlichung der Auflösung der GmbH & Co. KG im Handelsregister nach §§ 143 Abs. 1 S. 1, 161 Abs. 2 HGB oder die Veröffentlichung der Auflösung der Komplementär-GmbH nach § 73 Abs. 1 GmbHG einen rechtssicheren Weg zur Bestimmung des Beginns des Sperrjahres der GmbH & Co. KG darstellen, sodass beide Möglichkeiten ausreichend sind.

In der Praxis wird es so sein, dass die Veröffentlichung nahezu zeitgleich erfolgen wird, da die Auflösung der GmbH & Co. KG ihren Grund in der Auflösung der Komplementär-GmbH hat. Welche Auflösung nun eher bekannt gemacht wird, hängt dann einzelfallabhängig vom Handelsregister und den Gesellschaftsblättern ab. Die Abweichung dürfte doch irrelevant sein und keine große Rechtsunsicherheit nach sich ziehen.[594] Sollte es doch zu Streitigkeiten kommen, da die Veröffentlichung im Bundesanzeiger und die im Handelsregister wenige Tage voneinander abweichen, würde ich vorschlagen im Zweifel wegen des Gläubigerschutzes auf die spätere Veröffentlichung abzustellen.

D. *De lege ferenda* eine Normierung des Sperrjahres?

Zuletzt möchte ich noch die Frage untersuchen, ob *de lege ferenda* ein Sperrjahr der GmbH & Co. KG normiert werden sollte. Eine solche Normierung hätte zwei Vorteile: Erstens wird ein normiertes Sperrjahr sicherlich seltener in der Praxis übersehen, erst recht, wenn man eine Nichtbeachtung, wie es in § 73 Abs. 3 GmbHG erfolgt, sanktioniert. Zweitens könnte die Unsicherheit, dass der Passus der Veröffentlichung in den Gesellschaftsblättern sich nicht ohne weiteres analog auf die GmbH & Co. KG übertragen lässt, durch eine Normierung des Sperrjahres beseitigt werden.

Das Sperrjahr bei der GmbH & Co. KG ist eine Ausnahme, die nur dann eintritt, wenn die Auflösung der GmbH & Co. KG aufgrund der Auflösung der Komplementär-GmbH erfolgt. Deshalb würde ich vorschlagen § 177b HGB-E um einen zweiten Absatz zu ergänzen, der wie folgt lauten könnte:

---

594 So auch *Roth*, GmbHR 2017, 901 (905).

(2) [1]In einem solchen Fall darf die Verteilung des Gesellschaftsvermögens nicht vor Tilgung oder Sicherstellung der Schulden der Gesellschaft und nicht vor Ablauf eines Jahres seit dem Tage vorgenommen werden, an welchem die die Veröffentlichung der Auflösung der Kommanditgesellschaft im Handelsregister nach §§ 143 Abs. 1 S. 1, 161 Abs. 2 HGB erfolgt ist. [2]Meldet sich ein bekannter Gläubiger nicht, so ist der geschuldete Betrag, wenn die Berechtigung zur Hinterlegung vorhanden ist, für den Gläubiger zu hinterlegen. Ist die Berichtigung einer Verbindlichkeit zurzeit nicht ausführbar oder ist eine Verbindlichkeit streitig, so darf die Verteilung des Vermögens nur erfolgen, wenn dem Gläubiger Sicherheit geleistet ist. [3]Liquidatoren, welche diesen Vorschriften zuwiderhandeln, sind zum Ersatz der verteilten Beträge solidarisch verpflichtet.

Dieser Formulierungsvorschlag übernimmt mit Modifikation den Wortlaut des § 73 GmbHG und erreicht damit den gewünschten Gleichlauf zwischen GmbH und Kommanditgesellschaft.

Nicht subsumiert werden unter diese neue Vorschrift kann die besondere Situation der Einheits-GmbH & Co. KG. Dort ist ein Sperrjahr bei der GmbH & Co. KG auch dann einzuhalten, wenn die Auflösung der Kommanditgesellschaft die Auflösung der Komplementär-GmbH bedingt. Dies ergibt sich aus der besonderen Struktur der Einheits-GmbH & Co. KG und ist als Sonderfall nicht zu normieren.

E. Vorkommen in der Praxis

I. Bei Gefahr des Ungleichlaufes

Wie die Ausführungen oben zeigen, muss ein Sperrjahr bei der GmbH & Co. KG nicht grundsätzlich eingehalten werden, sondern nur dann, wenn GmbH und Kommanditgesellschaft zusammen abgewickelt werden, weil sich dann der oben unter § 13 B. beschriebene und als problematisch erwiesene Ungleichlauf der Abwicklungsregime zeigt.

II. Konkrete Situationen

Konkret ist damit die bereits oben unter § 6 untersuchte Situation gemeint, dass zuerst die Komplementär-GmbH aufgelöst ist und nach meiner These die GmbH & Co. KG ebenfalls aufzulösen ist.

Ein Sperrjahr muss dann nicht bei einer GmbH & Co. KG eingehalten werden, wenn nur die GmbH & Co. KG aufgelöst ist, nicht aber die Komplementär-GmbH, da wie oben unter § 7 erläutert, die Auflösung der GmbH & Co. KG nicht die Auflösung der Komplementär-GmbH bedingt. Entscheidend ist, damit kein Sperrjahr bei der GmbH & Co. KG einzuhalten ist, dass Komplementär-GmbH und GmbH & Co. KG nicht gleichzeitig abgewickelt werden.[595] Wird die Komplementär-GmbH erst dann aufgelöst, wenn die Abwicklung der GmbH & Co. KG abgeschlossen ist, ist kein Sperrjahr einzuhalten und die Abwicklung der GmbH & Co. KG richtet sich ohne Einschränkungen nach den handelsrechtlichen Vorschriften und die der GmbH nach den GmbH-rechtlichen Vorschriften.[596]

Eine Ausnahme besteht für die Einheits-GmbH & Co. KG.[597] Bei dieser Erscheinungsform führt die Auflösung der Komplementär-GmbH zur Auflösung der Einheits-GmbH & Co. KG sowie die Auflösung der Einheits-GmbH & Co. KG zur Auflösung der Komplementär-GmbH. In beiden Fällen muss ein Sperrjahr bei der Einheits-GmbH & Co. KG eingehalten werden.

595 Siehe *Lüke*, in: Hesselmann/Tillmann/Mueller-Thuns, Handbuch GmbH & Co. KG, § 9 Rn. 9.73.

596 Siehe *Lüke*, in: Hesselmann/Tillmann/Mueller-Thuns, Handbuch GmbH & Co. KG, § 9 Rn. 9.73.

597 Siehe die Erläuterungen unter § 7 C.

Sechster Teil: Zusammenfassung der wesentlichen Ergebnisse in Thesen

§§ 5–9 Auflösung der GmbH & Co. KG

1. Die Situation, in der die Komplementär-GmbH aufgelöst ist, die GmbH & Co. KG nicht, lässt sich nicht dadurch lösen, dass man § 131 Abs. 3 S. 1 Nr. 1 HGB analog (über § 161 Abs. 2 HGB) in dem Sinne auf die GmbH & Co. KG anwendet, dass die Komplementär-GmbH mit ihrer Vollbeendigung aus der Gesellschaft ausscheidet. Dies hat zwei Gründe:

a) Eine Analogie zu § 131 Abs. 3 S. 1 Nr. 1 HGB scheitert bereits daran, dass die Vollbeendigung einer Gesellschafter-Gesellschaft nicht dem Tod einer natürlichen Person entspricht.

b) Die GmbH & Co. KG muss bereits mit Auflösung ihrer Komplementär-GmbH ebenfalls aufgelöst werden. Es kann mit der Auflösung der GmbH & Co. KG nicht bis zur Vollbeendigung der Komplementär-GmbH gewartet werden.

2. *De lege lata* ist die Situation, dass nur die Komplementär-GmbH, nicht jedoch die GmbH & Co. KG aufgelöst ist, rechtstechnisch so zu lösen, dass in der Auflösung der Komplementär-GmbH ein ungeschriebener Auflösungsgrund der GmbH & Co. KG zu sehen ist. *De lege ferenda* ist ein Kodifizieren dieses Auflösungsgrundes als spezifischer Auflösungsgrund der GmbH & Co. KG zu wünschen.

Eine Formulierung könnte wie folgt lauten:

§ 177b HGB-E: Auflösung

Eine Kommanditgesellschaft, deren einziger Komplementär keine natürliche Person ist, ist mit Auflösung des einzigen Komplementärs ebenfalls aufzulösen.

3. Da die Lage aktuell sehr undurchsichtig ist, würde ich raten bei Vorliegen einer GmbH & Co. KG mit nur einer Komplementär-GmbH im Gesellschaftsvertrag der GmbH & Co. KG direkt festzulegen, dass diese bei Auflösung ihrer Komplementär-GmbH ebenfalls aufzulösen ist.

4. Die Situation, dass die GmbH & Co. KG aufgelöst ist, die Komplementär-GmbH dagegen nicht, ist zumindest bei der „typischen", der „atypischen" und der Einpersonen-GmbH & Co. KG nicht problematisch und muss nicht gesondert geregelt werden. Es besteht kein Bedürfnis die Komplementär-GmbH mit Auflösung der GmbH & Co. KG ebenfalls aufzulösen.

5. Anders ist dies bei der Einheits-GmbH & Co. KG. Hier ist es nicht nur erforderlich, dass die Kommanditgesellschaft zusammen mit der Komplementär-GmbH aufgelöst wird, sondern auch, dass die Komplementär-GmbH dann aufgelöst wird, wenn die GmbH & Co. KG aufgelöst wird. Hintergrund dieses Unterschiedes ist, dass die Kommanditgesellschaft an der GmbH beteiligt ist.

6. Das Problem, wie mit der GmbH & Co. KG zu verfahren ist, wenn nur die Komplementär-GmbH aufgelöst ist, die GmbH & Co. KG dagegen nicht, wird sich in der Praxis nur bei einer nicht personen- und beteiligungsidentischen GmbH & Co. KG zeigen. Bei einer personen- und beteiligungsidentischen wird sich in der Regel die Situation durch Fassen eines Beschlusses (entweder Auflösungsbeschluss hinsichtlich der GmbH & Co. KG oder Fortsetzungsbeschluss i.V.m. Beseitigung des Auflösungsgrundes bei der Komplementär-GmbH) lösen lassen.

§ 10 und § 11 Simultaninsolvenz

7. Die Ausgangsthese bezüglich der Simultaninsolvenz lautet, dass es bei der „typischen“ GmbH & Co. KG in der Regel nur zur Simultaninsolvenz beider Gesellschaften, also der Komplementär-GmbH und der GmbH & Co. KG kommt. Die Situation, dass nur die Komplementär-GmbH insolvent ist, ohne dass auch die GmbH & Co. KG insolvent ist, ist kaum denkbar.

8. Es bestehen zwei Simultaninsolvenz-Konstellationen:

- Simultaninsolvenz-Konstellation 1: Nur über das Vermögen der GmbH & Co. KG und das Vermögen der Komplementär-GmbH wird das Insolvenzverfahren eröffnet. Über das Vermögen eines oder mehrerer Kommanditisten wird nicht das Insolvenzverfahren eröffnet.
- Simultaninsolvenz-Konstellation 2: Über das Vermögen der GmbH & Co. KG und all ihrer Gesellschafter wird das Insolvenzverfahren eröffnet.

9. Die Simultaninsolvenz-Konstellationen sind durch eine teleologische Reduktion des § 131 Abs. 3 S. 1 Nr. 2 HGB zu lösen. Dadurch können nicht nur die Insolvenzverfahren beider Gesellschaften koordiniert werden, bei der „typischen“ GmbH & Co. KG ist dies auch Ausfluss der unter 7. erläuterten zusammenhängenden Insolvenz.

§ 12 und § 13 Liquidation

10. Das Liquidatorenamt soll bei einer GmbH & Co. KG der Geschäftsführer der Komplementär-GmbH übernehmen.

11. *De lege ferenda* wäre es erstrebenswert dies gesetzlich direkt zu regeln Folgende Formulierung wäre denkbar:

§ 146 HGB-E Bestellung der Liquidatoren

(1) Die Liquidation erfolgt, sofern nicht durch Beschluss der Gesellschafter oder durch den Gesellschaftsvertrag etwas anderes bestimmt ist, durch die Geschäftsführer der Gesellschaft.
(2) [1]Auf Antrag eines Beteiligten kann aus wichtigen Gründen die Ernennung von Liquidatoren durch das Gericht erfolgen, in dessen Bezirke die Gesellschaft ihren Sitz hat; das Gericht kann in einem solchen Falle Personen zu Liquidatoren ernennen, die nicht zu den Gesellschaftern gehören. [2]Als Beteiligter gilt außer den Gesellschaftern im Falle des § 135 auch der Gläubiger, durch den die Kündigung erfolgt ist. [3]Im Falle des § 145 Abs. 3 sind die Liquidatoren auf Antrag eines Beteiligten durch das Gericht zu ernennen.
(3) Ist über das Vermögen eines Gesellschafters das Insolvenzverfahren eröffnet und ist ein Insolvenzverwalter bestellt, so tritt dieser an die Stelle des Gesellschafters.

§ 150 HGB-E Mehrzahl von Liquidatoren

(1) Zur Vornahme der zur Liquidation gehörenden Handlungen ist jeder Liquidator ermächtigt, wenn nicht der Gesellschaftsvertrag etwas anderes bestimmt.
(2) Ist der Gesellschaft gegenüber eine Willenserklärung abzugeben, so findet die Vorschrift des § 125 Abs. 2 HGB entsprechende Anwendung.

11. Bei der Liquidation der GmbH & Co. KG ist ein Sperrjahr analog § 73 GmbHG immer dann einzuhalten, wenn die Auflösung der Kommanditgesellschaft auf der Auflösung der Komplementär-GmbH beruht und umgekehrt.

12. *De lege ferenda* könnte das Sperrjahr für die GmbH & Co. KG in § 177b Abs. 2 HGB-E normativ verankert werden, sodass der neue § 177b HGB vollständig wie folgt lauten könnte:

§ 177b HGB-E: Auflösung

(1) Eine Kommanditgesellschaft, deren einziger Komplementär keine natürliche Person ist, ist mit Auflösung des einzigen Komplementärs ebenfalls aufzulösen.

(2) [1]In einem solchen Fall darf die Verteilung des Gesellschaftsvermögens nicht vor Tilgung oder Sicherstellung der Schulden der Gesellschaft und nicht vor Ablauf eines Jahres seit dem Tage vorgenommen werden, an welchem die die Veröffentlichung der Auflösung der Kommanditgesellschaft im Handelsregister nach §§ 143 Abs. 1 S. 1, 161 Abs. 2 HGB erfolgt ist. [2]Meldet sich ein bekannter Gläubiger nicht, so ist der geschuldete Betrag, wenn die Berechtigung zur Hinterlegung vorhanden ist, für den Gläubiger zu hinterlegen. Ist die Berichtigung einer Verbindlichkeit zurzeit nicht ausführbar oder ist eine Verbindlichkeit streitig, so darf die Verteilung des Vermögens nur erfolgen, wenn dem Gläubiger Sicherheit geleistet ist. [3]Liquidatoren, welche diesen Vorschriften zuwiderhandeln, sind zum Ersatz der verteilten Beträge solidarisch verpflichtet.

Literaturverzeichnis

A

Albertus, Marc/Fischer, Tobias, Gesellschaftsrechtliche Folgen der Eröffnung eines Insolvenzverfahrens über das Vermögen einer Gesellschafters in der zweigliedrigen GmbH & Co. KG im Fall sog. „Simultaninsolvenz“ mit der KG – Zugleich Besprechung von BGH, Urt. V. 15.3.2004 – II ZR 247/01, ZInsO 2004, 615, ZInsO 2005, 246–251.

B

Bamberger, Georg/Roth, Herbert/Hau, Wolfgang, Poseck, Roman, Beck'scher Online Kommentar, BGB, 47. Edition, Stand: 01.08.2018, München 2018. Zitiert: *Bearbeiter*, in: BeckOK BGB, § Rn.

Baumbach, Adolf/Duden, Konrad (Begr.), Handelsgesetzbuch mit GmbH & Co., Handelsklauseln, Bank- und Börsenrecht, Transportrecht (ohne Seerecht), 29. Aufl. München 1995. Zitiert: *Bearbeiter*, in: Baumbach/Duden, 29. Aufl. 1995, § Rn.

Ders. (Begr.)/Hopt, Klaus J., Handelsgesetzbuch mit GmbH & Co., Handelsklauseln, Bank- und Kapitalmarktrecht, Transportrecht (ohne Seerecht), 38. Aufl., München 2018. Zitiert: Baumbach/Hopt, HGB, § Rn.

Ders./Hueck, Alfred (Begr.), Gesetz betreffend die Gesellschaften mit beschränkter Haftung, 21. Aufl., München 2017. Zitiert: *Bearbeiter*, in: Baumbach/Hueck, GmbHG, § Rn.

BeckOK BGB: Siehe *Bamberger, Georg/Roth, Herbert/Hau, Wolfgang, Poseck, Roman*

BeckOK GmbHG: Siehe *Ziemons, Hildegard/Jaeger, Carsten*

BeckOK HGB: Siehe *Häublein, Martin/Hoffmann-Theinert, Roland*

Beck-online Großkommentar BGB: Siehe: *Gsell, Beate/Krüger, Wolfgang/ Lorenz, Stephan/Reymann, Christoph*

Binz, Mark/Sorg Martin H., Die GmbH & Co. KG im Gesellschafts- und Steuerrecht. Handbuch für Familienunternehmen, 12. Aufl. München 2018. Zitiert: *Binz/Sorg*, Die GmbH & Co. KG, § Rn.

Bork, Reinhard/Jacoby, Florian, Das Ausscheiden des einzigen Komplementärs nach § 131 Abs. 3 HGB, ZGR 2005, 611–653.

Ders./Schäfer, Carsten (Hrsg.), GmbHG Kommentar, 3. Aufl., Köln 2015.

Brönner, Herbert/Bünz, Vincent, Die GmbH & Co. KG in Recht und Praxis, 2. Aufl., Freiburg i. Br. 1972

Ders./Rux, Hans-Joachim, Wagner, Heidemarie, Die GmbH & Co. KG. Umfassende Erläuterungen, Beispiele und Musterformulare für die Rechtspraxis. 8. Aufl., Freiburg, Berlin, München 1998. Zitiert: *Brönner/Rux/Wagner*, Die GmbH & Co. KG, 8. Aufl. 1998, Rn.

C

Casper, Matthias, Die Einheits-GmbH & Co. KG – Allheilmittel zur Lösung von Verzahnungsproblemen oder Abbild eines Schlangenmenschen, in: Festschrift für Eberhard Stilz zum 65. Geburtstag, München 2014, S. 111–124. Zitiert: *Casper*, FS Stilz (2014), S.

D

Damler, Daniel, Konzern und Moderne. Die verbundene juristische Person in der visuellen Kultur 1880–1980, Frankfurt am Main 2016. Zitiert: *Damler*, Konzern und Moderne, S.).

E

Ebert, Sabine, Die sachliche Behandlung einer GmbH mit ausländischem Verwaltungssitz, NZG 2002, 937–942.

Ege, Reinhard/Klett, Sabine, Praxisfragen der grenzüberschreitenden Mobilität von Gesellschaften, DStR 2012, S. 2442–2450.

Eickmann, Dieter/Flessner, Axel/Irschlinger, Friedrich/Kirchhof, Hans-Peter u.a. (Hrsg.), Heidelberger Kommentar zur Insolvenzordnung, 4. Aufl., Heidelberg 2006. Zitiert: *Bearbeiter*, in: HK-InsO, 4. Aufl. 2006 § Rn.

F

Fleischer, Holger/Goette, Wulf (Hrsg.), Münchener Kommentar zum Gesetz betreffend die Gesellschaften mit beschränkter Haftung – GmbHG, Band 2, §§ 35–53, 2. Aufl., München 2016. Zitiert: *Bearbeiter,* in: MünchKomm GmbHG, § Rn.

– Münchener Kommentar zum Gesetz betreffend die Gesellschaften mit beschränkter Haftung – GmbHG, Band 3, §§ 53–85, 3. Aufl., München 2018. Zitiert: *Bearbeiter,* in: MünchKomm GmbHG, § Rn.

Fleischer, Holger/Wansleben, Till, Die GmbH & Co. KG als kautelarjuristische Erfolgsgeschichte – BayObLG vom 16.02.1912 „Portlandzementfabrik, Stein- und Kalkwerk August M., GmbH & Co. KG", GmbHR 2017, 169–180.

Fleck, Hans-Joachim, Die sogenannte Einheitsgesellschaft – ein funktionsfähige Gebilde?, in: Festschrift für Johannes Semler zum 70. Geburtstag am 28. April 1993. Unternehmen und Unternehmensführung im Recht, Berlin/New York 1993, S. 115–137. Zitiert: *Fleck,* FS Semler (1993), S.

Frey, Kaspar/Bredow, Felix von, Der Wegfall des einzigen Komplementärs nach der HGB-Reform, ZIP 1998, 1621–1625.

Froehner, Jan, BGH: Ausscheiden der insolventen Komplementärin führt zur Vollbeendigung der zweigliedrigen KG, GWR 2017, 58.

G

Glanegger, Peter/Güroff, Georg/Niedner, Jochen u.a. (Hrsg.), Heidelberger Kommentar zum Handelsgesetzbuch, Handelsrecht, Bilanzrecht, Steuerrecht, Kommentar zum Handelsgesetzbuch mit den Rechnungslegungsvorschriften nach dem Bilanzrichtlinien-Gesetz und den Steuern der kaufmännisches Personenunternehmen, 4. Aufl., Heidelberg, 1996. Zitiert: *Bearbeiter,* in: HK-HGB, 4. Aufl. 1996, § Rn.

Dies. (Hrgs.), Heidelberger Kommentar zum Handelsgesetzbuch, Handelsrecht, Bilanzrecht, Steuerrecht, 7. Aufl., Heidelberg 2007. Zitiert: *Bearbeiter,* in: HK-HGB, § Rn.

Gsell, Beate/Krüger, Wolfgang/Lorenz, Stephan/Reymann, Christoph (Gesamthrsg. für das Zivilrecht) beck-online.Großkommentar, BGB, Stand 01.09.2018, München 2018. Zitiert: *Bearbeiter,* in: beck-online. Großkommentar, BGB, § Rn.

Gummert, Hans, Münchener Anwalts Handbuch Personengesellschaftsrecht, 1. Aufl., München 2005. Zitiert: *Bearbeiter,* in: Münch Anwalts Hdb PersGesR, § Rn.

Ders./Weipert, Lutz (Hrsg.), Münchener Handbuch des Gesellschaftsrechts, Band 1: BGB-Gesellschaft, Offene Handelsgesellschaft, Partnerschaftsgesellschaft, EWIV, 4. Aufl., München 2014. Zitiert: *Bearbeiter,* Münch Hdb. GesR, I, § Rn.

Dies. (Hrsg.), Münchener Handbuch des Gesellschaftsrechts, Band 2: Kommanditgesellschaft, GmbH & Co. KG, Publikums-KG, Stille Gesellschaft, 4. Aufl., München 2014. Zitiert: *Bearbeiter,* Münch Hdb. GesR, I, § Rn.

Gundlach. Ulf/Frenzel, Volkhard, Schmidt, Nikolaus, Die Simultaninsolvenz einer GmbH & Co. KG und ihrer Komplementär-GmbH, DStR 2004, 1658–1662.

H

Habersack, Mathias, Die Reform des Rechts der Personenhandelsgesellschaften, in: Schriftenreiche der Bayer-Stiftung für deutsches und internationales Arbeits- und Wirtschaftsrecht, Band 5, München 1999, 73–94. Zitiert: *Habersack,* Die Reform des Rechts der Personenhandelsgesellschaften, S.

Hachenburg, Max (Begr.)/Ulmer, Peter (Hrsg.), Gesetz betreffend die Gesellschaften mit beschränkter Haftung (GmbHG), Großkommentar, 3. Band (§§ 53–85), 8. Aufl., Berlin/New York 1997. Zitiert: *Bearbeiter,* in: Hachenburg, GmbHG, 8. Aufl. 1997, § Rn.

Häublein, Martin/Hoffmann-Theinert, Roland (Hrsg.), BeckOK HGB, 21. Edition, Stand: 15.07.2018, München 2018. Zitiert: *Bearbeiter,* in: BeckOK HGB, § Rn.

Heidel, Thomas/Schall, Alexander, NomosKommentar Handelsgesetzbuch: HGB, Handkommentar, 2. Aufl., Baden-Baden 2015. Zitiert: *Autor,* in: Heidel/Schall, HGB, § Rn.

Heidelberger Kommentar zum Handelsgesetzbuch: Siehe *Glanegger, Peter/Güroff, Georg/Niedner, Jochen u.a. (Hrgs.).*

Heidelberger Kommentar zur Insolvenzordnung: Siehe *Eickmann, Dieter/Flessner, Axel/Irschlinger, Friedrich/Kirchhof, Hans-Peter u.a. (Hrsg.)*

Henssler, Martin/Strohn, Lutz (Hrsg.), Gesellschaftsrecht, 3. Aufl. München 2016.

Hess, André, Auswirkungen des Handelsreformgesetzes auf die Ausscheidens- und Auflösungsgründe im Personengesellschaftsrecht, Diss. Bielefeld 2006. Zitiert: *Hess,* Auswirkungen des Handelsreformgesetzes, S.

Hesselmann, Malte, Handbuch der GmbH & Co. Systematische Darstellung betriebswirtschaftlicher, handelsrechtlicher und steuerrechtlicher Sicht, 16. Aufl. Köln 1980. Zitiert: *Hesselmann,* Handbuch der GmbH & Co., 16. Aufl. 1980, Rn.

Ders./Tillmann, Bert, Mueller-Thuns, Thomas, Handbuch der GmbH & Co. Gesellschaftsrecht, Steuerrecht, 21. Aufl. Köln 2016.

Zitiert: *Bearbeiter,* in: Hesselmann/Tillmann/Mueller-Thuns, Handbuch GmbH & Co. KG, § Rn.

Heymann, Ernst (Begr.)/Emmerich, Volker/Herrmann, Harald/Honsell, Thomas u.a. (Hrsg.), Handelsgesetzbuch (ohne Seerecht) Kommentar, Band 2 (§§ 105–237), 1. Aufl., Berlin/New York 1998. Zitiert: *Bearbeiter,* in: Heymann, HGB, 1. Aufl. 1998, § Rn.

Hueck, Alfred, Das Recht der offenen Handelsgesellschaft, 4. Aufl., Berlin/New York 1971.

J

Jauernig, Bürgerliches Gesetzbuch: Siehe *Stürner, Rolf*

Joost, Klaus/Strohn, Lutz (Hrsg.), Handelsgesetzbuch, Band 1 (§§ 1–342e), 3. Aufl., München 2014. Zitiert: *Bearbeiter,* in: E/B/J/S, HGB, § Rn.

K

Kirchhof, Hans-Peter/Eidenmüller, Horst/Stürner, Rolf (Hrsg.), Münchener Kommentar zur Insolvenzordnung, Band 3 (§§ 217–359 InsO), 3. Aufl., München 2014. Zitiert: *Bearbeiter*, in: MünchKomm InsO, § Rn.

Klauss, Herbert/Mittelbach, Rolf, Die GmbH & Co. KG, Gesellschaftsrecht, Steuerrecht, 6. Aufl., Ludwigshafen (Rhein) 1981. Zitiert: *Klauss/Mittelbach*, Die GmbH & Co. KG, Rn.

Koller, Ingo/Kindler, Peter/Roth, Wulf-Henning/Morck, Winfried, Handelsgesetzbuch, 8. Aufl., München 2015. Zitiert: *Bearbeiter*, in: K/K/R/M, § Rn.

Korkmaz, Mesut, Die Doppelinsolvenz bei der Kommanditgesellschaft, Diss. Baden-Baden 2014.

Kramer, Ernst A., Juristische Methodenlehre 5. Aufl., Berlin 2016.

Kruth, Claus-Peter, Insolvenzrechtliche Folgeprobleme bei Ausscheiden eines Gesellschafters aus der zweigliedrigen Personengesellschaft, NZI 2011, 844–849.

L

Lange, Knut Werner, Grundzüge des Rechts der KG, JURA 2015, 1017–1023.

Larenz, Karl/Canaris, Claus-Wilhelm, Methodenlehre der Rechtswissenschaft, 3. Aufl., Berlin/Heidelberg/New York/Barcelona/Budapest/Hong Kong/London/Mailand/Paris/Tokyo 1995.

Leipold, Dieter, Erbrecht, 21. Aufl., Tübingen 2016.

Liebs, Rüdiger, Offene Fragen der Insolvenz einer zweigliedrigen GmbH & Co. KH, ZIP 2002, 1716–1718.

Lutter, Marcus/Hommelhoff, Peter, GmbHG-Gesetz Kommentar, 19. Aufl., Köln 2016. Zitiert: *Bearbeiter*, in: Lutter/Hommelhoff, GmbHG, § Rn.

Lutter, Marcus/Hommelhoff, Peter, GmbHG-Gesetz Kommentar, 14. Aufl., Köln 1995. Zitiert: *Bearbeiter*, in: Lutter/Hommelhoff, GmbHG, 14. Aufl. 1995, § Rn.

Lutter, Marcus/Hommelhoff, Peter, GmbHG-Gesetz Kommentar, 15. Aufl., Köln 2000. Zitiert: *Bearbeiter*, in: Lutter/Hommelhoff, GmbHG, 15. Aufl. 2000, § Rn.

Lutz, Johann von (Hrsg.im Auftrag der Kommission zur Berathung eines allgemeinen deutschen Handelsgesetzbuches), Protokolle zur Berathung eines allgemeinen deutschen Handelsgesetzbuches, Beilagenband, Würzburg 1858.

M

Michalski, Lutz (Begr.), Heidinger, Andreas, Leible, Stefan, Schmidt, Jessica (Hrsg.), Kommentar zum Gesetz betreffend die Gesellschaften mit beschränkter Haftung (GmbH-Gesetz), 3. Aufl., München 2017. Zitiert: *Bearbeiter,* in: M/H/L/S, GmbHG, § Rn.

Münchener Anwalts Handbuch Personengesellschaftsrecht: Siehe *Gummert, Hans*

Münchener Handbuch des Gesellschaftsrechts: Siehe *Riegger, Bodo/ Weipert, Lutz* oder *Gummert, Hans/Weipert, Lutz/Butzer, Herrmann u.a.* oder *Gummert, Hans/Weipert, Lutz*

Münchener Kommentar zum Bürgerlichen Gesetzbuch: Siehe *Säcker, Jürgen/Rixecker, Roland/Oetker, Hartmut/Limperg, Bettina*

Münchener Kommentar zum Gesetz betreffend die Gesellschaften mit beschränkter Haftung – GmbHG: Siehe *Fleischer, Holger/Goette, Wulf.*

Münchener Kommentar zum Handelsgesetzbuch: Siehe *Schmidt, Karsten.*

Münchener Kommentar zur Insolvenzordnung: Siehe *Kirchhof, Hans-Peter/Eidenmüller, Horst/Stürner, Rolf (Hrsg.)*

O

Oetker, Hartmut, Handelsgesetzbuch, 5. Aufl., München 2017. Zitiert: *Bearbeiter,* in: Oetker, HGB, § Rn.

P

Palandt, Otto, Bürgerliches Gesetzbuch, 77. Aufl., München 2018. Zitiert: *Bearbeiter,* in: Palandt, BGB, § Rn.

Passarge, Malte/Torwegge, Christoph, Die GmbH in Liquidation. Recht, Steuern, Bilanzierung. Mit Formularteil Deutsch/Englisch, 2. Aufl. München 2014. Zitiert: *Bearbeiter,* in: Passarge/Torwegge, Die GmbH in Liquidation, § Rn.

Paulick, Alfred, Die GmbH ohne Gesellschafter: eine Untersuchung zur Entstehung, Zulässigkeit und Handhabung der Keinmann-GmbH, Diss. Göttingen, 1979.

Perwein, Sigmund, Gefahr der Fortsetzung einer „Schein"-GmbH & Co. KG nach beendetem Insolvenzverfahren, GmbHR 2014, 1300–1303.

Pfister, Wolfgang, Die Einmann-Personengesellschaft. Ein interdisziplinärer Ansatz, Diss., Frankfurt am Main 1999. Zitiert: *Pfister,* Die Einmann-Personengesellschaft, S.

R

Riegger, Bodo/Weipert, Lutz, Münchener Handbuch des Gesellschaftsrechts, Band 1, BGB-Gesellschaft, Offene Handelsgesellschaft, Partnerschaftsgesellschaft, Partenreederei, EWIV, 1. Aufl., München 1995. Zitiert: *Bearbeiter,* in: Münch Hdb. GesR, Band 1, 1. Aufl. 1995, § Rn.

Röhricht, Volker/Graf von Westphalen, Friedrich, Hass, Ulrich (Hrsg.), Handelsgesetzbuch, Kommentar zu Handelsstand, Handelsgesellschaften, Handelsgeschäften und besonderen Handelsverträgen (ohne Bilanz-, Transport- und Seerecht, 4. Aufl., Köln 2014. Zitiert: *Bearbeiter*, in: Röhricht/Graf von Westphalen/Haas, HGB, § Rn.

Rowedder, Heinz, Gesetz betreffend die Gesellschaften mit beschränkter Haftung (GmbHG), 3. Aufl., München 1997. Zitiert: *Bearbeiter,* in: Rowedder, GmbHG, 3. Aufl. 1997, § Rn.

Ders./Schmidt-Leithoff, Christian, Gesetz betreffend die Gesellschaften mit beschränkter Haftung. 6. Aufl., München 2017. Zitiert: *Bearbeiter*, in: Rowedder/Schmidt-Leithoff, GmbHG, § Rn.

Roth, Dominic, Das Sperrjahr bei Liquidation der GmbH & Co. KG, GmbHR 2017, 901–907.

Roth, Günther/Altmeppen, Holger, Gesetz betreffend die Gesellschaften mit beschränkter Haftung: GmbHG, 8. Aufl., München 2015. Zitiert: *Bearbeiter,* in: Roth/Altmeppen, GmbHG, § Rn.

S

Säcker, Jürgen/Rixecker, Roland/Oetker, Hartmut/Limperg, Bettina, Münchener Kommentar zum Bürgerlichen Gesetzbuch, Band 6, Schuldrecht – Besonderer Teil IV, §§ 705–853, Personengesellschaftsgesetz, Produkthaftungsgesetz, 7. Aufl., München 2017. Zitiert: *Bearbeiter,* in: MünchKomm BGB, § Rn.

Saenger, Ingo, Gesellschaftsrecht, 4. Aufl., München 2018.

Ders./Inhester, Michael (Hrsg.), GmbHG Handkommentar, 3. Aufl., Baden-Baden 2016. Zitiert: *Bearbeiter,* in: Saenger/Inhester, GmbHG, § Rn.

Schlegelberger, Franz (Begr.), Handelsgesetzbuch, 2. Band, 4. Aufl., Berlin/Frankfurt a.M. 1963. Zitiert: *Bearbeiter,* in: Schlegelberger, HGB, 4. Aufl. 1963, § Rn.

– Handelsgesetzbuch, Band III/1. Halbband, §§ 105–160 5. Aufl., München 1992. Zitiert: *Bearbeiter,* in: Schlegelberger, HGB, 5. Aufl. 1992, § Rn.

Schlitt, Michael, Die Auswirkungen des Handelsreformgesetzes auf die Gestaltung von GmbH & Co. KG-Verträgen, NZG 2002, 580–586.

Schmidt, Hubert, Zur Vollbeendigung juristischer Personen, Diss. Bielefeld 1989.

Schmidt, Karsten, Zum Liquidationsrecht der GmbH & Co., GmbHR 1980, 261–266.

– Löschungsgesetz und GmbH & Co., BB 1980, 1497–1501.

– Löschung und Beendigung der GmbH – Grundfragen der Vermögenslosigkeit, Vollbeendigung und Nachtragsliquidation, GmbHR 1988, 209–213

– Die Handels-Personengesellschaft in Liquidation, ZHR 153 (1989), 270–299.

– Zur Ablösung des Löschungsgesetzes. Was ändert die Insolvenzreform für GmbH bzw. GmbH & Co.?, GmbHR 1994, 829–835.

– Gesellschaftsrecht, 4. Aufl., Köln/Berlin/Bonn/München 2002.

- Insolvenz und Insolvenzabwicklung bei der typischen GmbH & Co. KG. Thesen und Fragen zur Verzahnung von Insolvenzverwaltung und -abwicklung bei der GmbH & Co. KG, GmbHR 2002, 1209–1217.
- Insolvenzabwicklung bei der Simultaninsolvenz der Gesellschaften in der GmbH & Co. KG – Nachtrag zu den Überlegungen in GmbHR 2002, 1209 ff. und Bemerkung zum Beschluß des OLG Hamm v. 3.7.2003 – 15 W 375/02, GmbHR 2003, 1361, GmbHR 2003, 1404–1406.
- Fünf Jahre „neues Handelsrecht", JZ 2003, 585–597.
- Zur Binnenverfassung der GmbH & Co. KG – Wer ist Herr im Haus: die GmbH oder die Kommanditisten, in: Festschrift für Volker Röhricht zum 65. Geburtstag, München 2005, S. 511–540. Zitiert: *K. Schmidt*, FS Röhricht (2005).
- Die GmbH & Co. KG als Lehrmeisterin des Personengesellschaftsrechts, JZ 2008, 425–476.
- Konsolidierte Abwicklung von Personengesellschaften bei simultaner Gesellschafterinsolvenz, ZIP 2008, 2337–2347.
- Zur Einheits-GmbH & Co. KG. Kautelarjurisprudenz an ihren Grenzen oder Triumph der Typizität des Atypischen, in: Festschrift für Harm Peter Westermann zum 70. Geburtstag, Köln 2008, S. 1425–1445. Zitiert: *K. Schmidt*, FS Westermann (2008), S.
- Der Verwaltungsrechtsstreit in der Simultaninsolvenz einer Kapitalgesellschaft & Co. – ein chaotischer Fall und ein nachdenkenswertes Urteil, ZIP 2010, 1621–1627.
- *Ders. (Hrsg.),* Insolvenzordnung, InsO mit EuInsVO, 19. Aufl., München 2016. Zitiert: *Bearbeiter*, in: K. Schmidt, InsO, § Rn.
- Münchener Kommentar zum Handelsgesetzbuch, Band 2, Zweites Buch. Handelsgesellschaften und stille Gesellschaft, Erster Abschnitt, Offene Handelsgesellschaft, §§ 105–160, 4. Aufl., München 2016. Zitiert: *Bearbeiter*, in: MünchKomm HGB, § Rn.
- Münchener Kommentar zum Handelsgesetzbuch, Band 3 (§§ 161–237, Konzernrecht der Personengesellschaften), 3. Aufl., München 2012. Zitiert: *Bearbeiter*, in: MünchKomm HGB, § Rn.

Ders./Uhlenbruck, Wilhelm (Hrsg.), Die GmbH in Krise, Sanierung und Insolvenz. Gesellschaftsrecht, Insolvenzrecht, Steuerrecht, Arbeitsrecht, Bankrecht und Organisation bei Krisenvermeidung, Krisenbewältigung und Abwicklung, 5. Aufl., Köln 2016. Zitiert: *Autor*, in: Die GmbH in Krise, Sanierung und Insolvenz, Rn.

Scholz, Franz (Begr.), Kommentar zum GmbH-Gesetz, II. Band, §§ 45–85, 6. Aufl. Köln 1978/83. Zitiert: *Bearbeiter*, in: Scholz, GmbHG, 6. Aufl., § Rn.

– Kommentar zum GmbH-Gesetz, mit Anhang Konzernrecht I. Band, §§ 1–34, Anh. § 13 Konzernrecht, Anh. § 34 Austritt und Ausschließung eines Gesellschafters, 11. Aufl., Köln 2012. Zitiert: *Bearbeiter*, in: Scholz, GmbHG, § Rn.

– Kommentar zum GmbH-Gesetz mit Anhang Konzernrecht, II. Band, §§ 35–52, Anh. § 45 Gesellschafterversammlung und Gesellschafterkompetenzen in der GmbH & Co. KG, 11. Aufl., Köln 2014. Zitiert: *Bearbeiter*, in: Scholz, GmbHG, § Rn.

– Kommentar zum GmbH-Gesetz mit Anhang Konzernrecht, III. Band (§§ 53–85), 11. Aufl., Köln 2015. Zitiert: *Bearbeiter*, in: Scholz, GmbHG, § Rn.

Schulze zur Wiesche, Dieter/Ottersbach, Jörg H., GmbH & Co. KG, 3. Aufl., Baden-Baden 2005. Zitiert: *Schulze zur Wiesche/Ottersbach*, GmbH & Co. KG, § Rn. S.

Seeger, Marc, Das Ausscheiden des einzigen Komplementärs, Diss. Baden-Baden 2010.

Spindler, Gerald/Stilz, Eberhard (Hrsg.), Kommentar zum Aktiengesetz, Band 1 (§§ 1–149), 3. Aufl., München 2015. Zitiert: *Bearbeiter*, in: Spindler/Stilz, AktG, § Rn.

Staub, Herrmann (Begr.), Handelsgesetzbuch Großkommentar, Zweiter Band. 1. Halbband (§§ 105–144), 3. Aufl., Berlin/New York 1973. Zitiert: *Bearbeiter*, in: GroßKomm HGB, II/1, 3. Aufl. 1973, § Rn.

– Handelsgesetzbuch Großkommentar, Zweiter Band. 2. Halbband (§§ 145–342), 3. Aufl., Berlin 1970. Zitiert: *Bearbeiter*, in: GroßKomm HGB, 3. Aufl., 1970, § Rn.

– Handelsgesetzbuch Großkommentar, Dritter Band (§§ 105–160), 5. Aufl., Berlin 2009. Zitiert: *Bearbeiter*, in: GroßKomm HGB, § Rn.

– Handelsgesetzbuch Großkommentar, Vierter Band (§§ 161–236), 5. Aufl., Berlin/Boston 2015. Zitiert: *Bearbeiter*, in: GroßKomm HGB, § Rn.

Stürner, Rolf, Bürgerliches Gesetzbuch mit Rom-I-, Rom-II-VO, EuUnthVO/HUntProt und EUErbVO, 17. Aufl., München 2018. Zitiert: *Bearbeiter*, in: Jauernig, BGB, § Rn.

U

Uhlenbruck, Wilhelm/Hirte, Heribert/Vallender, Heinz, Insolvenzordnung Kommentar, 14. Aufl., München 2015. Zitiert: *Bearbeiter*, in: Uhlenbruck, InsO, § Rn.

Ulmer, Peter/Habersack, Mathias/Löbbe, Marc, Gesetz betreffend die Gesellschaften mit beschränkter Haftung (GmbHG) Großkommentar, Band 3 (§§ 53–88), 2. Aufl., Tübingen 2016. Zitiert: *Bearbeiter*, in: GroßKomm GmbHG, § Rn.

V

Voigt, Daniel, Fortsetzung der KG unter Einfluss des insolventen Kommanditisten, NZG 2007, 695–698.

W

Westermann, Harm Peter, Die zweigliedrige Personengesellschaft in der Krise, in: Festschrift für Volker Röhricht zum 65. Geburtstag, München 2005, S. 655–674. Zitiert: *Westermann*, FS Röhricht (2005).

Wicke, Hartmut, Gesetz betreffend die Gesellschaften mit beschränkter Haftung (GmbHG), 3. Aufl., München 2016. Zitiert: *Wicke*, GmbHG, § Rn.

Wiedemann, Herbert, Die Personenunabhängigkeit der Personengesellschaft, in: Gedächtnisschrift für Alexander Lüderitz, München 2000, S. 839–860. Zitiert: *Wiedemann*, GS Lüderitz, S.

Windbichler, Christine, Gesellschaftsrecht, 24. Aufl., München 2017.

Winter, Michael, Beratungspraxis GmbH & Co. KG. Gesellschafts- und Steuerrecht, Köln 2017. Zitiert: *Bearbeiter*, in: Winter, Beratungspraxis GmbH & Co. KG, S.

Z

Ziemons, Hildegard/Jaeger, Carsten (Hrsg.), BeckOK GmbHG, 35. Edition, 01.05.2018, München 2018. Zitiert: *Bearbeiter*, in: BeckOK GmbHG, § Rn.

FSC
www.fsc.org
MIX
Papier | Fördert gute Waldnutzung
FSC® C083411

Kolibri 360 GmbH
Ferdinand-Jühlke-Straße 7
99095 Erfurt, Deutschland
produktsicherheit@kolibri360.de